U0431106

DYNAMIC PRICING FOR PERISHABLE PRODUCT BASED ON CUSTOMERS' PURCHASE BEHAVIOR

基于顾客购买行为的易逝品动态定价

胡玉生 著

北京理工大学出版社
BEIJING INSTITUTE OF TECHNOLOGY PRESS

图书在版编目（CIP）数据

基于顾客购买行为的易逝品动态定价 / 胡玉生著
. -- 北京：北京理工大学出版社，2022.2
ISBN 978-7-5763-0813-6

Ⅰ. ①基… Ⅱ. ①胡… Ⅲ. ①物价学-研究 Ⅳ. ①F714.1

中国版本图书馆 CIP 数据核字(2022)第 016737 号

出版发行 / 北京理工大学出版社有限责任公司
社　　址 / 北京市海淀区中关村南大街 5 号
邮　　编 / 100081
电　　话 / (010) 68914775（总编室）
(010) 82562903（教材售后服务热线）
(010) 68944723（其他图书服务热线）
网　　址 / http://www.bitpress.com.cn
经　　销 / 全国各地新华书店
印　　刷 / 保定市中画美凯印刷有限公司
开　　本 / 710 毫米×1000 毫米　1/16
印　　张 / 11
字　　数 / 163 千字
版　　次 / 2022 年 2 月第 1 版　2022 年 2 月第 1 次印刷
定　　价 / 78.00 元

责任编辑 / 申玉琴
文案编辑 / 申玉琴
责任校对 / 周瑞红
责任印制 / 李志强

前　言

收益管理起源于20世纪60年代的美国民航客运业，是一种收益最大化的工具，其目的是在细分顾客的基础上，针对不同类型的顾客制定相对应的最优价格来提高企业的净收益。收益管理又是一个多学科融合的产物，它的许多理论来源于管理科学、运筹学、微观经济学等学科，也是伴随着这些学科研究的发展而发展的。动态定价是收益管理中最常用的方法之一，在收益管理及其相关研究领域具有非常重要的作用，越来越多的服务性行业都把动态定价作为提升其经营业绩的重要工具。考虑顾客购买行为的动态定价研究从影响消费者购买决策的某一行为特征入手，制定动态定价策略，模型更符合现实情况。目前，基于顾客购买行为的动态定价研究逐渐成为收益管理领域的一个研究热点。

本书从顾客的行为因素出发，对收益管理中的动态定价问题进行深入研究，研究内容是对传统意义上成熟的动态定价理论及动态定价模型的延伸与拓展，主要包括以下内容：

第1章阐述了本书的研究背景和研究意义，并介绍了本书的研究内容和主要创新点。

第2章介绍了收益管理和动态定价的相关概念和基本模型，并梳理了国内外的相关研究现状。

第3章针对多等级易逝品的动态定价问题，将顾客分为两类：第一类顾客只购买固定等级的产品，第二类顾客以一定的概率在不同等级的产品之间进行选择。在此基础上，利用动态规划方法，建立了基于顾客选择行为的多等级易逝品动态定价模型，给出了收益函数及各等级产品最优定价策略的性质。

第4章以市场上多家竞争企业销售的同类易逝品为研究对象，在考虑顾客选择行为的基础上，研究了风险厌恶的竞争企业的动态定价问题。在假设各企业之间具有完全信息的基础上，利用马尔可夫决策过程理论和博弈论，建立了可加效用下和永久效用下风险厌恶的竞争企业的动态定价模型，证明了均衡价格的存在性。在此基础上，进一步讨论了信息不完全情况下风险厌恶的竞争企业的动态定价问题。

第 5 章针对具有惰性行为的顾客，从风险中性企业的角度出发研究了顾客到达服从时齐泊松过程情况下的单易逝品动态定价问题，利用动态规划方法建立了单易逝品动态定价模型，并给出了最优价格策略的性质。

第 6 章在考虑企业风险厌恶的情况下，从顾客的惰性出发，研究了单易逝品的动态定价问题。利用动态规划方法和马尔可夫决策过程理论，建立了可加效用下和永久效用下基于顾客惰性的单易逝品动态定价模型，并给出了最优价格策略的性质。

第 7 章以一个风险中性企业销售的可替代易逝品为研究对象，研究了存在顾客惰性情况下的可替代易逝品动态定价问题。利用动态规划方法，建立了基于顾客惰性的可替代易逝品动态定价模型，进一步研究了顾客的惰性行为对各产品最优价格的影响。

本书把顾客购买决策理论纳入到收益管理的研究中，扩展了行为决策理论的应用范围，深化了人们对收益管理系统中的各种消费者行为的认识，同时也为未来收益管理领域的研究拓展了新的方向。

本书的出版得到了北京理工大学的李金林教授、冉伦教授的鼓励和大力支持，并提出了许多具有建设性的建议，在此表示衷心的感谢。

由于作者水平有限，难免会有欠缺和不妥之处，敬请专家、读者批评指正。

目　　录

图 目 录

第 1 章　绪　　论

收益管理（Revenue Management，RM）指的是企业以市场为导向，通过对市场进行细分，对各个子市场的顾客购买行为进行分析和预测，确定最优的产品价格和最佳的库存分配策略以实现企业收益最大化的过程。其核心是在合适的时间，将合适的产品以合适的价格出售给合适的顾客，使企业获得最大的经济利益。动态定价是收益管理的主要研究内容之一，是一种随销售渠道、市场需求和销售时间的变化动态地调整产品价格，以实现企业收益最大化的商业策略。当一种新产品上市的时候，企业需要对该产品进行定价；同时，随着销售时间的推移，企业也要对产品的价格进行调整，以增加自身的收益。因此，企业该如何对产品进行定价，根据哪些因素来制定产品的最优价格，都是企业在营销过程中需要考虑的重要问题。

1.1　研究背景和意义

1.1.1　研究背景

近年来，随着我国经济的不断转型升级，国内消费品市场的规模迈上了一个新的台阶。中国统计年鉴的数据显示，我国的社会消费品零售总额在 2012 年突破 20 万亿元以后，2015 年又突破了 30 万亿元大关，2020 年达到了 391 981 亿元，消费品市场规模稳居全球第二位。国内市场消费需求强劲，购销活跃，呈现出持续、稳定增长的态势。

伴随着消费品市场的日益繁荣和科学技术的进步，各种产品更新换代的速度也在不断加快，销售周期的缩短使得企业的产品库存相对固定，且产品价值随销售时间的减少逐渐降低，甚至在销售期结束后未售出的产品价值会骤降为零，因此，越来越多的产品具有易逝性的特征。例如，新鲜的蔬菜、水果、鲜花、电子产品和时装等，这些产品随着销售期结束的临近，内在价值逐渐减少；还有一些广义上的易逝品，例如，电影院、音乐会和体育赛事的门票以及飞机、轮船的航班和酒店的客房等，这些产品无法储存，所以产品价值在销售期结束后为零。由于易逝品的产品价值往往随时间的推移呈递减趋势，因而不能完全按照传统的边际成本定价法或者平均成本法进行统一定价，必须根据市场需求的规律性波动制定相应的动态价格。

动态定价是最基本和最常用的收益管理工具，它能够更好地匹配需求与供给、应对需求模式的转变、实现顾客细分，从而提高企业的收益。收益管理中的大部分动态定价问题都具有以下三个特点：①具有一个给定的和有限的销售季节（或时间）。在收益管理应用中，产品在一个固定的销售季节内通常都是对时间敏感的。例如，大多数航空公司在航班起飞前的几个月就开始预售航班座位，而大部分时装的销售季可能仅有6～8周的时间。②在销售季节开始后随着时间的推移，可出售的产品都具有一个给定的和有限数量的库存，并且在销售季节内所有产品都不能补货。例如，航空公司通常都是根据每个航班的实际情况来指派相应类型的飞机，因此每个航班的座位数量是固定的，没有额外的座位可以添加到一个给定的航班中。同样，由于供应具有较长的提前期，零售商往往需要在销售季节开始以前提前很长时间来订购产品，一旦销售季节开始，就没有机会再补充库存。③产品的定价在本质上是动态的，并且销售季节由多个不同的时期组成，不同时期的产品价格可能也是不同的。在某些特殊情况下，每一个时期的产品最优价格也可能恰好是相同的，因此一个固定的定价策略是最优的。Kincaid 和 Darling（1963）指出，在销售商追踪顾客偏好信息的能力有限以及调整产品价格所产生的成本过高的情况下，动态定价的应用是非常有限的[1]。进入21世纪以后，信息技术迅速发展，电子商务逐渐成为全球主流的商业模式，其商业影响力不断扩大。我国互联网信息中心发布的《第47次中国互联网络发展状况统计报告》显示，截至2020年12月，我国网民规模达到9.89亿，较2020年3月增长8 540万，互联网普及率达70.4%。其中，网络支付用户规模达8.54亿，较2020年3月增长8 636

万，占网民整体的 86.4%。在电子商务环境下，企业可以通过电子商务平台记录的大数据收集顾客购买产品的信息，将顾客划分到一个特定的细分市场，进而对市场需求和流行趋势进行分析，根据市场需求和产品供给以极小的成本迅速调整产品价格，因此，电子商务为动态定价的广泛应用提供了切实的保障。Elmaghraby 和 Keskinocak（2003）总结了动态定价广泛实施的三个主要原因[2]：①互联网等信息技术的快速发展和广泛应用，使得信息传播更为便捷和迅速，价格决策者收集和处理需求信息也更加便利；②新技术的采用使得价格调整变得更加容易，实施动态定价的成本也大幅度降低；③用来分析需求数据以及动态定价策略的决策支持工具逐渐增加。

Bain 公司的一项调查研究显示，最优价格模型已经成为世界上应用最广的 25 种管理工具之一①，实施动态定价对企业有两个方面的影响。首先，动态定价可以让企业实现顾客回报的最大化。企业可以根据不同的销售渠道和产品配置，以极小的菜单成本（即企业向顾客展示价格的成本）给产品制定不同的价格，同时，还能经常调整产品的价格。如果企业有能力收集其他竞争企业和顾客的信息，并愿意支付相应的费用，那么它们就能进一步实现其产品、服务以及相应价格的客户化，即针对不同的顾客，选择最合适的销售渠道进行产品的动态定价。动态定价有助于企业更好地把握顾客的价格承受心理，更有效地满足各种类型顾客的需求。因此，能够大幅度增加企业的收益。其次，动态定价能够提高企业的资本回报率。在市场中，一些企业在基础设施建设方面的投资较高，从而给企业带来了较高的固定成本。因此，当市场处于淡季时，这部分企业的资本利用率很低，成本昂贵。另一方面，有些企业在关键部件的供应上缺少弹性，在销售旺季到来时出现供货短缺的现象，不仅造成了顾客的流失，同时也损害了企业形象。而动态定价的实施使得企业能够在销售淡季拉动消费，在销售旺季抑制需求，达到了平衡供求的目的。例如，Dell 公司利用其销售网站获取的顾客信息，分析顾客对产品和服务的需求、喜好程度以及购买倾向，在此基础上对产品的销售趋势进行短期预测，动态地调整产品和服务

① 《哈佛商业评论》中文网：25 种全球最流行的管理工具 http://www.hbrchina.com/c/library.article.do? layoutId=22&id=403.

的价格。动态定价的运用使得 Dell 公司缓冲了市场需求，避免了供应链负荷过重情况的发生，实现了企业收益的最大化。

在科技进步与市场经济快速发展的今天，企业的生产能力和管理水平都得到了很大提高，产品或服务的供求关系发生了根本逆转，互联网的商业化应用和发展在很大程度上提高了顾客的主导地位，顾客拥有了更多自主选择与消费决策的权力。同时，互联网的普及也使得顾客获得市场信息变得更加容易，顾客能够通过互联网查询到产品和服务的价格变化以及相应的库存信息，使得有经验的顾客对产品的价格形成预期，从而导致顾客的购买行为变得更加多样化。Anthes（1998）指出，当 10% 的顾客由于预测到未来机票会降价促销而延迟购买时，就会给航空公司带来 1% 左右的收益损失[3]。由此可见，忽视顾客的购买行为将会对企业的收益产生重大影响。企业要想获得商业上的成功就必须分析顾客的行为特征，并将其运用到企业的各项运营决策中，制定合适的定价策略来赢取顾客。

早期的动态定价研究主要假设顾客是短视的，当产品价格低于顾客的估价时，顾客就会选择购买。这种假设虽然能够在很大程度上简化问题的分析过程，使得模型更容易求解，但是忽视了产品在未来的可获得性以及顾客在购买过程中所表现出的行为特征。近年来，随着顾客的行为因素被引入运营管理领域，在考虑顾客购买行为的基础上对产品进行动态定价正成为收益管理领域的研究热点。Dana（2008）指出，在动态定价模型中考虑复杂的顾客购买行为是收益管理研究的新方向[4]；Solomon（2014）也指出，在产品的定价过程中考虑顾客的购买行为可以在很大程度上提高定价模型的精确性，为企业定价策略的实施提供更加合理的决策指导[5]。因此，理解顾客的购买决策过程，并对顾客的购买行为进行建模已经成为企业实施动态定价策略的关键。本书将针对顾客购买行为下的易逝品动态定价问题进行深入研究，分析顾客的选择行为和惰性行为对企业实施动态定价的影响。

1.1.2 研究意义

易逝品的销售期短，在销售期以外的产品价值很少，甚至价值为零。对于销售易逝品的企业来说，如果制定的产品价格过高，就会造成顾客流失，给企业的声誉带来损失，从而减少企业的收益；如果产品价格过低，就会导致企业的收益下降，给企业收益带来不必要的损失。2000 年 9 月，亚马逊公司对名为“泰特斯”的碟片采取了一种定价策略：针对新顾客，亚马逊公司将该碟片的售价定为 22.74 美元；而针对那些对该碟片感兴趣的老顾客，则将价格定为 26.24 美元。虽然这种定价策略提高了亚马逊公司的销售利润，却引起了该公司老顾客的不满，在以后的 2 天时间内，竞争对手巴诺公司的销售额比以往增加了 20%。亚马逊公司不合理的定价不仅使其蒙受了很大的经济损失，而且也在一定程度上损害了企业的声誉[6]。因此，对产品进行合理的定价是实现企业收益最大化的重要手段。

收益管理最核心的内容是企业通过调整产品价格来平衡市场需求。根据易逝品的特点，可将产品需求分为确定性需求和随机性需求。在确定性需求下，产品的需求比较稳定，需求与价格直接相关且关系已知。在研究中，通常用两种方式描述产品的需求和价格之间的关系：①假设需求是价格的线性减函数。②假设顾客对产品的估价服从某个给定区间内的特定分布，只有当产品的价格不高于顾客对产品的估价时，顾客才会选择购买产品；而且产品价格越高，产品的需求量越小。在现实情况下，由于需求受多个因素的影响，因此，具有一定的不确定性，这给动态定价研究带来了很大的挑战。在造成需求不确定的众多因素中，顾客购买行为是导致动态定价问题复杂的重要原因。随着经济的发展和信息技术的普及，顾客的购买行为呈现多样化的情况。传统的收益管理研究将顾客假设为短视的或者完全理性的，只要产品价格低于其心理价位就会选择购买，而很少研究面对动态定价策略时顾客购买决策背后的行为意向等特性。在这种情况下，顾客可能由于一些与决策者制定的价格完全无关的原因而拒绝购买产品，他们经常对价格做出经济学家认为的“非理性”的反应。更确切地说，顾客对于价格的反应并不总是只基于价格和所提供的产品，很多看似无关的因素也会影响顾客的购买行为，在极端的情况下，顾客可能会坚持放弃销售商看似非常合理的定价计划。例如，由于近年来互联网已经成为顾客常用的购物渠道，顾客不仅可以通过互联网了解更多的产品信息，而且还可以掌握产品的价格变化情况以及产品的剩余库存数量，这就导致一部分顾客在预测到产品的未来价格更低时选择延迟购买。因此，忽略对顾客购买行为的研究，会影响动态定价策略的实施效果，使得动态定价策略难以达到最大化企业期望收益的目的。研究顾客购买行为下的动态定价问题已经是迫切需要的，并且也是新近的一个研究热点方向。

在具体的研究过程中，对顾客的购买行为进行度量，并在多周期内对产品进行动态定价研究是一项十分复杂的任务。首先，需要在研究过程中充分考虑顾客购买行为所引起的需求不确定性，将不确定性因素用随机变量表示出来，并假设该随机变量服从某个已知的分布。其次，制定多周期定价策略的关键在于，在每个销售时期根据需求的不确定性制定相应的最优价格，这就需要决策者在多周期的动态定价过程中执行多个决策步骤。因此，引入更加科学有效的方法解决基于顾客购买行为的动态定价问题非常重要。

本书研究的问题不仅拓展了传统的动态定价研究，而且对动态定价策略在实际中的应用具有重要的指导意义。近年来，在全球经济一体化的背景下，我国企业逐渐从粗放管理向精细化管理和科学化管理转变，如何在复杂的市场环境下在适当的时间以适当的价格将产品出售给适当的顾客显得尤为重要。作为收益管理的引擎和核心技术，动态定价在收益管理中发挥着非常重要的作用，越来越多的国内企业开始采用动态定价策略。由于我国仍处在经济转型期，在实施动态定价策略时，企业不仅要考虑自己产品的库存和市场对产品的需求情况，还要考虑顾客的购买行为对企业收益的影响。因此，企业必须综合考虑不同的销售环境以及顾客行为，从全局角度出发对需求进行引导和管理，这样才能使得制定出来的产品价格更符合实际，从而提高企业的收益。基于以上考虑，本书从顾客购买行为的角度出发，研究易逝品的动态定价策略，为企业提供管理启示，更好地指导企业的价格决策者制定更合理的产品价格，提高企业的收益。

本书在国内外关于易逝品动态定价研究的基础上，利用随机过程、马尔可夫决策过程、离散选择模型、动态规划以及博弈论等理论与方法，对基于顾客购买行为的易逝品动态定价的若干决策和优化问题进行系统深入的研究，取得一些分析性结论，提出一些实践应用方面的建议。研究过程力求理论模型紧密结合现实，缩小动态定价理论及模型与实际商业销售决策过程的距离，不仅可以完善该领域的理论结构，而且可以构建基于顾客购买行为的动态定价理论研究框架体系，深化与完善动态定价研究的理论层面，提高该理论的现实性与应用性，使这一起源于航空业的收益最优化技术更广泛地服务于日常商业运作中。

1.2　研究内容

对于销售易逝品的企业来说，在销售旺季，企业由于供应能力和库存容量的限制，可能无法满足顾客的需求，造成供不应求的情况；而在销售淡季，则会产生剩余库存，造成供过于求的情况。因此，需要对产品进行合理定价来引导顾客需求，从而提高企业的收益。本书从顾客购买行为的角度出发，解决销售易逝品的企业在产品定价过程中的各种问题，建立相应的数学模型，在此基础上分析不同的顾客购买行为对企业收益和易逝品最优价格的影响，减少不合理的定价策略给企业带来的经济损失，为企业进行价格决策提供相应的理论支撑。本书的主体部分由第 3 章至第 7 章构成，主要分为两个部分。

第一部分针对不具有延迟购买行为的顾客（非惰性顾客）进行易逝品的动态定价，即本书的第 3 章和第 4 章。在顾客分类的基础上，从风险中性企业的角度研究了垄断环境下基于顾客选择行为的多等级易逝品动态定价问题；进一步，我们考虑了市场竞争的因素，从风险厌恶企业的角度研究了竞争环境下基于顾客选择行为的易逝品动态定价问题，分析了完全信息和不完全信息两种情况下均衡价格的性质。

第二部分将惰性因素加入了顾客的购买决策中，即本书的第 5 章、第 6 章和第 7 章。首先从风险中性销售企业的角度研究了基于顾客惰性行为的单易逝品动态定价问题，然后将问题拓展到销售企业的风险态度为风险厌恶的情况；在基于顾客惰性行为的单易逝品动态定价研究的基础上，进一步研究了基于顾客惰性行为的可替代易逝品动态定价问题，分析了风险中性企业收益函数的性质以及顾客的惰性行为对各产品最优价格的影响。本书的研究思路和研究框架如图 1.1 所示。

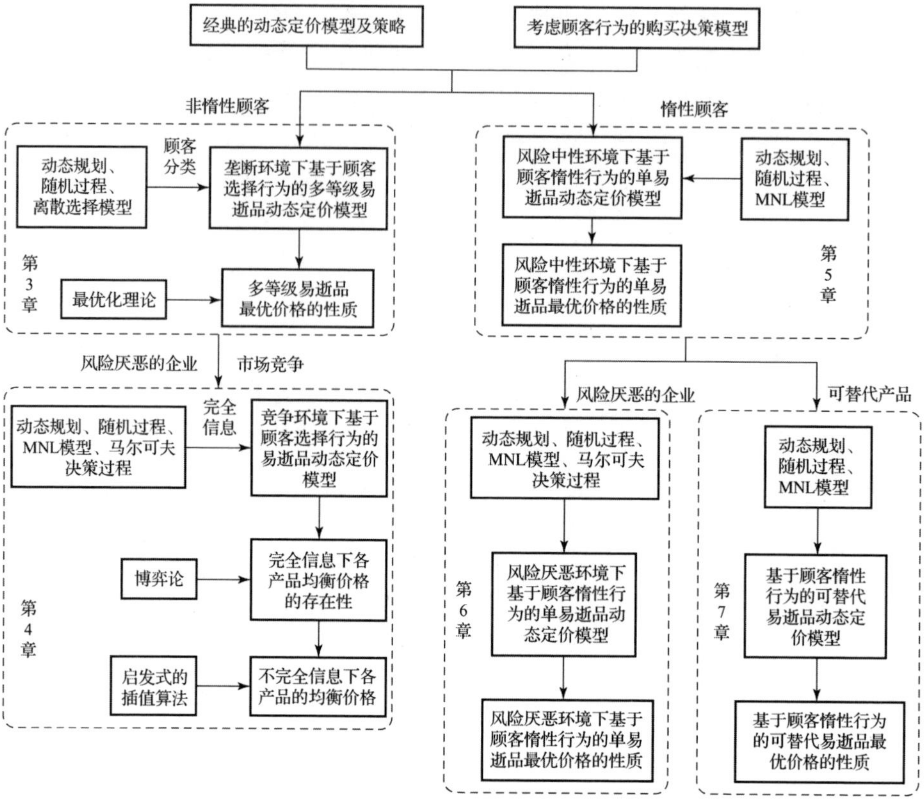

图 1.1　本书的研究框架

具体来说，本书的主要研究内容包括：

（1）垄断环境下基于顾客选择行为的多等级易逝品动态定价研究（第 3 章）

随着市场经济的不断完善和发展，对于同一种产品来说，企业一般会生产质量和价格等级不同的多种产品供顾客选择，而每一个质量和价格等级的产品往往也会有一定的顾客群。对某个质量和价格等级的顾客群来说，他们只会选择该等级的产品，而不会考虑其他质量和价格等级的产品。同时，市场上还有一部分顾客对于产品的质量和价格等级没有特殊的偏好，他们在购买产品时往往会以一定的概率在各质量和价格等级的产品之间进行选择。因此，不同类型顾客的选择行为已经成为多等级产品动态定价研究中不可忽视的因素之一。本书在顾客分类的基础上，根据顾客到达率和离散选择模型参数的预测方法及预测误差，研究不同类型顾客选择行为下的多等级易逝品动态定价问题。首先提出一个基于不同类型顾客选择行为的需求模型，然后利用有限空间动态规划方法建立了风险中性企业最优收益函数的数学模型。接着，讨论不同类型顾客的选择行为对企业收益和各等级产品最优价格的影响，并给出了最优价格的求解算法。

（2）竞争环境下基于顾客选择行为的易逝品动态定价（第4章）

动态定价建模大部分是将企业看作是垄断的，不考虑市场竞争的问题。主要原因是动态定价问题本身的复杂性使得垄断环境下的动态定价模型已经较难解决，市场竞争的引入将会使问题变得更加复杂。但是随着市场竞争的加剧，在动态定价的研究中考虑竞争因素是必然的。在竞争的环境下，顾客在购买产品时会根据产品价格和个人偏好在各产品之间进行选择；同时，企业在制定产品价格时，不仅要考虑自身的库存和产品需求情况，还要考虑竞争对手的库存对自身收益的影响。大部分动态定价研究都基于企业是风险中性的假设，忽视了市场的不确定性对企业的风险态度所造成的影响。基于这种情况，本书从风险厌恶企业的角度出发，在假设各企业之间具有完全信息的基础上，利用动态规划方法和马尔可夫决策过程理论建立了竞争环境下基于顾客选择行为的易逝品动态定价的数学模型，证明了纳什均衡价格的存在性，研究了各竞争企业的风险厌恶态度对各产品均衡价格的影响。在此基础上，进一步讨论了信息不完全情况下风险厌恶的竞争企业的动态定价问题，给出了各企业产品均衡价格的求解算法。

（3）基于顾客惰性行为的单易逝品动态定价（第5章和第6章）

延迟购买是顾客购买决策过程中的一种重要的行为现象，我们将抑制顾客做出购买决策的内在倾向称为顾客的惰性行为。顾客可能出于策略性考虑延迟购买，也可能是出于行为性的原因。前面两章只是考虑了顾客在面对众多产品时的选择行为，没有考虑顾客延迟购买的情况。因此，从第5章开始，本书开始研究企业在面对惰性顾客的情况下，如何制定易逝品的最优价格。第5章从风险中性销售企业的角度研究了垄断环境下考虑顾客惰性行为的单易逝品动态定价问题，首先利用动态规划方法和MNL模型（Multinomial Logit Model），建立了风险中性企业的最优收益函数的数学模型，然后对数学模型进行求解，得出顾客惰性对最优价格的影响。进一步，在第6章将模型拓展到企业的风险态度为风险厌恶的情况，考虑了顾客的惰性需求和企业的风险厌恶态度，建立了风险厌恶企业的最优期望效用的数学模型，通过对模型进行求解，得出最优价格的结构特征，并讨论了顾客惰性对最优价格的影响。

（4）基于顾客惰性行为的可替代易逝品动态定价（第 7 章）

随着市场经济的日益完善和发展，顾客在购买产品时的选择余地也在不断增大，为了增加自身的市场竞争力，企业往往销售不同品牌、不同功能和不同款式的产品来满足不同类型顾客的需求。同一类型产品种类的增多扩大了企业的市场占有率，同时也造成了产品之间在功能上的差异性不断减小，从而给产品之间替代关系的形成创造了条件。本书在第 5 章研究单易逝品动态定价的基础上，进一步将单易逝品的动态定价问题拓展到可替代易逝品的情形，研究存在顾客惰性情况下的可替代易逝品的动态定价策略。顾客以自身效用的最大化为原则来选择产品；风险中性的企业则通过动态调整产品的价格来实现自身收益的最大化。通过模型的求解，得出了在各产品的初始库存以及顾客的惰性深度和宽度给定的条件下，各产品在不同销售时期的最优价格。最后，通过数值实验揭示了顾客的惰性深度和宽度对各产品最优价格的影响。

1.3 主要创新点

本书在传统动态定价文献的基础上考虑了顾客购买决策过程中的行为因素，分析了顾客选择行为和惰性行为对企业动态定价策略的影响，具有较强的创新性，得出了一些有益的结论。在具体研究中，通过对顾客的选择行为和惰性行为进行分析，以顾客的购买效用最大化为原则，利用离散选择模型，得出顾客购买产品的概率；在此基础上，构建了顾客选择行为下和惰性行为下的动态定价模型，分析了最优价格的结构性质。本书的研究有助于企业在更深层次上把握顾客的购买心理和决策过程中的行为，制定更接近于顾客偏好的易逝品动态定价策略，丰富了引入顾客行为因素的动态定价研究。具体地，本书的贡献以及创新点主要在于以下几点：

第一，在动态定价研究中考虑了顾客分类和顾客选择行为，以风险中性企业的期望收益最大化为目标，建立了顾客只购买固定质量等级的产品和顾客具有选择行为两种需求模式下的多等级易逝品的动态定价模型，给出了求解模型的算法。同时，分析了最优定价策略的性质，给出了一些新的结论，例如，第一类顾客的到达率越大，各等级产品的最优价格就越高；第二类顾客的到达率越大，各等级产品的最优价格越低；并且各等级产品的最优价格随自身库存和其他产品库存的增加单调不增，随剩余时间的增加单调不减，且质量等级较高的产品最优价格也较高。

第二，从风险厌恶企业的角度研究了竞争环境下基于顾客选择行为的易逝品动态定价问题，在假设各企业之间具有完全信息的基础上，分别从可加效用和永久效用的角度建立了各企业多周期离散时间的动态定价模型，讨论了各产品均衡价格的相关性质。在此基础上，进一步讨论了信息不完全情况下风险厌恶的竞争企业的动态定价问题，给出了各企业产品均衡价格的求解算法。

已有的研究在考虑风险厌恶企业的动态定价时，大多假设企业是垄断的，没有引入市场竞争的因素。本书在研究风险厌恶企业的动态定价策略时考虑市场竞争对产品价格的影响，使得企业在做出定价决策时，不仅需要考虑销售时间、产品库存和竞争企业的定价策略对现有定价策略的影响，而且要考虑企业的风险厌恶态度对产品最优价格的影响。本书首先考虑了信息完全的情况，从风险厌恶企业的角度出发，利用动态规划方法和马尔可夫决策过程理论建立了竞争环境下的易逝品动态定价模型，证明了均衡价格的存在性，并通过比较得出企业的风险厌恶态度对各产品均衡价格的影响。进一步，通过分析得出了信息不完全的情况下产品在各销售时期均衡价格的求解方法。

第三，在假设顾客到达服从时齐泊松过程的情况下，从风险中性企业的角度研究了多个销售时期内存在顾客惰性行为的单易逝品动态定价问题，利用动态规划方法建立了多个销售时期单易逝品动态定价的数学模型，从理论上证明了单易逝品的最优价格随销售时间的增加而提高、随产品库存的增加而降低，同时证明了顾客惰性对产品的最优价格有着负面影响。

第四，在假设企业的风险态度为风险厌恶的情况下研究了基于顾客惰性行为的单易逝品动态定价问题，分别从可加效用和永久效用的角度建立了多周期离散时间的动态定价模型，给出了各销售时期单易逝品最优价格的结构，以及顾客的惰性行为和企业的风险厌恶态度对产品最优价格的影响。

已有的动态定价研究虽然也考虑了顾客的惰性行为，但是均假设企业是风险中性的，忽视了收益的波动性和风险的敏感性。虽然风险中性的假设适用于大部分企业，但是对于具有短期收益目标的企业却不适用。在这种情况下，企业对收益的波动非常敏感，他们更关注于当前的收益；此外，大多数企业的价格决策者在一定程度上是风险厌恶的。本书把单易逝品的动态定价与顾客的惰性行为以及企业的风险偏好联系起来，弥补了现有研究将顾客的惰性行为与企业的风险偏好分割开的不足，分别从理论证明和数值算例两个方面详细分析了顾客的惰性行为以及企业的风险厌恶态度对垄断企业最优定价策略的影响。

第五，本书在研究基于顾客惰性行为的单易逝品动态定价问题的基础上，进一步研究了基于顾客惰性的可替代易逝品的动态定价问题，利用动态规划方法建立了可替代易逝品动态定价的数学模型，给出了风险中性企业的收益函数以及最优价格的表达式；并进一步揭示了存在顾客惰性的情况下，可替代易逝品之间价格的差异与产品剩余库存之间的关系，利用数值算例验证了顾客惰性的深度和宽度对可替代易逝品的最优价格存在负面影响。

1.4 本章小结

本书的研究背景主要是顾客购买行为以及易逝品的动态定价等领域的理论与实践。本章阐述了研究的背景和意义，简单介绍了本书的研究框架、研究内容以及主要创新点，从而为本书的研究打下了必要的基础。

第 2 章　相关理论基础及文献评述

本书对顾客购买行为下的易逝品动态定价问题进行系统研究，帮助企业的价格决策者更好地把握顾客的行为和心理规律，制定更加合理的产品定价策略来提高企业的收益。由于易逝品广泛存在于人们的日常生活中，因此，易逝品的收益管理逐渐成为学术界的研究热点。另外，在消费市场上存在着不同偏好的顾客群体，他们根据效用最大化原则进行的购买决策将直接影响到产品的实际需求和动态定价策略，因而如何区分不同顾客群体的购买决策，需要借鉴现有的理论基础和相关文献中对于顾客偏好和效用的刻画，以及由顾客的选择行为所引起的动态定价问题的研究思路和方法。

2.1　易逝品的收益管理和动态定价

2.1.1　易逝品的概念和特点

易逝性起初是用来描述时令水果蔬菜等农副产品，说明它们难以长时间保存，一旦这些产品腐烂变质就不能出售。1992 年，Weatherford 与 Bodily 拓宽了易逝性的使用范围，首次提出了易逝品的概念[7]。他们认为易逝品的销售存在时间限制，即到了某一个时间点 T，如果仍有部分产品未能销售出去，那么这些产品就永远失去了价值。由这一定义可知，在某个特定时期内发生价值急剧减少甚至骤降为零的产品都可称为易逝品。易逝品具有生产提前期长、市场需求随机性强、销售周期短、销售期结束残值低等特点，例如，航班的座位、酒店的客房、电影院的座位等。

近年来，由于科学技术的飞速发展和市场竞争的日益加剧，很多电子产品、能源产品和信息产品都具有了易逝品的特点。总的来说，产品具有易逝性主要有两个方面的来源：①内生易逝性，即产品自身无法存储或者存储困难。例如，航班座位、酒店客房等服务性产品以及瓜果蔬菜等农副产品的易逝性是其自身固有的内在特性，是随着产品的存在而存在的。②外生易逝性，即产品自身可以被存储，但是由于产品的不断更新换代使得产品的销售时间缩短，如时装和电子产品。如果产品的易逝性是其自身的内在属性，那么这种类型易逝品的功能会随时间的不断推移呈现出逐渐衰减、消失、再生的循环特点，因此可称为再生型易逝品。比如，瓜果蔬菜、牛奶、鲜花等产品的货币价值随着它们使用价值的消失而不断减少，直至无法使用时其产品价值降至零，新的瓜果蔬菜、牛奶、鲜花只是更加新鲜，而产品功能无任何变化。而航班座位、酒店客房、剧院座位等服务产品可被重复使用，只是存在销售时间的限制，在某个特定的时间点，产品的价值就会骤降为零，但是在以后的销售时间里，产品又能够重复使用，完成相同的功能。如果产品的易逝性是外生的，该类易逝品由于产品功能的不断更新、频繁的升级换代，其产品价值也会随时间的不断推移呈现逐渐衰减的趋势，因而将这类产品称为更新型易逝品。与普通产品相比，易逝品具有以下特性[8]。

（1）无法存储或者具有很高的存储成本

产品和服务具有有限的销售期或者保质期，只要超过销售期或者保质期，产品和服务的价值就会降得很低，甚至降为零。例如，民航的航班，如果在飞机起飞时仍然有大量座位未被售出，就会给航空公司带来很大的经济损失。

（2）市场需求具有很大的随机性和多样性

这是因为易逝品的市场需求通常会受到节日、天气、季节等诸多因素的影响，造成市场需求具有很大的随机性；而易逝品价值的迅速衰减也会让顾客产生时间上的紧迫感，不同时间敏感程度的顾客对此会做出不同的反应，从而导致市场进一步细化。对于更新型易逝品来说，新技术的持续注入造成产品的频繁升级换代，从而扩大了销售商和顾客之间的信息不对称，使得市场需求的随机性和多样性变得更明显。

（3）供应能力一般是固定或者相对固定的，短期内难以调整

例如，酒店的客房数量是固定的，航班的座位数量也是固定的。有些

易逝品虽然供应数量可变，但是增加一个单位额外数量的供应通常需要花费很大成本，或者等待较长时间。例如，由于时装的订货或者生产提前期远大于销售期，只要进入销售期就不能补货，因此，可以将这类产品的供应能力看作是相对固定的。

（4）固定成本较高，而边际成本较低

例如，酒店、影剧院、电信等行业最初的固定成本投入非常大，但是建成以后，每额外销售一个单位的边际成本很小，甚至可以忽略不计；再如，购买一架飞机的费用非常大，但是飞机起飞后，不管飞机上坐了多少人，飞机飞行的成本几乎没有差别。

（5）可以对顾客进行分类并采用差别定价

例如，航空公司根据乘客旅行目的的不同，将乘客分为商务乘客和休闲乘客两类，并根据乘客类型进行差别定价。

以上特征决定了易逝品的定价方式不同于一般产品，这些特征也为实施易逝品的动态定价提供了必要条件。

2.1.2　收益管理的内涵、应用及关键技术

收益管理也可称为“产出管理”“收入过程最优化”“需求管理”“定价与收益优化”，从本质上说，就是利用一定的策略和机制使得有限的产品供给与不断变化的市场需求达到平衡，最终实现企业收益最大化。收益管理的目的是在微观层面上对顾客行为进行预测，通过价格优化和库存控制等手段达到收益最大化。其应用条件主要包括[9]：

（1）产品或服务具有时效性

产品或服务的销售时间是有限的，超过这段时间，产品或服务就不存在或者过期了。由于这类产品无法存储，因此不能采用传统的库存管理法对其进行管理。

（2）提供产品或服务的企业具有有限的生产能力或容量

由于生产能力或容量有限，企业增加一单位额外的产品或服务通常需要很长的等待时间或需要增加很高的成本。在生产能力或容量允许的范围内，产品或服务具有较高的固定成本和相对较低的可变成本，甚至有时可变成本可忽略不计。

（3）市场受多重因素影响，供求平衡难以实现

产品的市场需求多样化且受多重因素影响，需求波动较大，难以实现供求关系平衡。因此，可以通过顾客对产品价格的敏感程度来细分市场。

满足以上条件的产品或服务众多，例如，航空公司的航班、电力、电信、时尚以及高科技产品、电视台的广告时段、旅游公司和租车公司的产品等。这些产品或服务自身所固有的特征使得它们可以按照多级价格销售，只要产品或服务的价格高于其可变成本，就比闲置更好。如果不能在销售期内将产品或服务销售出去，就意味着对产品或服务的一种浪费。因此，选择合适的产品或服务的定价策略、库存管理策略等会对企业的收益水平造成很大影响。

收益管理的关键技术主要包括需求预测、动态定价、存量控制、超订等，这些技术大多以复杂的数学模型为基础。

（1）需求预测

准确的需求预测是进行收益管理的先决条件，为其他收益管理技术提供可靠的数据支持。预测方法主要分为两类：随机过程方法以及统计方法。随机过程方法是对顾客的到达过程进行建模，在分析单个需求到达过程的基础上，建立顾客随机到达过程的模型，从而构造总需求的分布。统计方法是对顾客的需求分布进行建模，在研究顾客需求分布的基础上，构建顾客购买行为的统计模型。目前，大部分企业在对需求进行预测时，仍然使用较为简单的平滑技术和移动平均技术，无法满足收益管理中的预测要求。

（2）动态定价

在收益管理中，定价技术是指根据顾客的需求情况制定各个等级产品的价格策略，利用价格机制将产品或服务的有限供给与不断变化的需求进行匹配，从而实现企业收益的最大化。关于产品定价的已有研究主要分为两类：第一类是基于经济学角度，从行业层面对产品的定价以及价格竞争进行研究；第二类是基于企业运用决策的角度，把定价当作收益管理过程中的一部分对定价问题进行研究。第一类主要利用经济学中的垄断市场价格歧视理论和市场竞争均衡理论对定价问题进行研究；第二类主要研究产品的动态定价问题。收益管理中的定价研究主要针对第二类，以收益最大化为目标，研究产品价格何时变化以及价格的升降问题。

（3）存量控制

存量是指企业拥有的产品数量。存量控制主要包括静态存量控制和动态存量控制两类。静态存量控制是在销售时期开始以前将一定数量的产品分配给各个价格等级，例如，Littlewood 准则[10]和 EMSR 方法[11]。而动态存量控制则可以根据实际销售情况调整分配数量，实际上已经转化为某个价格等级在何时开放或者关闭的问题[12]。存量控制过程主要包含以下三个方面的活动：①设置产品或服务的初始存量分配；②对实际预订过程进行监测；③在预订过程中对产品或服务的存量限制进行调整。存量控制的早期研究集中在航空客运行业的舱位控制问题。目前，存量控制技术已成功运用到租车、酒店、广告、电信等行业，其应用原理与民航业类似。

（4）超订

超订是收益管理中最有效也是最常用的一种手段，指的是企业为了弥补由于取消预订（Cancelation）和顾客缺席（No - show）所造成的产品虚耗，售出的产品数量大于企业实际供给能力的策略。如果产品的实际消费量大于产品的总供给，就会使一部分预订的顾客无法获得产品，从而带来超售的风险。因此，企业应该充分考虑产品虚耗的机会成本和超售风险，确定最优的超订水平。

本书主要围绕动态定价展开讨论，其他三个方面不作为本书的研究内容。

2.1.3　动态定价及其影响因素

动态定价也可称为“灵活定价”或“个性化定价”，指的是企业根据时间、空间和顾客的不同，不断改变产品价格来达到收益最大化的策略。运用动态定价策略必须具备一些前提条件：①价格和销售时间的变化会引起需求的波动。②可以对产品市场进行细分。从企业的角度看，影响动态定价的因素主要有[13][14]市场需求、销售时间、顾客行为、企业的风险类型、企业自身的产品信息以及竞争企业的信息。

（1）市场需求

市场需求是动态定价策略最重要的影响因素。由于易逝品需求的不确定性较大，因此，目前的大多数研究均假设市场需求是随机的（或者假设每个销售周期的市场需求为一个随机变量，或者假设市场需求服从某个随机过程)，并且市场需求的分布是已知的。但是在实际情况中，由于产品更新换代的速度较快以及顾客偏好不断发生变化，掌握市场需求的分布信息具有很大的困难，因此，一些学者开始研究市场需求不确定情况下的动态定价策略，形成了需求模型不确定情况下的动态定价理论研究。

已有的研究中建立需求模型的方法主要有两种：①市场需求可视为价格以及时间等因素的函数；②市场需求可以通过顾客效用或者顾客选择推导出来。其中，第一种方法是建立市场总需求的模型，第二种方法是利用单个顾客的选择行为建立需求模型，两种方法是整体与个体的关系。由于顾客之间存在差异性，利用顾客的选择行为建立需求模型更为复杂。因此，在研究中经常假设顾客的到达服从某个随机过程，顾客到达后都有自身的保留价格，且保留价格的分布已知；只要产品价格不高于保留价格，顾客就会选择购买；具有这种行为的顾客称为“短视型顾客”。在实际应用中，顾客的购买行为非常复杂，例如，如果市场中存在可替代产品，此时，顾客就要面对产品选择的问题。在这种情况下，常用的解决方法是利用随机效用模型，即基于顾客效用最大化的概率模型。

（2）销售时间

在实施动态定价的过程中，企业通常根据销售时间来制定产品价格。由于销售期结束后易逝品的残值很小，因此，在销售时间离销售期结束还很长的时候，企业一般会制定较高的价格；反之，在离销售期结束较近的时间，企业则会制定很低的价格。这种定价规律适用于购买产品后服务交付期就结束的情况，例如，瓜果蔬菜、鲜花、时装等，这部分产品的动态定价属于出清销售的定价策略[15][16]。而对于服务交付期发生在销售期结束时的产品，例如，航班机票、酒店的客房等，出清销售的定价策略则不再适用。假如顾客在服务交付期以前的很短时间里提出服务要求，就意味着他们拥有的选择机会很少，因此，离服务交付期越近，顾客愿意支付的产品价格就会越高。在这种情况下，企业就可以通过制定较高的价格来获取更高的收益[17]。

（3）顾客行为

市场需求实质上是由所有顾客的购买决策构成的，由此可得，顾客的购买行为会对企业的动态定价策略产生重大影响。由于企业无法了解每位顾客的实际购买意愿。因此，现有的动态定价研究大多假定所有顾客都是同质的，即使顾客对产品的保留价格不相同，其保留价格也具有相同的概率分布。对上述问题的研究主要集中于考虑顾客选择行为、策略行为等方面的动态定价。但是并非所有顾客都具有相同的购买意愿，因此，还有一部分研究集中于面对异质性顾客时，企业应该如何实施动态定价策略。除此之外，一些学者也在研究如何通过定价策略来区分不同类型的顾客。这些研究构成了动态定价研究的一个重要组成部分——基于顾客行为的动态定价理论研究。

（4）企业的风险类型

企业在实施动态定价策略的过程中起着非常重要的作用。由期望效用理论可知，企业对待风险的态度分为三种：风险偏好、风险厌恶和风险中性。风险偏好型的企业只关心收益而不考虑损失，它们在面对可能发生的风险时，仍然会实施其决策活动。风险厌恶型企业也可称为风险规避型企业，这类企业对于损失的反应非常敏感，它们会在决策行动中尽量规避可能发生的风险；风险厌恶型企业在进行决策时，通常会权衡期望收益和可能发生的风险损失，它们会以期望效用的最大化为目标，而不是期望收益的最大化。风险中性的企业介于风险偏好和风险厌恶之间，它们在进行决策时既不会冒险也不会保守，因此，这类企业通常以自身的期望收益最大化为目标。显然，不同风险偏好类型的企业所采取的定价策略也不同。大多数动态定价研究均假设企业的风险态度是风险中性的[18]，但是也有一部分研究假设企业是风险厌恶型的[19-21]。

（5）企业自身的产品信息

产品是由一种或者多种资源组成的，资源的不同组合方式会构成不同的产品[22]。在多种资源下如何确定产品的清单是企业需要面对的一个非常重要的问题，而确定产品清单通常需要由产品定价来实现。因此，企业在拥有多资源多产品的情况下应该如何对产品进行定价，是企业需要考虑的重要问题[23,24]。考虑多资源多产品的动态定价被称为网络收益管理下的动态定价理论研究。

（6）竞争企业的信息

企业的动态定价策略通常会受到市场竞争的影响。在存在多个竞争企业的情况下，从企业的角度来看，企业不仅要考虑自身的产品库存以及市场需求，还要考虑竞争企业的定价策略对自身收益所产生的影响；从顾客的角度来看，有消费需求的顾客经常会比较各企业产品的价格，选择购买离自己心理价位最近的产品。Sood（2004）的研究显示，如果企业在实施动态定价的过程中忽略了市场竞争的因素，将会使其收益减少 10%～50%[25]。对于竞争环境下的各个企业来说，采用最优价格策略的目的就是在给定其他企业定价策略的情况下，使自身的收益达到最大。这部分研究被称为竞争环境下的动态定价理论研究。

2.2　动态定价的基本模型

价格是影响顾客做出购买决定的关键因素，因此，企业需要在保证利润的前提下对价格进行持续关注。随着互联网和电子商务的迅速发展，动态定价已经成为增加企业收益的重要工具。例如，亚马逊、Zara、美国第二大零售商 Staples、移动电子商务平台 DHGate、美国电子产品零售商 Radio Shack 等均采用动态定价软件和定价模型来进行产品的定价决策。

建立动态定价模型首先应该考虑顾客的购买行为随时间如何变化——哪些因素影响顾客的购买决策以及顾客决策过程的复杂程度等；其次还要考虑市场情况，尤其需要考虑市场竞争水平和顾客数量。建立动态定价模型的基础是建立一个需求模型（描述需求如何随价格变化），其中，需求模型可以是个人需求模型，也可以是总需求模型。在动态定价模型的假设中，顾客可以是有限的或者无限的、短视的或者策略的；市场也可以是垄断的、寡头垄断的，或者完全竞争的。下面介绍最基本的动态定价模型，主要分为不可补货的单产品动态定价模型、可补货的单产品动态定价模型、多产品动态定价模型，以及基于离散选择模型的动态定价模型。

2.2.1　不可补货的单产品动态定价模型

假设一个垄断企业在有限的销售期内出售单个产品，产品的初始库存固定且在整个销售期内不允许补货，顾客是短视的。这种情形主要应用于时尚和季节性产品的销售中，由于这些产品的生产周期和订货周期比销售周期长得多，因此，对于销售企业来说，最大的挑战是在销售初期根据产品的初始库存水平确定产品的价格路径。

由于企业只销售单个产品，因此假设在销售时期 t，产品价格为 $p(t)$，需求率为 $d(t,p)$，可允许的价格集合记为 Ω_p，可达到的需求率集合记为 Ω_d。需求函数满足下列条件[14]：

①在可允许的价格集 Ω_p 上，需求函数 $d(t,p)$ 连续可微，且严格递减，即 $d'(t,p)<0$，因此，$d(t,p)$ 具有反函数，记为 $p(t,d)$。

②需求函数具有上界和下界，并且在价格充分高时趋向于 0，即 $\inf\limits_{p\in\Omega_p} d(t,p)=0$。

③对于任意 $p\in\Omega_p$，收益函数 $r(t,p)=pd(t,p)$ 是有界的，并且存在使其达到最大的价格 p^0。

④边际收益 $J(t,d)\equiv\dfrac{\partial r(t,d)}{\partial d}=p(t,d)+dp'(t,d)$ 关于 d 严格单调递减。

（1）确定性需求情形

最基本的动态定价模型是垄断环境下的单产品动态定价模型，在此情况下，销售商在时间 $[0,T]$ 内销售产品，销售期被划分成 T 个离散时期。假定产品的初始库存 $x(0)=C$ 是给定的，选择价格 $p(t)$（在此过程中会产生需求函数 $d(t,p(t))$）使得收益函数最大化。单产品的动态定价模型可表示为

$$\begin{aligned}&\max\sum_{t=1}^{T} r(t,d(t))\\&\text{s. t.}\quad \sum_{t=1}^{T} d(t)\leqslant C\\&\qquad d(t)\geqslant 0\end{aligned}\tag{2.1}$$

由需求函数的条件④可得，边际收益 $J(t,d)$ 关于 d 严格递减，因此，收益函数 $r(t,d(t))$ 是价格 $p(t)$ 的凹函数，由此可得，该动态定价问题存在唯一的最优解。

令 π^* 为库存约束的拉格朗日乘子，$J(t,d)=\dfrac{\partial r(t,d)}{\partial d}$ 表示边际收益，则关于最优需求函数 $d^*(t)$ 和拉格朗日乘子 π^* 的一阶条件为

$$J(t,d^*(t))=\pi^*\tag{2.2}$$

互补松弛条件为

$$\pi^* \left(C - \sum_{t=1}^{T} d^*(t)\right) = 0 \tag{2.3}$$

且拉格朗日乘子 $\pi^* \geqslant 0$。

我们可以将拉格朗日乘子 π^* 理解为库存的边际机会成本，条件 $J(t, d^*(t)) = \pi^*$ 说明在每个销售时期，边际收益应该等于边际机会成本。这就意味着如果两者不相等，销售商就可以通过调整产品价格，将需求从边际收益较低的销售时期转移到边际收益较高的销售时期，从而增加收益。互补松弛条件说明，当库存过剩时，机会成本不能取正值；当机会成本为零时，如果在各销售时期均没有约束的情况下使收益达到最大，库存仍然不会完全售出，这意味着即使库存不产生任何成本，不完全售出所有库存也可能是最优的。

（2）随机需求情形

随机需求的动态定价模型可分为两种情况：连续需求的动态定价模型和伯努里（离散泊松）需求的动态定价模型。假设在随机需求情形下，需求是一致有界的，即对于任意价格 $p \geqslant 0$，均有 $E[\,|D(p,\xi_t)|^2] \leqslant K < +\infty$。

首先考虑连续需求的动态定价模型，假设每个时期的需求均为连续型随机变量 $D(t,p,\xi_t)$，其数学期望为 $d(t,p) = E[D(p,\xi_t)]$，库存也是连续的。在确定性需求中，我们假设需求函数 $d(t,p)$ 具有反函数 $p(t,d)$，所以在每个销售时期，价格 p 和平均需求 d 具有一一对应的关系。因此，在随机需求的情形下，我们可以将随机需求表示成 d 的函数，即 t 时期的需求 $D(t,p,\xi_t)$ 满足 $E[D(p,\xi_t)] = d$。假设需求 $D(t,p,\xi_t)$ 具有以下条件：

①在任意时期 t，需求 $D(t,p,\xi_t)$ 是 d 的凸函数，且在集合 $\{d \mid d \geqslant 0\}$ 上关于 d 单调递增。

②对于任意 t 和 ξ_t，反需求函数 $p(t,d)$ 和随机收益 $p(t,d)D(t,p,\xi_t)$ 为 d 的凹函数。

在上述假设下，连续需求的动态定价模型可表示为

$$\begin{aligned} V_t(x) &= \max_{d \geqslant 0} E[p(t,d)E[\min\{D(t,d,\xi_t),x\}] + V_{t+1}(x - D(t,d,\xi_t))] \\ &= \max_{d \geqslant 0}\{r^+(t,d,x) + G_{t+1}(x,d)\} \end{aligned} \tag{2.4}$$

边界条件为 $V_t(0)=0$，$V_{T+1}(x)=0$。其中，$r^+(t,d,x)=p(t,d)E[\min\{D(t,d,\xi_t),x\}]$，$G_{t+1}(x,d)=V_{t+1}(x-D(t,d,\xi_t))$。

Gallego 和 van Ryzin（1994）证明了期望收益 $V_t(x)$ 和最优价格函数具有下面的性质[18]：

①$V_t(x)$ 关于剩余时间 $T-t$ 和库存水平 x 单调递增且为 $T-t$ 和 x 的严格凹函数。

②对于给定的时间 t，最优价格关于库存水平 x 单调递减。

③对于给定的库存水平 x，最优价格关于剩余时间 $T-t$ 单调递增。

在伯努里需求的情况下，假设每个销售时期只有一个顾客到达，顾客在 t 时期愿意支付价格 v_t，即随机变量的分布满足 $F(t,v)=P(v_t\leqslant v)$。令 $d(t,p)=1-F(t,p)$ 表示平均需求率，由此可以定义反需求函数 $p(t,d)=F_t^{-1}(1-d(t))$ 和收益率函数 $r(t,d)=dp(t,d)$；假设需求和库存均为离散的。

令 $V_t(x)$ 表示 t 时期到销售期结束的最优期望收益，则在伯努里需求情况下的动态定价问题可以表示为：

$$\begin{aligned} V_t(x) &= \max_{d\geqslant 0}\{d(p(t,d)+V_{t+1}(x-1))+(1-d)V_{t+1}(x)\} \\ &= \max_{d\geqslant 0}\{r(t,d)-d\Delta V_{t+1}(x)\}+V_{t+1}(x) \end{aligned} \tag{2.5}$$

边界条件为 $V_t(0)=0$，$V_{T+1}(x)=0$。其中，$\Delta V_t(x)=V_t(x)-V_t(x-1)$ 为边际期望收益函数。

Talluri 和 van Ryzin（2004）证明了 $\Delta V_t(x)$ 关于 t 和 x 单调递减[14]，即

①$\Delta V_{t+1}(x)\leqslant\Delta V_t(x)$。

②$\Delta V_t(x+1)\leqslant\Delta V_t(x)$。

2.2.2　可补货的单产品动态定价模型

在可补货的情况下，每个时期进行补货都会产生一定的成本。在这种情况下，价格和库存都需要考虑；价格用来调节需求，而补货决策用来控制供给。下面分确定性需求和随机需求两种情况进行讨论。

（1）确定性需求情形

假设 t 时期的库存水平为 $x(t)$，库存的单位持有成本为 h_t，单位补货成本为 c_t，令 $y(t)$ 表示 t 时期的订货量。

首先考虑各时期均没有订货量限制的情况，问题的核心是找到最优销售率 $d^*(t)$ 和最优订货量 $y^*(t)$。因此，可补货的单产品动态定价问题可表示为

$$\begin{aligned}&\max \sum_{t=1}^{T} r(t,d(t)) - h_t x(t) - c_t y(t)\\&\text{s.t.}\quad x(t)=x(t-1)-d(t)+y(t),\ t=1,\ 2,\ \cdots,\ T\\&\qquad d(t),x(t),y(t)\geqslant 0,\ t=1,\ 2,\ \cdots,\ T\end{aligned}\tag{2.6}$$

为了简化起见，假设初始库存为 $x(0)=0$。

相对而言，具有订货量限制的情况更为复杂。假设 t 时期的订货量 $y(t)\leqslant b_t$，$t=1,\ 2,\ \cdots,\ T$，这种限制可能是由于生产能力的约束，也可能是由于运输能力的约束。可补货情况下具有订货量限制的单产品动态定价问题可表示为

$$\begin{aligned}&\max \sum_{t=1}^{T} r(t,d(t)) - h_t x(t) - c_t y(t)\\&\text{s.t.}\quad x(t)=x(t-1)-d(t)+y(t),\ t=1,\ 2,\ \cdots,\ T\\&\qquad d(t),x(t),y(t)\geqslant 0,\ t=1,\ 2,\ \cdots,\ T\\&\qquad y(t)\leqslant b_t,\ t=1,\ 2,\ \cdots,\ T\end{aligned}\tag{2.7}$$

如果销售量是离散的且各时期的边际收益递减，则可用贪婪算法来求解上述问题[14]。对于给定的 $\boldsymbol{d}=(d(1),\ d(2),\ \cdots,\ d(T))$，定义

$$f(\boldsymbol{d}) = \sum_{t=1}^{T} r(t,d(t)) - g(\boldsymbol{d})\tag{2.8}$$

其中，$g(\boldsymbol{d})$ 是满足销售率 $\boldsymbol{d}$ 的最小成本，即可以通过下面的最优化问题来求解：

$$\begin{aligned}&\min \sum_{t=1}^{T} h_t x(t) + c_t y(t)\\&\text{s.t.}\quad x(t)=x(t-1)-d(t)+y(t),\ t=1,\ 2,\ \cdots,\ T\\&\qquad y(t)\leqslant b_t,\ t=1,\ 2,\ \cdots,\ T\\&\qquad x(t),y(t)\geqslant 0,\ t=1,\ 2,\ \cdots,\ T\end{aligned}\tag{2.9}$$

令 $\boldsymbol{e}_t$ 表示第 t 个分量为 1 其他分量均为零的向量，贪婪算法如下[26]：

①设置初始解 $\boldsymbol{d}=(d(1),d(2),\cdots,d(T))=(0,0,\cdots,0)$，利用式 (2.8) 计算 $f(\boldsymbol{d})$。

②计算边际值：对于 $t=1, 2, \cdots, T$，利用式（2.8）计算 $f(\boldsymbol{d}+\delta\boldsymbol{e}_t)$。

③找出最大边际增量：选择使得边际增量 $f(\boldsymbol{d}+\delta\boldsymbol{e}_t)-f(\boldsymbol{d})$ 最大的 t^*，如果

$$f(\boldsymbol{d}+\delta\boldsymbol{e}_t)-f(\boldsymbol{d})\leqslant 0$$

则找到最优解，停止；否则，更新 $\boldsymbol{d}$：$\boldsymbol{d}\leftarrow\boldsymbol{d}+\delta\boldsymbol{e}_t$，返回步骤①。

（2）随机需求情形

令 $x(t)$ 表示 t 时期的库存，由于需求是随机的，因此，某个时期的需求可能超过库存。在这种情况下，允许销售商缺货销售，此时，库存 $x(t)$ 为负。假设有 T 个销售时期，t 时期的需求为随机变量 $D(t,p,\xi_t)$，其数学期望为 $d(t,p)=E[D(p,\xi_t)]$，且 $d(t,p)$ 具有唯一的反函数 $p(t,d)$；数量和需求是连续的，每个时期的价格没有约束，即 $p\geqslant 0$；需求是一致有界的，即对于任意价格 $p\geqslant 0$，均有 $E[|D(p,\xi_t)|^2]\leqslant K<+\infty$；在任意时期 t，需求 $D(t,p,\xi_t)$ 是 d 的凸函数，且在集合 $\{d\mid d\geqslant 0\}$ 上关于 d 单调递增。

订货后的库存记为 $y(t)$，因此，订货量为 $y(t)-x(t)$，为了研究方便，将 $y(t)$ 视为决策变量。假设 t 时期的单位订货成本为 c_t，库存的持有成本为 $h_t(x)$。在销售期为有限的情况下，可补货的单产品动态定价问题可表示为：

$$\begin{aligned}V_t(x)=\max_{y\geqslant x,d\geqslant 0}E[&\boldsymbol{p}(t,\boldsymbol{d})D(t,\boldsymbol{d},\xi_t)-c_t(y-x)-\\&h_t(y-D(t,\boldsymbol{d},\xi_t))+V_{t+1}(y-D(t,\boldsymbol{d},\xi_t))]\end{aligned}$$

在销售期无限的情况下，假设所有参数都与时间无关，利润的折扣因子为 $\beta(0<\beta<1)$，则可补货的单产品动态定价问题可表示为：

$$\begin{aligned}V(x)=\max_{y\geqslant x,d\geqslant 0}E[&\boldsymbol{p}(\boldsymbol{d})D(\boldsymbol{d},\xi)-c(y-x)+\\&\beta V(y-D(\boldsymbol{d},\xi))-h\beta(y-D(\boldsymbol{d},\xi))]\end{aligned}$$

2.2.3　多产品动态定价模型

对于多产品的动态定价问题，当企业销售的每一种产品都只需要使用单一资源时，企业可以分别独立地最大化每种资源的收益，进而达到最大化企业整体收益的目的[22]。对于有能力约束的企业来说，如果它们销售使用多种资源的产品，收益管理问题就变得非常复杂了。多产品收益管理又可以称为网络收益管理，指的是企业利用多种资源生产出多种类型的产

品，并将产品销售给不同类型的顾客。多产品、多资源的动态定价问题在实践中有很多应用，有两个基本因素与多产品的价格决策密切相关，即产品需求和容量约束。当各产品之间互为替代品或者互补品时，一种产品的价格就会影响其他产品的需求，因此，销售商在制定该产品的最优价格策略时，就必须考虑交叉弹性效应的影响。当两种产品需要供应有限的相同资源时，即使两者之间没有交叉弹性效应，在制定一种产品的价格策略时，也需要考虑使用相同资源的另一种产品的联合效应对需求的影响。

首先考虑不可补货情况下的确定性动态定价模型，假设有 n 种产品（用指标 j 表示）和 m 种资源（用指标 i 表示），销售期为 T 个时期。令 $\boldsymbol{d}=(d_1,d_2,\cdots,d_n)$ 表示 n 种产品的需求率，$\boldsymbol{p}(t,\boldsymbol{d})=(p_1(t,\boldsymbol{d}),p_2(t,\boldsymbol{d}),\cdots,p_n(t,\boldsymbol{d}))$ 表示 t 时期的反需求函数，$\boldsymbol{\Omega_p}$ 表示需求函数的定义域，收益率函数 $r(t,\boldsymbol{d})$ 满足下列条件：对于任意 $j=1$，2，…，n。

①对于任意 $\boldsymbol{p}\in\boldsymbol{\Omega_p}$，$d_j(\boldsymbol{p})$ 关于 p_j 严格单调递减。

②需求函数在 $\boldsymbol{\Omega_p}$ 上连续可微。

③需求函数有界，即对于任意 $\boldsymbol{p}\in\Omega_p$，均有 $0\leqslant d_j(\boldsymbol{p})<+\infty$；

④产品价格充分高时，其需求趋于零，即对于任意 $p_{-j}=(p_1,\cdots,p_{j-1},p_{j+1},\cdots,p_n)$，$\inf_{p_j\in\boldsymbol{\Omega_p}}d_j(p_j,p_{-j})=0$。

⑤对于任意 $\boldsymbol{p}\in\Omega_p$，收益函数 $\boldsymbol{p}^{\mathrm{T}}d(\boldsymbol{p})$ 有界，且存在 Ω_p 的一个有限内点使收益函数达到最大。

假设产品 j 需要使用资源 i 的数量为 a_{ij}，因此，矩阵 $\boldsymbol{A}=[a_{ij}]$ 描述了 n 种产品的资源利用情况；m 种资源具有有限的容量 $\boldsymbol{C}=(C_1,C_2,\cdots,C_m)$，则需求确定情况下不可补货的多产品动态定价问题可表示为

$$
\begin{aligned}
&\max\sum_{t=1}^{T}r(t,\boldsymbol{d}(t))\\
&\text{s.t.}\quad \sum_{t=1}^{T}\boldsymbol{A}\boldsymbol{d}(t)\leqslant\boldsymbol{C}\\
&\qquad\ \ \boldsymbol{d}(t)\geqslant 0,\ t=1,2,\cdots,T
\end{aligned}
\tag{2.10}
$$

由于目标函数是凹函数，且约束条件是线性的，因此，非线性规划式（2.10）很容易通过数值方法来求解[27][28]。

接下来，考虑可补货的情况。假设 $\boldsymbol{x}(t)$ 是 t 时期 m 种资源的库存水平向量，$\boldsymbol{y}(t)$ 是 t 时期 m 种资源的订购量向量，$\boldsymbol{h}_t$、$\boldsymbol{c}_t$ 和 $\boldsymbol{b}_t$ 分别表示持有成

本向量、订购成本向量和订购约束向量。在以上假设条件下，需求确定情况下可补货的多产品动态定价问题可表示为

$$\begin{aligned}
&\max \sum_{t=1}^{T} r(t,\boldsymbol{d}(t)) - \boldsymbol{h}_t\boldsymbol{x}(t) - \boldsymbol{c}_t\,\boldsymbol{y}(t) \\
&\text{s. t.}\quad \boldsymbol{x}(t) = \boldsymbol{x}(t-1) - \boldsymbol{A}\boldsymbol{d}(t) + \boldsymbol{y}(t),\ t=1,\ 2,\ \cdots,\ T \\
&\qquad\ \ \boldsymbol{y}(t) \leqslant \boldsymbol{b}_t,\ t=1,\ 2,\ \cdots,\ T \\
&\qquad\ \ \boldsymbol{d}(t) \geqslant 0,\ t=1,\ 2,\ \cdots,\ T \\
&\qquad\ \ \boldsymbol{x}(t),\boldsymbol{y}(t) \geqslant 0,\ t=1,\ 2,\ \cdots,\ T
\end{aligned} \tag{2.11}$$

非线性规划式（2.11）可以用贪婪算法来求解[29]。

随机需求下的多产品动态定价问题解决起来非常困难，在具体的研究中，通常利用动态规划对这类问题进行建模，但是由于状态空间的维数过大，容易造成“维数灾难”。因此，相关学者通常利用近似法，将随机需求下的多产品动态定价问题转化成确定需求下的多产品动态定价问题，对问题进行求解。假设 t 时期的收益 $R(t,\boldsymbol{d},\xi_t)$ 为一个随机变量，用均值 $r(t,\boldsymbol{d}) = E[R(t,\boldsymbol{d},\xi_t)]$ 来代替 $R(t,\boldsymbol{d},\xi_t)$，从而将随机需求下的多产品动态定价问题转化为确定需求下的多产品动态定价问题。然后，利用随机问题的开环控制，就会使得确定需求下的最优价格轨道产生一个期望收益，用其对随机需求下的最优期望收益进行近似[22]。

2.2.4　基于离散选择模型的动态定价

研究多产品的动态定价问题必然会涉及顾客的选择行为，顾客的选择行为是内在不可预知的，仅表现出更喜欢某种产品的倾向，企业在进行营销决策的过程中，无法观察影响顾客选择的所有因素，在这种情况下，可以利用离散选择模型来描述顾客选择的不确定性[30]。离散选择模型是基于顾客效用的概率模型，由于具有容易分析、计算准确、易于利用统计方法对其进行估计等方面的优点，因此，在市场营销研究中具有十分广泛的应用。

假设顾客有 n 种选择，选择选项 j 所获得的效用为 $U_j(j=1,\ 2,\ \cdots,\ n)$。不失一般性，可将 U_j 分成两部分，即 $U_j = u_j + \xi_j$，其中，u_j 是确定的代表元素，ξ_j 是均值为零的随机元素。在以上假设下，顾客从子集 S 中选择选

项 j 的概率为

$$P_j(S)=P(U_j \geqslant \max\{U_i \mid i \in S\})$$

代表元素 u_j 可以表示为选项 j 的各种可观察属性的函数，通常假设 u_j 为属性的线性函数 $u_j=\boldsymbol{\beta}^{\mathrm{T}}\boldsymbol{x}_j$。其中，$\boldsymbol{\beta}$ 为参数向量；$\boldsymbol{x}_j$ 为选项 j 的属性值向量，可能包含价格、质量等属性，同时，描述顾客特征的变量也可以包含在 $\boldsymbol{x}_j$ 中。

下面介绍几种常用的离散选择模型。

（1）Binary Logit 模型

Binary Logit 模型主要用于只有两种选择的情形，易于分析。假设误差项

$$\xi=\xi_1-\xi_2$$

服从 Logistic 分布，即分布函数为

$$F(x)=\frac{1}{1+\mathrm{e}^{-\frac{x}{\mu}}},$$

其中，$\mu>0$ 为尺度参数，$-\infty<x<\infty$，ξ 的均值为零，方差为$\frac{\mu^2\pi^2}{3}$。Logistic 分布尽管存在“厚尾”的问题，但是可以很好地近似正态分布。在 Binary Logit 模型的假设条件下，选择选项 1 的概率为

$$P(\xi_2-\xi_1 \leqslant u_1-u_2)=\frac{\mathrm{e}^{\frac{u_1}{\mu}}}{\mathrm{e}^{\frac{u_1}{\mu}}+\mathrm{e}^{\frac{u_2}{\mu}}}$$

（2）MNL 模型

MNL 模型是 Binary Logit 模型的推广，适用于 n 种选择的情况，在顾客选择模型中有着广泛的应用。假设随机变量 $\xi_j(j=1, 2, \cdots, n)$ 相互独立且均服从 Gumbel 分布（双指数分布），其分布函数为

$$F(x)=P(\xi_j \leqslant x)=\mathrm{e}^{-\mathrm{e}^{-\left(\frac{x}{\mu}+\gamma\right)}}$$

其中，γ 为 Euler 常数（等于0.577 2…），μ 为尺度参数；$\xi_j(j=1, 2, \cdots, n)$ 的均值和方差分别为

$$E(\xi_j)=0,\ \mathrm{Var}(\xi_j)=\frac{\mu^2\pi^2}{6}$$

假设 S 为 $N=\{1, 2, \cdots, n\}$ 的一个包含 j 的子集，对于 MNL 模型来说，

从 S 中选择选项 j 的概率为

$$P_j(S) = \frac{e^{\frac{u_j}{\mu}}}{\sum_{i \in S} e^{\frac{u_i}{\mu}}}$$

（3）基于质量等级差异的离散选择模型

我们可以采用离散选择模型来描述顾客对不同质量等级产品的选择行为[31-33]，假设顾客的效用是线性的[34-36]，第 k 个到达的顾客从购买价格为 p_j、质量等级为 q_j 的产品 j 中所获得的效用为

$$u_j^k = \theta^k q_j - p_j + \mu\xi_j^k,\ j = 1,\ 2,\ \cdots,\ n \tag{2.12}$$

其中，$\{\theta^k\}_{k\geqslant 1}$ 和 $\{\xi_j^k\}_{k\geqslant 1}$ 是两个相互独立的随机变量序列，$\mu \geqslant 0$。所有顾客对产品 j 均有相同的质量评价 q_j。θ^k 表示第 k 个顾客对 q_j 的敏感程度；θ^k 的分布描述了顾客对 q_j 敏感程度的异质性；$\mu\xi_j^k$ 描述了顾客对产品的特殊偏好；μ 描述了偏好的程度。

假设顾客在 n 个不同质量等级的产品之间进行选择，产品 j 的质量等级为 q_j，不失一般性，令 $q_1 > q_2 > \cdots > q_n > 0$。在式（2.12）中，假设随机系数 θ 服从 0 到 1 之间的均匀分布，并且 $\mu = 0$，则可以描述顾客对不同质量等级产品的选择行为[37]。由此可得，顾客以价格 p_j 购买质量等级为 q_j 的产品所获得的效用为

$$u_{jt} = \theta q_j - p_{jt},\ j = 1,\ 2,\ \cdots,\ n \tag{2.13}$$

在这种情况下，如果 $q_i > q_j$ 且产品 i 和产品 j 的价格相同，则顾客会选择购买产品 i。顾客也可以选择不购买任何产品，不失一般性，可以把不购买任何产品看作产品 $n+1$，则对于任意 $0 \leqslant t \leqslant T$，$p_{n+1,t} \equiv q_{n+1,t} \equiv 0$。

假设 t 时期的价格为 $\boldsymbol{p}_t = (p_{1t}, p_{2t}, \cdots, p_{nt})$，当且仅当 $u_{jt} \geqslant \max_{k\neq j}\{u_{kt}\}$ 时，一个效用最大化的顾客会选择产品 j。由此可得，顾客选择产品 j 的概率为

$$q_j(\boldsymbol{p}_t) = \begin{cases} P\left(\max\limits_{k>1}\left\{\dfrac{p_{1t} - p_{kt}}{a_1 - a_k}\right\} \leqslant \theta\right), & j = 1 \\ P\left(\max\limits_{k>j}\left\{\dfrac{p_{jt} - p_{kt}}{a_j - a_k}\right\} \leqslant \theta \leqslant \min\limits_{k<j}\left\{\dfrac{p_{kt} - p_{jt}}{a_k - a_j}\right\}\right), & j = 2, \cdots, n \\ P\left(\min\limits_{k<n+1}\left\{\dfrac{p_{kt}}{a_k}\right\} \geqslant \theta\right), & j = n+1 \end{cases} \tag{2.14}$$

为了保证选择概率的有效性，规定

$$\max_{k>j}\left\{\frac{p_{jt}-p_{kt}}{a_j-a_k}\right\}=\frac{p_{jt}-p_{j+1,t}}{a_j-a_{j+1}}\leqslant\frac{p_{j-1,t}-p_{jt}}{a_{j-1}-a_j},\ j=2,\ \cdots,\ n$$

$$\max_{k>1}\left\{\frac{p_{1t}-p_{kt}}{a_1-a_k}\right\}=\frac{p_{1t}-p_{2t}}{a_1-a_2}\leqslant 1,\ j=1$$

在以上假设条件下，由文献［37］可知，

$$q_j(\boldsymbol{p}_t)=\begin{cases}1-\dfrac{p_{1t}-p_{2t}}{a_1-a_2}, & j=1\\ \dfrac{p_{j-1,t}-p_{jt}}{a_{j-1}-a_j}-\dfrac{p_{jt}-p_{j+1,t}}{a_j-a_{j+1}}, & j=2,\ \cdots,\ n\\ \dfrac{p_{nt}}{a_n}, & j=n+1\end{cases}\tag{2.15}$$

Suh 和 Aydin（2011）利用 MNL 模型研究了两种可替代产品的动态定价问题[38]，假设销售时期被划分成 T 个时期，使得每个时期至多有一位顾客到达，顾客到达后至多购买一件产品，时间按逆序排列，销售期结束后剩余产品残值为 0，销售过程中不允许补货。假设顾客到达概率为 λ，到达后在两种产品之间进行选择，选择产品 $j(j=1,2)$ 的概率为 $q_j(\boldsymbol{p})$，顾客也可以任何产品都不选择，不考虑顾客退货的情况。由 MNL 模型可得，

$$q_j(\boldsymbol{p},S(\boldsymbol{y}))=0,\ i\notin S(\boldsymbol{y})$$

$$q_j(\boldsymbol{p},S(\boldsymbol{y}))=\frac{e^{u_j-p_j}}{1+\sum\limits_{i\in S(\boldsymbol{y})}e^{u_i-p_i}},\ i\in S(\boldsymbol{y})$$

$$q_0(\boldsymbol{p},S(\boldsymbol{y}))=\frac{1}{1+\sum\limits_{i\in S(\boldsymbol{y})}e^{u_i-p_i}}$$

其中，$\boldsymbol{p}=(p_1,p_2)$ 为价格向量，$\boldsymbol{y}=(y_1,y_2)$ 为库存水平向量，$u_j(j=1,2)$ 为顾客购买产品 j 所获得的效用，$S(\boldsymbol{y})=\{i\mid y_i>0,i=1,2\}$。

令 $V_t(\boldsymbol{y})$ 为 t 时期到销售结束的期望收益，则基于顾客离散选择的产品动态定价问题可表示为：

$$V_t(\boldsymbol{y})=\max_{\boldsymbol{p}}\Big\{\sum_{i\in S(\boldsymbol{y})}\lambda q_i(\boldsymbol{p},S(\boldsymbol{y}))(p_i+V_{t-1}(\boldsymbol{y}-\boldsymbol{\varepsilon}_i))+$$
$$[1-\lambda+\lambda q_0(\boldsymbol{p},S(\boldsymbol{y}))]V_{t-1}(\boldsymbol{y})\Big\}$$

边界条件为：$V_t(0)=0$，$V_0(\boldsymbol{y})=0$；其中，$\boldsymbol{\varepsilon}_i$ 为第 i 个分量为 1、其他分

量为 0 的二维向量。

2.3　国内外研究现状

2.3.1　国外研究现状

随着动态定价研究的不断深入，相关研究已经非常丰富，国外已有许多文献从不同的角度对动态定价问题进行了综述。例如，Bitran 和 Caldentey (2003)[39]、Chiang 等（2007）[40]对动态定价研究进行了综述，指出了未来的研究方向。Elmaghraby 和 Keskinocak（2003）对考虑库存的动态定价问题进行了综述，根据库存是否可以补货、产品需求是否依赖于时间，以及顾客是策略型的还是短视的，对已有研究进行了分类，并对库存固定的动态定价软件进行了描述[2]。Narahari（2005）对电子商务环境下的动态定价问题进行了综述，与收益管理中的动态定价模型不同，电子商务环境下的动态定价对库存水平和销售期没有限制[41]。Chen（2015）对近年来学者关注较多的三类动态定价问题——多产品动态定价问题、竞争环境下的动态定价问题和需求信息不完全的动态定价问题进行了综述，给出了以后可以进一步进行研究的方向[42]。目前，只有 Shen 和 Su（2007）对基于顾客选择行为的收益管理问题进行了详细的综述，文章将顾客的选择行为分为两类——同质顾客的选择行为和异质顾客的选择行为，给基于顾客选择行为的动态定价研究指明了方向[43]。

近年来，动态定价问题引起了市场营销、服务科学等领域的广泛关注，相关研究主要分为四大类：①单产品动态定价；②多产品动态定价；③基于顾客购买行为的动态定价；④模型不确定的动态定价。

（1）单产品动态定价

单产品动态定价是最简单的一类动态定价问题。在影响单产品价格的众多因素中，产品需求是最重要的一个影响因素。因此，在研究单产品动态定价的过程中，需要充分考虑顾客的到达过程以及顾客的保留价格如何随时间变化。

最早进行易逝品动态定价研究的是 Kincaid 和 Darling（1963），他们假定顾客到达服从强度为 λ 的泊松过程，同时考虑标价和顾客报价两种情况，在此基础上，建立了连续时间的单产品动态定价模型，给出了产品的价值函数、最优解满足的条件以及最优价格[1]。Gallego 和 van Ryzin（1994）最早将动态定价和收益管理联系起来，采用强度控制理论研究了易逝品的动态定价问题。研究结论表明：在时间给定的情况下，最优价格随库存的增加而减小；在初始库存给定的情况下，最优价格随时间的增加而减小[18]。在 Gallego 和 van Ryzin（1994）研究的基础上，Zhao 和 Zheng（2000）进一步研究了顾客到达服从非时齐泊松过程的单产品动态定价问题，证明了在时间给定的情况下，最优价格随库存水平的增加而减小的性质仍然成立，但是最优价格关于时间的单调性需要满足一定的条件才能成立[9]。

由于价格的连续变化不符合实际情况，因此，一些学者研究了降价次数为有限次情况下的单产品动态定价问题。Feng 和 Gallego（1995）假设价格只能改变一次，在此基础上，分析了价格的最优变动时间。研究结论表明：当剩余销售时间大于（小于）相应的时间阈值时，销售商就应该涨价（降价）[44]。Feng 和 Xiao（2000a）对上述研究进行了扩展，讨论了销售商具有多个可供选择的价格且价格变化具有单调性的情况，得到了最优价格的解析解[45]。Feng 和 Xiao（2000b）进一步研究了销售商的价格策略集是离散情况下的单产品动态定价问题。他们通过证明得出，在可供选择的价格集中存在一个子集（称为最大递增凹包络集），该子集中的产品价格和所对应的收益密度构成一个最大凹向包络，产品的最优价格只能从这个子集中选取，并且求出了最优解的闭解，证明了最优价格的单调性以及改变价格的最大次数[46]。Chatwin（2000）建立了时间连续、价格集合固定、初始库存水平事先给定并且不可补货情况下的单产品动态定价模型，给出了销售商的最优价格策略，并进一步研究了价格与需求均依赖于时间以及可补货两种情况下的单产品动态定价问题[47]。

由于时间的连续变化也不符合实际情况，学者们开始考虑离散时间情况下的单产品动态定价问题。Bitran 和 Mondschein（1997）首次研究了离散时间情况下的单产品动态定价问题，他们将销售期划分成 T 个时期，使得每个时期内至多有一个顾客到达，在此基础上，利用动态规划方法，建立了动态定价的数学模型；考虑到连续调整价格不符合现实情况，他们研究了最多只能调整 K 次价格的周期性定价策略以及实施折扣的动态定价策略[48]。Bitran 等（1998）将上述研究拓展到具有多个分店的大型销售商的情形，同种产品在不同分店的需求服从独立的泊松过程，同种产品在相同时刻采用相同的定价策略，同时考虑各个分店之间不调动库存和调动库存相互对立的情况，在此基础上，利用启发式算法，建立了单产品动态定价的动态随机模型。研究结果表明，与实际运营情况相比，动态随机模型能够取得更好的运营效果。针对这种情况，论文给出了差距产生的三个方面原因[49]。

（2）多产品动态定价

在多产品收益管理的相关研究中，关于库存控制的文献相对较多，而关于动态定价的文献则相对较少[50-58]。根据销售机制的不同，我们可以将多产品动态定价的研究分为两类：不考虑企业后续行动的多产品动态定价和考虑交叉销售的多产品动态定价。在第一种销售机制下，只要顾客做出购买决策，企业就不会采取后续行动，因此，顾客做出的购买决策是最终的。而在第二种销售机制下，企业会采取更灵活的销售策略；当顾客做出最初的购买决策时，企业就会采取信息披露的方式来影响顾客的最终购买决策，例如，销售商给顾客提供以前没有展示出来的不同产品。在这种情况下，顾客可能会坚持自己的最初购买决策，也可能会改变决定转而购买其他产品或者原产品和新展示的产品一起购买。

在不考虑企业后续行动的情况下，一种产品的需求不仅依赖于其自身的价格，同时还可能依赖于其他产品的价格，顾客会在比较各产品的价格、可获得性与其他产品的属性（例如，质量、款式、特征）之后，做出最终购买决策。因此，企业在进行动态定价的过程中，需要综合考虑各产品的库存水平以及各产品需求之间的相关性。Gallego 和 van Ryzin（1997）首次研究了多产品的动态定价问题，假设顾客的需求过程服从一个强度依赖于各产品价格的时齐泊松过程，组成各产品的所有资源具有固定的库存水平，在此基础上给出了最优收益函数满足的 Hamilton - Jacobi - Bellman 方程[22]。Kleywegt（2001）在假设顾客的到达概率、购买概率、取消订票比例和退款额均依赖于时间的基础上，运用最优控制理论研究了多产品的动态定价问题，给出了求解拉格朗日对偶问题的切平面算法，并通过数值算例对切平面算法的有效性进行了验证[59]。由于提供多产品的企业经常会遇到库存不匹配的情况，在一种产品面临短缺的时候，另一种产品可能存在过剩的库存。针对这种情况，Ceryan 和 Sahin（2013）假设生产可替代产品的企业同时具有专用生产线和柔性生产线，在此基础上研究了企业的最优生产和价格决策问题。研究结论表明，即使在各产品的价格随时间波动的情况下，资源的柔性也有助于维持产品之间价格差异对时间的稳定性[60]。Liu 和 Zhang（2013）在竞争的环境下研究了等级差异产品的动态定价问题，并证明了该问题存在唯一的纯策略马尔可夫完美均衡价格[61]。

处理多产品动态定价问题的难点在于动态规划的状态空间很大，产生了所谓的“维数灾难”。Maglaras 和 Meissner（2006）研究了多产品动态定价和库存控制问题，考虑到多产品动态定价维度过大的困难，论文给出了一种降低维度的方法，将决策变量的多维价格矩阵（与需求强度矩阵等价）转化为一维的资源消耗聚集率，通过聚集率求出每个产品的需求强度，再由需求强度和价格之间的函数关系，最终得出各产品的最优价格，这样计算难度就只依赖于资源的数目而与产品的种类数量无关[24]。Koenig 和 Meissner（2010）对上述问题进行了进一步研究，并用数值实验对动态定价策略和标价库存控制策略进行了比较。研究结论表明：当初始库存相对于需求充足时，与动态定价策略相比，标价库存控制策略的缺陷更少，并且这些缺陷随初始库存的减少而增加[62]。

当一种产品的价格下降会引起其他产品需求的增加（减少）时，产品之间存在着替代（互补）关系。Chen 等（2013）研究了互联网销售渠道和传统销售渠道下的可替代产品动态定价问题，建立了价格竞争的纳什博弈模型和斯塔克伯格博弈模型，证明了均衡价格的存在性和唯一性[63]。Yan 和 Bandyopadhyay（2011）研究了互补性产品的捆绑定价问题。研究结果显示，互补性产品的销售存在最优捆绑策略和最优价格策略：当企业利用捆绑策略来销售产品时，应该将互补程度高的产品结合起来进行捆绑销售，并且给该产品组合设置较低的价格[64]。Wei（2013）等考虑了企业在不同市场的支配力，在此基础上，研究了互补性产品的动态定价问题，运用博弈论得出了问题的解析解[65]。

当然，一种产品价格的改变也可能对其他产品的需求不产生任何影响，此时，产品之间的关系是相互独立的[66]。Erdelyi 和 Topaloglu（2011）假设顾客的到达率仅依赖于各产品自身的价格，在此基础上研究了网络收益管理环境下的多产品动态定价问题[67]。Caro 和 Gallien（2012）利用整数规划建立了多产品的降价优化模型，并运用更新需求估计对模型进行求解。实证研究表明，利用该模型使得时尚服装零售商 Zara 公司的收益增加了 6%[68]。Zhang 和 Lu（2013）利用动态规划分解法对多航段机票的动态定价模型进行求解[69]。研究结果显示，与 Gallego 和 van Ryzin（1997）[22] 提出的确定解方法相比，该方法能取得更高的收益。

随着信息技术的发展，企业获取顾客的购买信息变得越来越容易，因此，一些企业经常在顾客做出购买决策时对顾客进行交叉销售或向上促销，促使顾客购买更多的产品或者更高质量的产品[70]。Netessine 等（2006）研究了交叉销售的产品动态定价和捆绑策略，建立了紧急补货和丢单销售两种情况下的数学模型。研究结果表明：最优捆绑价格随剩余时间单调递增，随剩余库存水平单调递减[71]。Aydin 和 Ziya（2008）研究了存在一种常规产品和一种促销产品以及存在多种常规产品和一种促销产品两种情况下的交叉销售问题。研究结论表明：常规产品的最优价格和促销产品的交叉销售价格随剩余时间单调递增，随剩余库存水平单调递减[72]。科学技术的进步使得产品更新换代的速度不断加快，由此产生了新旧两代产品交叉销售的动态定价问题。Kuo 和 Huang（2012）假设一个垄断销售商在有限时间内销售库存有限的新旧两代产品，其中只有一种产品被展示出来，只有在顾客不购买展示出来的产品时，另一种产品才会被展示出来；在此基础上，研究了新旧两代产品的联合动态定价问题，建立了先标价定价模型和先议价定价模型。研究结果表明，零售商可以根据两代产品的库存水平灵活地选择两种模型[73]。

Federgruen 和 Heching（1999）的研究表明，当库存水平减少时，企业会相应地提高产品价格，从而使得产品的需求减少[74]。因此，多产品动态定价研究的另一个方向是将动态定价与库存控制相结合。Bertsimas 和 de Boer（2005）首次研究了多产品的动态定价与库存控制联合策略，提出了一种线性规划和动态规划相结合的启发式算法对多周期的动态定价与库存控制综合模型进行求解，并给出了最优期望收益的上界和下界[75]。Feng 和 Xiao（2006）将 Feng 和 Xiao（2000a）[45] 的研究拓展到了多产品的情形，建立了销售多种产品的企业的库存控制和动态定价联合决策模型，结论表明，在多产品的情况下，每种产品的最大递增凹包络原理依然成立[76]。Chew（2009）将需求看作价格的函数，在此基础上，利用动态规划方法建立了两阶段的航班动态定价和舱位控制综合模型，给出了最优价格和最优舱位分配策略[77]。

随着动态定价研究的不断深入，一些学者开始考虑在动态定价模型中加入其他一些因素，例如，顾客的行为因素、需求的不确定因素等，对动态定价模型进行拓展研究。

（3）考虑顾客购买行为的动态定价

在信息技术高度发达的今天，互联网已经成为产品销售的主要渠道，在互联网环境下，销售商可以用极低的成本对产品实施动态定价来增加自身的收益，同时，获得顾客的行为信息也变得更加容易。因此，将顾客的行为因素加入动态定价研究中，引起了越来越广泛的关注。

①基于顾客选择行为的动态定价。

顾客在购买产品的过程中，通常需要做出是否购买以及购买哪种产品等方面的决策，这就必然涉及顾客的选择行为。研究顾客选择行为首先应该了解顾客行为所产生的过程，Roberts 和 Lilien（1993）把顾客行为模型划分成五个阶段，即需求唤醒、信息搜索、评估、购买决策和历史购买感受[78]。顾客选择行为属于购买决策阶段，顾客通过对可供选择的产品进行评估，最终选择自己最偏爱的产品。Liu 和 van Ryzin（2008）指出在考虑顾客选择行为的收益管理研究中，除了要分析顾客在不同产品间的选择偏好以外，还应扩展到研究顾客在购买时间上的选择问题[79]。

随着市场经济的日益成熟，产品的种类也越来越丰富，不同类型的产品在一定程度上都具有相同或相似的功能，这就给产品之间替代关系的形成提供了条件。Zhang 和 Cooper（2009）在库存有限的情况下研究了基于顾客选择行为的可替代产品动态定价问题，利用马尔可夫决策过程建立了平行航班的动态定价模型，并利用启发式算法对定价问题进行了求解，讨论了最优价值函数的上界和下界[80]。Chen（2015）在研究多产品动态定价问题的过程中，把可替代产品之间的差异分为水平差异和等级差异[42]。当顾客对产品属性的估价具有异质性时，产品之间的差异称为水平差异，例如，在产品价格和其他属性均相同时，顾客对产品颜色的偏爱，以及两地之间起飞时间不同的航班，都属于产品的水平差异。而当顾客对产品属性的估价一致时，产品之间的差异称为等级差异。例如，在豪华套房和普通标准间的价格相同时，人们更偏向于选择豪华套房。Akcay 等（2010）

基于顾客的选择行为研究了具有水平差异和等级差异的可替代产品的动态定价问题，应用动态规划方法建立了可替代产品的动态定价模型，进一步讨论了两种差异情况下的产品最优价格的性质。研究结论表明：当可替代产品之间具有等级差异时，最优价格与产品质量、库存水平及时间之间存在单调关系，而当可替代产品之间具有水平差异时，最优价格则不具有单调性，各产品的最优价格仅与自身的库存水平有关[37]。

在研究具有水平差异的可替代产品动态定价时，人们常用两种离散选择模型来描述顾客的选择行为，即 MNL 模型和 NL 模型（Nested Logit）。Kyle 和 Lin（2003）假设顾客的到达过程为点过程；在此基础上，利用 MNL 模型研究了基于顾客选择行为的动态定价问题，并对模型进行了求解[81]。Suh 和 Aydin（2011）在库存水平有限的情况下研究了基于顾客选择行为的可替代产品动态定价问题，利用 MNL 模型得出了顾客对两个可替代产品的选择概率，证明了两产品的最优价格和边际期望收益与产品的库存水平以及剩余时间的单调关系[38]。Li 和 Graves（2012）使用相似的模型研究了代际产品转移（新产品正被老产品所取代）期间的可替代产品动态定价问题，文章假设产品质量以及顾客对新产品和老产品的偏好都随时间变化。研究结论表明，由于存在顾客选择其他外部产品的高风险，代际转移使得两代产品的价格都呈现先下降后上升的趋势[82]。另外，还有一些学者将 MNL 模型与分离考虑集相结合（MNLD 模型）来描述顾客的选择行为。Zhang 和 Lu（2013）假设顾客被分成不同类型，每种类型的顾客只在与其相对应的产品子集中选择产品；在此基础上研究利用 MNLD 模型研究了基于顾客选择行为的网络收益管理动态定价问题，并利用动态规划分解方法对模型进行了求解。研究结果显示，与确定性近似法相比，分解法能够提供更紧的上界[69]。尽管 MNL 模型在描述顾客选择行为方面取得了广泛的应用，但是该模型不能描述顾客在具有相互关系的产品之间的选择行为，由此，一些学者开始利用 NL 模型来描述顾客的选择行为。Li 和 Huh（2011）假设相同嵌套内的产品具有相同的价格敏感性，而不同嵌套间产品的价格敏感性不同；在此基础上，利用 NL 模型建立了可替代产品的动态定价模型，证明了利润函数是市场占有率的凹函数。研究结论表明，最优升价依赖于产品的价格敏感性和不同产品集合[83]。Gallego 和 Wang（2014）研究了更一般的情况，即所有产品的价格敏感性都不同，在此基础上，利用NL模型建立了可替代产品的动态定价模型，并定义了修正升价的概念，进一步得出了在相同嵌套中，所有产品的修正升价是相同的常数[84]。

当可替代产品具有等级差异时，Akcay（2010）等利用离散选择模型来捕获顾客的选择行为。与水平差异不同的是，等级差异产品的价格与各产品的库存水平有关。其论文证明了各产品的最优价格是由质量等级更高的产品库存总和决定的，进一步，各产品的最优价格等于相邻的质量等级更低的产品的最优价格加上一个增量，且增量是由比该产品质量等级更高的产品库存总和决定的[37]。Bitran等（2006）利用WAL选择模型（Walrasian Choice Model）研究了具有等级差异的可替代产品动态定价问题。模型中，顾客的选择行为由两个参数来描述，这两个参数对企业来说是未知的且服从于一个给定的分布[85]；与Akcay（2010）[37]研究的不同之处在于，该论文所采用的WAL选择模型包含了顾客的预算约束，在该选择模型框架下，论文也得出了更高质量等级的产品具有更高的价格这一结论。

库存控制和动态定价的联合策略一直是收益管理领域的研究热点，学者们从不同的角度对基于顾客选择行为的库存控制和动态定价联合模型进行了研究。Zhang和Cooper（2005）建立了基于顾客选择行为的两个平行航班的动态定价和舱位控制联合模型，利用随机比较、顾客选择模型以及库存共享的思想得到了价值函数的上界和下界，并通过仿真技术得到了最优价格策略和舱位分配策略[86]。Song和Xue（2007）研究了基于顾客选择行为的可替代产品库存控制和动态定价问题。其假设产品需求为一个一般意义上的非线性随机需求函数，在此基础上，利用动态规划方法建立了销售期有限情况下的可替代产品多阶段动态定价与库存控制联合模型，提出了模型的求解算法，并给出了最优策略的结构性质[87]。Dong等（2009）假设销售商具有较长的供应提前期和较短的销售期；在此基础上，运用MNL模型来描述顾客对可替代产品的选择行为，建立了可替代产品动态定价和库存控制的动态规划模型，得到了最优价格策略，并证明了当所有产品的库存水平接近于剩余销售时期时，动态定价就收敛于静态定价[88]。

②基于顾客策略行为的动态定价。

策略型顾客是相对于短视性顾客而言的。短视性顾客的购买决策只包括购买和不购买两种情况。只有在当期购买的顾客盈余为非负时，短视性顾客才会选择立即购买。由于短视性顾客没有预期产品价格的动态性，所以保留顾客剩余为零。策略型顾客则会选择购买时间，这类顾客会对未来的价格和库存进行预测，比较当期购买和未来购买的期望顾客盈余，最终选择使自身盈余最大的时间来购买产品。

策略型顾客对购买时间的选择，会造成动态定价策略的影响因素增多，从而使得动态定价问题变得更为复杂。Besanko 和 Winston（1990）首次研究了基于顾客策略行为的动态定价问题，通过引入折扣因子，找到了垄断企业和策略型顾客之间博弈的一个完美子博弈均衡。研究结果表明，如果企业在动态定价的过程中考虑顾客的策略行为，会使其利润增加 20% 左右[89]。已有的关于顾客策略行为的研究均是针对顾客的策略行为进行相应的动态定价策略设计，正如 Talluri 等（2004）指出的，将顾客的策略行为模型化实际上是一种机制设计问题[14]。Krishnan 和 Ramachandran（2011）基于顾客的策略行为建立了可升级的产品设计和动态定价的两阶段模型，给出了产品设计和动态定价的联合策略[90]。在动态定价领域，学者们从不同的角度研究了顾客的策略行为对产品动态定价的影响。Levin 等（2009）分别在垄断和竞争环境下研究了基于顾客策略行为的易逝品动态定价问题[91-93]。Wang（2020）研究了存在短视型和策略型两类顾客情况下的最优库存和定价决策问题。其研究表明：在短视型顾客数量相对较低时，销售商应该制定更低的价格；存在两类顾客的情况下，快速响应可以减少初始订购数量，有利于销售商提高产品价格、增加利润[94]。Chen 和 Farias（2018）研究了存在策略型顾客的鲁棒动态定价问题，给出了问题的近似算法[95]。Liu 和 Zhai（2019）研究了存在策略性顾客与提供以旧换新服务情况下的动态定价问题，证明了企业和策略型顾客之间的子博弈完美均衡的存在性[96]；Farshbaf - Geranmayeh 和 Zaccour（2021）将顾客分为短视型和策略型两类，建立了动态定价和广告策略的多期模型，给出了确定降价次数和折扣力度的算法[97]。很显然，顾客的策略行为会给企业的销售策略带来一定的影响。Su（2007）假设市场上存在策略型和非策略型两种类型的顾客，研究发现，无论采取降价策略还是升价策略，销售商的最优价格路径都依赖于市场上顾客的构成[98]。Zhang 和 Cooper（2008）首次研究了顾客的策略行为对出清销售的影响，但没有进一步讨论采取何种措施来缓解顾客策略行为的影响[99]。航空收益管理的相关研究者也开始探讨基于乘客策略行为的航班动态定价以及舱位控制问题。Anderson 和 Wilson（2003）假设乘客可能知道航空公司的动态定价策略，而等待至销售期的最后时刻或者航空公司重新开放低价舱位时才购买机票的行为对航班收益的巨大影响，建议在航班动态定价的决策过程中考虑乘客的策略行为[100]。在上述研究的基础上，Wilson 等（2006）在考虑乘客策略行为的情况下，给出了确定最优订购限度（Booking Limit）的方法[101]。

从以上研究可以发现，忽略顾客的策略行为将会使企业遭受巨大的收益损失，因此如何采取合适的应对机制，来缓解甚至消除顾客策略行为的影响，具有重要的实际意义和学术价值。Lai 等（2010）研究了基于策略型顾客的易逝品降价问题，引入了差价补偿机制来缓解顾客的策略行为对企业的影响[102]。Cachon 和 Swinney（2011）的研究发现，加强机制设计可以减轻顾客的策略行为，企业可以给顾客提供他们估价更高的产品，这样顾客就会担心在等待清仓销售的过程中可能会出现产品缺货，从而选择在当前购买产品[103]。Parlaktiirk（2012）基于策略型顾客研究了企业的产品差异化策略对产品价格和收益的影响。研究结论表明，与单产品策略相比，差异化产品策略能够缓解顾客的策略购买行为对企业的影响[104]。

③基于顾客惰性的动态定价研究。

延迟购买是顾客购买决策过程中非常重要的一种行为现象，我们将顾客延迟购买的行为称为顾客的惰性行为。顾客可能出于策略性考虑延迟购买，也可能出于行为性的原因。在很多情况下，即使立即购买对顾客来说是最优的选择，顾客仍然会选择等待。在日常生活中，经常能看到这些拖延者直到最后时刻才购买的情况，比如，假日购物，预防性的健康护理，以及保养服务等。

关于顾客惰性行为的研究多见于心理学和经济学论文[105,106]，关于顾客惰性行为的动态定价研究较少。Su（2009）首次将顾客的惰性行为引入到动态定价的研究中[107]，在对顾客惰性进行建模的过程中，文章指出，顾客需要一个额外的效用溢价来促使他们立即购买。即当且仅当 $U \geqslant U_0 + \Gamma$ 时，顾客才会选择立即购买，其中 U 是顾客通过购买得到的效用，U_0 是顾客不购买（等待）所得到的效用，Γ 是触发增量。当顾客对延迟购买存在固有的偏见时，他们会表现出惰性，即使在当前购买是最优的选择，惰性也可能使顾客选择等待。在此基础上，作者假设了一个在两阶段内销售固定产能给不确定数量的理性和惰性顾客的厂商。研究结果表明，顾客惰性对利润既会产生正面影响又会产生负面影响：顾客惰性在减少需求的同时（在第一期），也加剧了顾客对于产品的竞争（在第二期）。进一步，Su 在论文中证明了顾客惰性的决策模型与长期确立的行为规范，例如，风险厌恶、概率加权在期望理论[108]与双曲时间偏好[109]在意义上是一致的。作者还给怎样影响顾客的惰性水平提出了建议，包括采用回购策略来减轻潜在顾客的损失，提供策略辅助来避免错误的看法，以及提供灵活的付款方式来降低交易的成本。Zhao（2012）利用 Su（2009）[107]提出的顾客惰性决策框架研究了单产品的动态定价问题，利用动态规划方法建立了存在顾客惰性情况下的单产品动态定价模型，给出了最优价格和最优收益的表达式。研究结果表明：顾客惰性的深度和宽度对企业的最优收益都有负面影响[110]。

④基于参考效应的动态定价研究。

随着互联网时代的到来，产品信息越来越透明，顾客获得产品的历史价格也更加容易，因此，基于参考效应的动态定价成为动态定价领域的前沿问题[111]。参考效应是指人的选择和决策不是根据某个属性的绝对量，而是根据参考点以及相对获得和损失。行为学家的研究表明，在参考效应的影响下，人们一般存在损失厌恶的心理现象，即与同样数量的获得相比，损失对人们的效用变化影响更大[112-117]。

大量的实证研究证实了定价策略中存在参考效应[118]，于是一些学者开始研究参考效应的锚定机制[119]，他们通过研究发现，最佳模型之一就是建立在产品历史价格基础上的内生参考价格机制，基于参考效应的动态定价问题逐渐成为动态定价领域的研究热点。Wang 等（2021）假设销售商在有限的销售期内向损失厌恶的顾客销售单一产品，运用 MNL 模型和动态规划方法研究了参考价格对销售商最优定价和库存策略的影响[120]。Popescu 等（2007）的研究表明，在特定的情形下，任意给出一个初始参考价格，企业旳最优价格策略都会收敛到固定的定价策略（与价格承诺类似）[121]。与前面的离散时间模型不同，Fibich（2003）基于参考效应研究了非对称需求函数下的动态定价问题，根据最优控制理论给出了计算最优价格的算法[122]。与以上研究假设参考价格依赖于产品的历史价格不同，

Nasiry（2011）的研究表明：顾客的参考价格为产品的历史最低价格和最近的价格；相对于参考价格来说，损失厌恶型的顾客对损失更为敏感；对于相应的动态定价问题，有很大范围的固定价格策略是最优的；锚定在最低价格上的顾客越多，则相应的价格范围就会越宽，从而推翻了以上的研究结果[123]。Baucells 等（2011）通过行为实验得出，产品的价格和库存是参考点选取的重要影响因素，并建立了参考价格的预测模型[124]。以上研究从不同的角度研究了参考效应下的动态定价问题，但是没有考虑参考效用下的库存因素对产品最优价格的影响。Taudes 和 Rudloff（2012）利用一个两阶段的线性需求模型将产品定价和库存控制结合起来，建立了参考效应下的动态定价和库存控制联合模型，给出了产品的最优价格和最优库存策略[125]。

（4）考虑有限需求信息的动态定价研究

需求模型是进行产品动态定价的基础和核心内容，因此，企业要想制定出适合产品和市场的价格策略就必须建立合适的需求模型。以上研究都假设需求是价格的确定性函数或者分布已知的随机函数，但是在一些情况下，需求信息是有限的。主要分为以下两情况：非参数环境和参数环境。在非参数环境下，决策者不知道需求函数的形式，只知道需求函数所在的函数族满足的一些基本规则条件。而在参数环境下，需求函数的形式对决策者来说是已知的，只是需求函数中有一些未知参数。近年来，在参数和非参数环境下考虑有限需求信息的动态定价研究取得了快速发展，现有文献主要利用两种方法来解决这类问题，即鲁棒优化方法和需求学习方法。

鲁棒优化方法就是对最坏情况下的收益进行优化，例如，将最小收益最大化、将最大后悔值最小化、最小竞争比最大化等。利用鲁棒优化方法来研究有限需求信息下的动态定价问题主要分为单产品动态定价和多产品动态定价两个方面的研究。Lim 和 Shanthikumar（2007）利用相对熵的概念对需求的不确定性进行建模，将单产品的动态定价问题描述成一个两人零和随机微分博弈，利用 Isaacs 方程描述了解的性质，并给出了指数需求情况下的闭式解[126]。Cohen 等（2012）从另一个角度对有限需求信息下的单产品动态定价进行了研究，提出了一种抽样模型来解决需求的不确定性问题，利用有限的需求数据对问题进行求解，在理论上给出了求解最优解的近似算法[127]。在多产品动态定价方面，Lim 等（2008）进一步将 Lim

和 Shanthikumar（2007）[126]的研究推广到了多产品的情形，同样他们也利用相对熵的概念对需求的不确定性进行建模，假设不同产品具有不同的不确定水平，从而将有限需求信息下的多产品动态定价问题转化成一个最坏情况下的随机强度控制问题。研究结论表明，如果每种产品的需求率仅依赖于其自身的价格，那么就可以引入一种成本来解释每种产品对资源的消耗，进而把多产品动态定价问题分解为几个单产品动态定价问题进行求解[128]。Chen M. 和 Chen Z. L.（2014）在一定商业规则下考虑了有限需求信息下的多产品动态定价问题，利用三种类型的界，即每个时期各产品需求的上界和下界、每个时期两种产品总需求的上界和下界以及从时期 1 到时期 t 两种产品总需求的上界和下界，定义了不确定空间并对跨产品和跨时期需求的可替代性进行建模，提出了最大化最坏情况下收益的鲁棒优化框架，给出了一种完全多项式时间近似计划[129]。以上研究都是考虑垄断环境下的动态定价研究，Perakis 和 Sood（2006）则考虑了竞争环境下多个企业销售差异化产品的动态定价问题。他们假设给定时期内各企业的产品需求是所有企业价格的函数，但是需求函数中的参数值未知且属于某个已知的不确定集合，在此基础上，提出了最大化企业收益的鲁棒优化方法，证明了均衡价格的存在性，并给出了求解均衡价格的迭代学习算法；数值实验表明，需求敏感性越低的时期均衡价格越高[130]。

需求学习方法是通过价格实验来获得需求函数中的未知信息，并将其代入优化模型中来最大化估计需求函数下的期望收益。在需求学习模型中，对产品进行定价有两个目标——最大化收益和获得需求函数的信息来提高未来的收益，而这两个目标通常是矛盾的，因此，在研究中需要对这两个目标进行权衡。已有的文献大多利用需求学习方法来解决参数环境下的动态定价问题，只有很少的文献利用需求学习方法来解决非参数环境下的动态定价问题。

在利用需求学习方法解决参数环境下的动态定价时，文章一般假设一个垄断企业将单产品销售给短视型的顾客，需求函数与时间无关且需求函数中有一些参数对企业来说是未知的，这些未知参数或者它们的分布可以通过对销售过程和历史价格的学习随时间不断更新。贝叶斯更新是需求学习中更新未知参数最常用的一种方法，Araman 和 Caldentey（2009）假设顾客支付意愿的分布已知但到达率未知且是两个给定值中的一个，表示市场规模的大与小，在此基础上，利用贝叶斯更新研究了顾客的到达率未知情况下的动态定价问题[131]。Sen 和 Zhang（2009）考虑了一个更为复杂的情况，假设支付意愿需求模型中的顾客到达率和支付意愿的分布都是未知的，企业只知道支付意愿的分布是几个给定函数中的一个且分布取每个函数的先验概率已知，顾客到达率服从参数未知的 Gamma 分布。数值实验表明，与未进行需求学习相比，当需求率的初始估计不准确时，该模型是非常有益的[132]。以上研究均是在短视型顾客和静态需求的假设下研究单产品的动态定价，没有考虑顾客的行为和多产品的情况。Gallego 和 Talebian（2012）在假设顾客到达率未知的情况下研究了多产品的动态定价问题，利用贝叶斯更新对顾客到达率进行估计，并采用启发式算法对问题进行求解。数值实验表明，早期的需求观察对学习起着非常重要的作用；在动态定价中加入学习因素使得动态定价的效果更好且在库存有限的情况下，即使不考虑学习，动态定价也十分有效[133]。

另外，还有一些学者利用极大似然估计、先行最小二乘法和简单经验估计等方法来研究基于需求学习的动态定价问题。den Boer（2014）假设需求的均值和方差均是价格的已知函数且需求函数中含有未知参数，在此情况下，研究了基于需求学习的动态定价问题，利用极大似然估计对未知参数进行估计，提出了可控方差定价法来设置各时期备选价格的样本方差的下界。研究结果证明，在此价格策略下，参数的估计值收敛于真实值，进而价格收敛于真实最优价格[134]。Keskin 和 Zeevi（2014）研究了需求函数中含有未知参数情况下的单产品和多产品动态定价问题，给出了价格策略达到渐进最优的充分条件，并证明了基于未知参数迭代线性最小二乘更新计划的半短视策略可以达到渐进最优[135]。Wang 等（2014）假设需求函数具有已知的形式和未知的参数，在此情况下以最小化最大后悔值为目标，研究了基于需求学习的动态定价问题，利用简单经验估计对未知参数进行更新，提出了一种反复进行价格试验和价格优化的算法来求解最优价格[136]。

2.3.2 国内研究现状

随着国外对收益管理研究的不断深入和应用的不断推广，国内学者在收益管理的研究方面也取得了很大进步。

目前，已有一些国内学者从不同的角度对产品的动态定价问题进行了综述。罗利和萧柏春（2004）从动态定价、存量控制和超订三个方面对国内外收益管理的研究现状进行了综述，但对国内动态定价领域的研究现状阐述较少[137]。杨慧和周晶（2008）阐述了在产品动态定价的过程中所面临的三种竞争威胁，即相同领域企业之间的竞争性产品、企业内部的可替代产品、策略型顾客；在此基础上，分析了竞争环境下动态定价问题的决策目标、决策变量、约束条件等基本要素，归纳了在竞争的环境下进行动态定价决策的一般性机理，给出了竞争环境下动态定价研究的分析框架[138]。李根道等（2010）分析了动态定价问题的几个构成要素，并对国外动态定价的相关研究进行了评述，重点对动态定价的研究热点进行了综述，并给出了未来研究的展望，最后介绍了产品的动态定价问题在我国的研究现状[139]。

垄断环境下的动态定价研究已经相对成熟，但是定价模型大多是建立在严格的假设基础上的，为了让研究更接近实际情况，国内的学者从不同的角度对动态定价模型的假设进行了放松。李根道等（2009）放松了传统的动态定价模型中需求只受价格影响的假设，假设需求既受价格影响又受库存影响，在此基础上，运用动态规划方法建立了易逝品的动态定价模型；证明了最优价格的唯一性，并分析了最优收益函数和最优价格的结构特征[140]。由于传统的确定性动态定价模型和随机动态定价模型所得到的最优价格策略在很大程度上受到需求估计准确性的影响，冉伦等（2009）利用稳健优化的思想，提出了单产品动态定价的稳健模型，并对最优价格和最优收益进行了数值模拟分析[141]。申成霖和张新鑫（2011）将市场中的顾客分为策略型和非策略型两类，研究了两类顾客共存情况下的易逝品动态定价问题，分析顾客与企业间的博弈过程，给出了顾客的最优购买决策；进一步，文章在对消费行为进行分析的基础上，以企业的收益最大化为目标，建立不同时刻的需求模型，给出了两阶段的最优定价策略[142]。杨清清等（2015）从捆绑销售的角度对产品的动态定价进行了研究，通过对产品的捆绑进行选择，建立了动态捆绑问题的紧急补货模型和失销模型，并给出了四种启发式算法对产品的动态定价和捆绑问题进行求解[143]。

在基本动态定价模型的拓展研究中，一些国内学者尝试将动态定价策略与其他因素相结合，例如，库存控制、广告效应、服务水平等，研究动态定价与这些因素的联合策略。在动态定价与库存控制联合策略方面，秦进等（2011）将产品的采购数量和动态定价结合起来，假设产品有互联网和实体店两种销售渠道，且每种销售渠道的产品需求量均为价格和购买时间的函数；在此假设下，以企业的收益最大化为目标，建立了可同时确定最优采购数量和最优价格策略的数学模型，给出了模型的求解算法，并通过数值算例对算法的有效性进行了验证[144]。李力（2015）研究了不允许缺货与存在产能约束情况下的多产品动态定价与库存控制联合策略，建立了连续时间的库存控制模型，进一步利用连续时间最优控制理论和非线性最优化方法，求出了各产品的最优价格策略和最优生产速度[145]。张名扬等（2021）在考虑网络扩散效应和在线评论对顾客购买决策影响的基础上，研究了电商平台的易腐农产品定价和库存控制联合策略。研究结论表明：电商平台上农产品的最优价格随腐败率的升高而增加，较高的腐败率使得最优订货量也相应降低[146]。

在电子商务环境下，广告策略成为产品需求的重要影响因素，对于企业的最优价格策略具有十分重要的作用。熊中楷等（2008）假设顾客对历史价格与广告具有一定的“学习”能力，在此基础上研究了垄断环境下基于广告效应的新产品动态定价问题，给出了各销售周期的最优价格策略和最优广告水平。研究结论表明，在一定条件下，当销售周期趋向于无穷大时，产品的最优价格趋向于顾客的保留价格或产品的单位成本[147]。段永瑞等（2020）在考虑参照效应的情况下，研究了网络内容的动态定价与广告版面决策，给出了最优解存在的条件，数值研究表明：初始参照价格会影响动态定价策略——初始参照价格越高，最优广告版面越小，总收益越大[148]。现代科学技术使得产品的品质呈现趋同化的情况，在这种背景下，服务对企业来说就是一种行之有效的营销策略。刘金荣等（2019）在考虑网络退货和渠道成本的情况下，研究了线上购买线下取货销售模式的定价与服务决策问题。研究结论表明：在交通便利的地方增设具有体验服务的顾客自提门店，不管网络渠道、购物成本与网络退货率如何，适当提高价格仍可使销售商有利可图[149]。

在竞争的环境下，企业在设置产品价格时，不但要考虑自身的库存水平以及产品需求，同时还要考虑其他竞争企业的反应以及其他竞争企业的定价策略对自身收益的影响。李豪等（2011）从顾客的策略行为出发，研究竞争环境下两个销售相同易逝品的企业的动态定价策略；建立了供大于求和供小于求两种情况下的动态定价模型，给出了供大于求的情况下均衡价格满足的条件以及供小于求情况下均衡价格的求解方法[150]。侯福均等（2020）在竞争环境下研究了基于顾客惰性的易逝品动态定价问题，证明了在库存充足的情况下，各企业的多期博弈存在唯一的纯策略纳什均衡[151]。由于在质量敏感市场上顾客通常根据产品的质量和价格来进行购买决策，孙晓东等（2013）研究了质量敏感型顾客和价格敏感型顾客共存的情况下双寡头销售商的质量与价格竞争问题，分析了顾客的异质性对销售商的质量选择和定价策略所造成的影响以及销售商对顾客分别采取差别定价与统一定价两种策略时的质量和价格竞争[152]。随着市场竞争的日益激烈，顾客退货问题已经成为困扰销售商的主要问题之一。熊中楷等（2010）在考虑顾客退货的情况下，研究了销售同种易逝品的两家竞争企业的动态定价策略，分析了收益函数的性质以及每个企业在销售期初和期末的均衡价格。研究结论表明，两家企业都将在销售期初和期末采取最低价格的策略[153]。陈敬贤（2014）研究了考虑顾客退货的竞争企业的动态定价和库存控制问题，建立了同时存在价格和库存竞争的企业非合作博弈模型，证明了该博弈存在纯战略纳什均衡解，并给出了存在唯一纯战略纳什均衡的充分条件，进一步研究了顾客退货对竞争企业的定价、库存和期望利润所产生的影响[154]。任鸿美和吴清烈（2014）在竞争的环境下研究了互联网销售商的动态定价和退货问题，给出了最优产品价格和最优退货价格，进一步研究了竞争因素对最优产品价格和最优退货价格所产生的影响[155]。

随着电子商务的日益繁荣，顾客行为也呈现多样化的趋势，在动态定价模型中引入顾客的行为成为动态定价领域的研究热点，国内学者在这方面做出了一些探索性的研究。与其他顾客行为相比，考虑顾客策略行为的动态定价研究相对较多，相关学者从不同的视角对动态定价问题进行了研究。彭志强等（2010）在考虑顾客策略行为的基础上，分别从差价返还机制[156]和柔性补货机制[157]的角度研究了产品的动态定价策略；李贺等

（2012）研究了存在策略型顾客行为风险的动态定价问题[158]；张川等（2018）针对短视型顾客和策略型顾客并存的细分市场，利用随机分布刻画顾客体验后的附加价格感知，在此基础上建立了易逝品的两阶段定价模型，给出了两类顾客的比率以及体验成本系数对最优价格的影响[159]；李豪等（2018）在假设策略型乘客到达率不确定的情况下，利用贝叶斯理论与博弈论研究了航空公司在需求学习下的动态定价策略，得到了机票的最优价格随时间及剩余机票数的变化趋势[160]；马鹏等（2020）研究了顾客策略行为下的差异产品两阶段定价问题，建立了两阶段定价模型，并分析了产品的跨期折扣因子、低质量产品的顾客接受度对最优价格和销售量的影响[161]。由于市场上策略型顾客和短视型顾客是同时存在的，张玲红等（2013）[162]、曾贺奇和张玉林（2015）[163]分别从降价时点和跨期定价的角度研究了两类顾客并存情况下的动态定价问题。对于策略型顾客来说，他们通常是基于参考价格来选择购买时机。官振中和任建标（2014）将顾客的策略行为与参考效应相结合，研究了最优产品价格、期望最大利润与顾客效用折扣因子、市场中策略型顾客的比例、顾客对以往价格依赖程度之间的关系，结论表明，忽略顾客的策略行为和价格参考效应会给企业造成较大的负面影响[164]。针对顾客存在参照效应的情况，毕文杰等（2015）在假设参考价格更新符合峰终定律的条件下，建立了多产品的动态定价模型；在构造收益函数合理上界的基础上，给出了稳态价格的解析解，并运用效用函数的超模性得出了最优产品价格关于时间单调递增的结论[165]。段永瑞等（2021）在考虑参照价格的情况下，研究了双渠道供应链的动态定价问题，利用控制论方法得到了双渠道结构下的最优价格变化路径和参考价格变化路径[166]。

2.3.3 国内外研究评述

从国内外相关研究中可以看到，动态定价作为提高企业收益的重要手段，一直受到相关学者的广泛关注。由于相关研究已经较为成熟，因此，学者们趋向于对传统动态定价模型的基本条件进行放松，或者在模型中加入一些因素，力求使建立的动态定价模型更接近于现实。在动态定价模型的拓展研究中，考虑顾客的行为因素是近年来的热点问题，但尚未形成完整的将顾客行为应用到动态定价研究的完整理论体系，仍然有许多问题可以研究。

第一，基于顾客选择行为的动态定价研究中，大多数研究都是假设所有顾客都具有选择行为，在此基础上，以顾客的效用最大化为原则得出顾客的选择概率，进而建立最大化企业期望收益的动态定价模型；很少有学者在考虑顾客分类的基础上进行动态定价研究。实际上，顾客分类在现实生活中有着非常广泛的应用。例如，在购买产品的过程中，有的顾客会在不同质量等级的产品之间进行选择，最终确定使自身效用最大化的产品进行购买；而有的顾客在到达后只购买固定质量等级的产品，一旦该等级的产品已经售完时，这些顾客就会选择离开，而不会购买其他等级的产品。因此，将顾客的分类思想加入动态定价模型中，研究基于不同类型顾客选择行为的动态定价问题，是我们进一步研究的方向。

第二，在竞争环境下的动态定价研究方面，已有的研究大多假设企业或者销售商是风险中性的。在现实情况下，由于市场竞争越来越激烈，市场需求的不确定性也在不断增大。需求的波动对给企业的收益产生一定的影响，甚至让企业承受收益损失，因此企业的风险厌恶态度不容忽视。显然，已有研究中关于企业风险中性的假设在企业风险厌恶的情况下已不再适用，因此，从风险厌恶企业的角度研究竞争环境下的产品动态定价问题，需要我们进一步研究。

第三，现有的关于顾客惰性行为的研究主要出现在心理学和经济学的研究中，基于顾客惰性行为的动态定价研究较少，并且在已有研究中均假设销售商是风险中性的，因此，风险厌恶环境下基于顾客惰性行为的动态定价问题也是未来可以进一步研究的问题。

综上所述，基于顾客购买行为的动态定价研究还有很多理论问题可以进行更深层的研究，本书拟尝试从以上几个方面做进一步探索和研究。

2.4　本章小结

随着收益管理在航空、酒店以及其他一些行业的成功应用，收益管理已经发展成为管理科学领域的一个研究热点。作为收益管理的一种核心技术，动态定价也引起了学者的广泛关注。本章给本书的研究工作提供了必要的理论支撑，首先从收益管理和易逝品的概念出发，介绍了企业实施动态定价的影响因素以及动态定价的基本模型；并从单产品动态定价、多产品动态定价、考虑顾客购买行为的动态定价以及考虑有限需求信息的动态定价等方面对国内外相关研究进行了综述；最后，对现有研究成果进行评述，给出了未来的研究方向。

第3章　垄断环境下基于顾客选择行为的多等级易逝品动态定价

随着市场竞争的日益激烈，产品差异化成为企业抢占市场份额、增加自身市场竞争力的重要手段。例如，在鞋类的众多品牌中，提到篮球鞋，人们自然就会想到耐克；提到足球鞋，人们自然就会想到阿迪达斯；提到帆布鞋，人们自然就会想到匡威：这就是产品差异化所产生的效应。产品差异化可以分为横向差异和纵向差异，产品的质量等级差异属于产品的纵向差异。在产品的销售过程中，企业为了满足不同顾客的需求，经常会提供不同质量等级的产品供顾客选择。顾客对于不同质量等级产品的需求是和顾客的类型以及顾客的选择行为相联系的，因此，企业在对多等级产品进行定价之前必须了解顾客的类型及其选择行为。本章在对顾客进行分类的基础上，考虑了不同类型顾客的选择行为，给出了多等级易逝品的动态定价策略。

3.1　引言

动态定价是收益管理的引擎和核心技术，在收益管理及其相关研究领域具有非常重要的作用。最早应用动态定价的行业是航空业和酒店业，这些行业都具有供应相对稳定、定价成本低的特点。Levin 等指出，近年来动态定价的应用已经不仅仅局限于上述的传统行业，越来越多的服务性行业也开始把动态定价作为提升其经营业绩的重要工具[92]。Elmaghraby 等认为，产生这种现象的因素主要包括三个方面：需求数据容易采集、定价成本的降低以及使用决策支持工具来分析需求数据和定价[2]。

随着市场竞争的不断加剧，各企业在利用动态定价策略提高收益的同时，也在积极寻找其他营销策略来提高自身的市场竞争力。产品差异化作为最重要的营销策略之一，能够让企业在激烈的市场竞争中处于有利地位。产品差异化策略是指企业寻求产品在质量、款式等方面与众不同的特征，以取得竞争优势而采取的策略。产品差异化策略的基础是顾客对异质产品存在不同的消费偏好。这样，企业就可以根据不同的顾客群体对产品进行定位，制定不同的产品价格，并最终提高企业的收益。一般来说，产品差异可分为横向差异和纵向差异两种类型[167]。横向差异是指产品在某些特性上的差异，例如产品的颜色或购买的地点等。在产品价格相同的情况下，顾客对于横向差异产品的最优选择与顾客自身有关，由于不同顾客具有不同的偏好，因此，具有横向差异的产品之间没有“好”与“坏”之分。纵向差异又称为等级差异，是指由产品自身的性质所引起的产品差异。例如，在民航业中，航空公司将同一航班中的座位分为头等舱、商务舱和经济舱等不同的等级，其中，头等舱比经济舱更舒适，航空公司提供的服务也更好；在酒店业，客房可被划分为标准间、豪华间、商务间等不同等级。在存在等级差异的情况下，所有顾客对产品的偏好顺序是一致的。例如，顾客都会认为质量较高的产品比质量较低的产品更好，因此，他们通常愿意为质量更高的产品支付更高的价格。如果企业将所有产品都以相同的价格出售，顾客肯定会选择等级更高的产品。顾客对于差异化产品的需求是和顾客的类型以及顾客的选择行为相联系的，因此，企业在对差异化产品进行定价之前必须了解顾客的类型及其选择行为。

目前，已经有一些学者从不同角度对动态定价展开研究。如在等级差异产品的动态定价方面，Liu 和 Zhang（2013）在竞争环境下研究了等级差异产品的动态定价问题，并证明了该问题存在唯一的纯策略马尔可夫完美均衡价格[61]。Akcay 等（2010）利用随机动态规划研究了多等级产品的联合动态定价问题，并分析了最优价格的性质[37]。Mitra（2007）研究了质量等级不同的再制造品的动态定价模型，以最大化期望收益[168]。在基于顾客选择行为的动态定价方面，Lin 和 Sibdari（2009）利用动态规划建立了竞争环境下销售可替代产品的多家企业的动态定价博弈模型，证明了纳什均衡价格的存在性[169]。Zhang 和 Cooper（2009）研究了基于顾客选择行为的多个平行航班的动态定价问题，并基于库存联营、价格联营以及库存和价格同时联营提出了计算收益函数和最优价格的近似算法[80]。官振中和任建标（2013）考虑了当消费者在选择时若出现缺货将会存在库存替代行为的情况，利用 MNL 模型研究了价格和库存驱动替代的两产品动态定价策略[170]。在基于顾客分类的动态定价方面，Greg 和 Zhang（2000）考虑了不同类型顾客的选择行为，得出对顾客进行分类并制定不同的价格能大幅度提高企业的收益[171]。Chen 等（2001）将顾客分为低端顾客与高端顾客，得出在竞争环境下，若厂商将顾客分为低端顾客与高端顾客两类，并分别定价，能帮助厂商在更大范围内吸引顾客并提高收益[172]。李豪等（2011）通过提供折扣票的方式将乘客分为两类，应用动态规划方法建立了相应的航班座位控制和动态定价综合模型，讨论了收益函数及最优定价策略的性质[173]。

早期关于收益管理的相关研究中，研究者往往将顾客的某些行为进行特定假设。比如，假设顾客对不同价格等级的需求是完全独立的，与卖方实施的控制策略无关，也就是说当某个价格等级关闭时，对这个等级有需求的顾客只会选择离开而不会购买其他等级的产品。这一假设不太符合现实中顾客的购买行为，因为当顾客打算购买的某个价格等级的产品已经售完时，他们可能会考虑购买其他价格等级的产品。由此，Proussaloglou 和 Koppelman（1999）构建了顾客选择行为的概念模型，并指出顾客的选择行为实际上是一个平衡价格与约束条件的过程[174]。由于在现实情况下，每一个质量和价格等级的产品往往都会存在一定数量的顾客群，对某个质量和价格等级的顾客群来说，他们只会选择该等级的产品，而不会考虑其他质量和价格等级的产品。例如，在民航运输业中，有些乘客只会选择头等舱，而有些乘客只会选择经济舱。同时，市场上还有一部分顾客对于产品的质量和价格等级没有特殊的偏好，他们在购买产品时往往会以一定的概率在各质量和价格等级的产品之间进行选择。基于以上考虑，本章将顾客分为两类：第一类顾客只购买某固定等级的产品，当该等级的产品已经售完时，他们会离开，而不购买其他等级的产品；第二类顾客则以一定的概率在不同等级的产品之间进行选择。在此基础上，本书利用离散选择模型和动态规划方法，建立了多等级易逝品的动态定价模型，得到了各等级产品的最优价格和企业边际收益的一些结论。

3.2 模型描述

考虑销售 n 个等级易逝品（简称为产品）的某个风险中性企业，销售期被划分成 T 个时期，使得每个时期内至多只有一个顾客到达，假设顾客到达后至多购买一个单位的产品。时间按逆序排列，即 T 为销售的初始时期，1 为销售的结束时期。在初始时期 T，第 i 等级产品的初始库存为 c_i，质量等级为 a_i，假设产品等级按照 $a_1>a_2>\cdots>a_n>0$ 排序。每个等级的产品在销售过程中都不能补货，在销售期结束后，产品没有残值，不考虑顾客退货的情况。企业的目标是在每个时期 t，对当前库存为 $\boldsymbol{x}=(x_1,x_2,\cdots,x_n)$ 的各等级产品设定合适的价格 $\boldsymbol{p}_t=(p_{1t},p_{2t},\cdots,p_{nt})$ 使得自身的收益最大化。

假设企业面临的潜在需求由两个彼此独立的顾客流组成，分别记为第一类顾客和第二类顾客：第一类顾客到达后只购买某固定等级的产品，其中只购买第 i 等级产品的顾客在 t 时期的到达率为 $\lambda_{it}^1(i=1,2,\cdots,n)$；第二类顾客在 t 时期的到达率为 $\bar{\lambda}_t$，到达后以 $q_i(\boldsymbol{p}_t)$ 的概率选择第 i 等级的产品；不失一般性，假设 $\bar{\lambda}_t\geqslant\lambda_{it}^1(i=1,2,\cdots,n)$。第二类顾客到达后也可以选择不购买任何产品，我们将这种情况看作第 $n+1$ 等级的产品，显然，$p_{n+1}=0$，$a_{n+1}=0$。为了研究第二类顾客对不同等级产品的选择行为，本章采用离散选择模型。由文献［175］，第二类顾客在 t 时期以价格 p_{jt} 购买质量等级为 a_j 的产品所获得的效用为

$$U_{jt}=\theta a_j-p_{jt},\ j=1,2,\cdots,n$$

其中，θ 为服从区间［0，1］上均匀分布的随机变量，表示到达的顾客对产品的质量等级 a_j 的敏感程度；不失一般性，假设 $U_{n+1,t}=0$。顾客在 t 时期选择第 j 等级的产品来最大化自己的效用，即顾客在 t 时期选择第 j 等级产品的条件为

$$U_{jt}\geqslant\max_{k\neq j}\{U_{kt}\},\ k=1,2,\cdots,n+1$$

因此，顾客在 t 时期选择第 j 等级产品的概率为

$$q_j(\boldsymbol{p}_t) = \begin{cases} P\left(\max\limits_{k>1}\left\{\dfrac{p_{1t}-p_{kt}}{a_1-a_k}\right\}\leqslant\theta\right), & j=1 \\ P\left(\max\limits_{k>j}\left\{\dfrac{p_{jt}-p_{kt}}{a_j-a_k}\right\}\leqslant\theta\leqslant\min\limits_{k<j}\left\{\dfrac{p_{kt}-p_{jt}}{a_k-a_j}\right\}\right), & j=2,\cdots,n \\ P\left(\min\limits_{k<n+1}\left\{\dfrac{p_{kt}}{a_k}\right\}\geqslant\theta\right), & j=n+1 \end{cases}$$

为了保证选择概率的有效性，规定

$$\max_{k>j}\left\{\frac{p_{jt}-p_{kt}}{a_j-a_k}\right\}=\frac{p_{jt}-p_{j+1,t}}{a_j-a_{j+1}}\leqslant\frac{p_{j-1,t}-p_{jt}}{a_{j-1}-a_j},\ j=2,\ \cdots,\ n$$

$$\max_{k>1}\left\{\frac{p_{1t}-p_{kt}}{a_1-a_k}\right\}=\frac{p_{1t}-p_{2t}}{a_1-a_2}\leqslant 1,\ j=1$$

在以上假设条件下，由文献［37］可知

$$q_j(\boldsymbol{p}_t) = \begin{cases} 1-\dfrac{p_{1t}-p_{2t}}{a_1-a_2}, & j=1 \\ \dfrac{p_{j-1,t}-p_{jt}}{a_{j-1}-a_j}-\dfrac{p_{jt}-p_{j+1,t}}{a_j-a_{j+1}}, & j=2,\cdots,n \\ \dfrac{p_{nt}}{a_n}, & j=n+1 \end{cases} \tag{3.1}$$

在库存为 $\boldsymbol{x}$，时间为 t 时，由于一些产品的库存可能为0，因此，将企业的价格策略空间定义为 $\Theta_{\boldsymbol{x}}=\{\boldsymbol{p}_t\geqslant 0 \mid 当\ x_j=0\ 时，q_j(\boldsymbol{p}_t)=0，j=1，2，\cdots，n\}$。

令 $V_t(\boldsymbol{x})$ 表示库存为 $\boldsymbol{x}$ 时，从 t 时期到销售结束企业的最优期望收益，由以上假设和分析可得

$$\begin{aligned} V_t(\boldsymbol{x}) = \max_{\boldsymbol{p}_t\in\Theta_{\boldsymbol{x}}}\Bigg\{ & \sum_{j=1}^{n}\lambda_{jt}^{1}(p_{jt}+V_{t-1}(\boldsymbol{x}-\boldsymbol{\varepsilon}_j)) + \\ & \bar{\lambda}_t\left[\sum_{j=1}^{n}q_j(\boldsymbol{p}_t)(p_{jt}+V_{t-1}(\boldsymbol{x}-\boldsymbol{\varepsilon}_j))+q_{n+1}(\boldsymbol{p}_t)V_{t-1}(\boldsymbol{x})\right] + \\ & \left(1-\sum_{j=1}^{n}\lambda_{jt}^{1}-\bar{\lambda}_t\right)V_{t-1}(\boldsymbol{x})\Bigg\} \end{aligned} \tag{3.2}$$

其中，$\boldsymbol{\varepsilon}_j$ 为第 j 个分量为 1、其余分量均为 0 的 n 维向量，$V_t(0)=0$，$V_0(\boldsymbol{x})=0$。

因为 $\sum_{j=1}^{n+1} q_j(\boldsymbol{p}_t) = 1$，所以式（3.2）可以写为

$$V_t(\boldsymbol{x}) = \max_{\boldsymbol{p}_t \in \Theta_{\boldsymbol{x}}} \left\{ \sum_{j=1}^{n} (\lambda_{jt}^1 + \bar{\lambda}_t q_j(\boldsymbol{p}_t))(p_{jt} + V_{t-1}(\boldsymbol{x} - \boldsymbol{\varepsilon}_j) - V_{t-1}(\boldsymbol{x})) + V_{t-1}(\boldsymbol{x}) \right\} \tag{3.3}$$

令

$$\Delta_t V_t(\boldsymbol{x}) = V_t(\boldsymbol{x}) - V_{t-1}(\boldsymbol{x}),\ \Delta_{x_j} V_t(\boldsymbol{x}) = V_t(\boldsymbol{x}) - V_t(\boldsymbol{x} - \boldsymbol{\varepsilon}_j),$$
$$t = 0,\ 1,\ \cdots,\ T;\ j = 1,\ 2,\ \cdots,\ n$$

利用上面的记法，可以定义

$$\Psi_t(\boldsymbol{x}, \boldsymbol{p}_t) = \sum_{j=1}^{n} (\lambda_{jt}^1 + \bar{\lambda}_t q_j(\boldsymbol{p}_t))(p_{jt} - \Delta_{x_j} V_{t-1}(\boldsymbol{x})) \tag{3.4}$$

则式（3.3）可写成

$$\Delta_t V_t(\boldsymbol{x}) = \max_{\boldsymbol{p}_t \in \Theta_{\boldsymbol{x}}} \{ \Psi_t(\boldsymbol{x}, \boldsymbol{p}_t) \} \tag{3.5}$$

3.3 期望收益及最优定价策略的性质

由上一节的讨论可知，$\Psi_t(\boldsymbol{x}, \boldsymbol{p}_t)$等于收益函数 $V_t(\boldsymbol{x})$关于时间 t 的边际收益。由于确定最优价格的目的是使得 $\Psi_t(\boldsymbol{x}, \boldsymbol{p}_t)$最大化，因此，研究 $\Psi_t(\boldsymbol{x}, \boldsymbol{p}_t)$的性质是找到式（3.5）最优解的关键，下面研究 $\Psi_t(\boldsymbol{x}, \boldsymbol{p}_t)$的性质。

定理 3.1 $\Psi_t(\boldsymbol{x}, \boldsymbol{p}_t)$为关于 $\boldsymbol{p}_t$ 的凹函数。

证明： 将式（3.1）代入式（3.4）可得

$$\begin{aligned}\Psi_t(\boldsymbol{x}, \boldsymbol{p}_t) = &\left[\lambda_{1t}^1 + \bar{\lambda}_t\left(1 - \frac{p_{1t} - p_{2t}}{a_1 - a_2}\right)\right](p_{1t} - \Delta_{x_1} V_{t-1}(\boldsymbol{x})) + \\ &\sum_{k=2}^{n-1} \left[\lambda_{kt}^1 + \bar{\lambda}_t\left(\frac{p_{k-1,t} - p_{kt}}{a_{k-1} - a_k} - \frac{p_{kt} - p_{k+1,t}}{a_k - a_{k+1}}\right)\right](p_{kt} - \Delta_{x_k} V_{t-1}(\boldsymbol{x})) + \\ &\left[\lambda_{nt}^1 + \bar{\lambda}_t\left(\frac{p_{n-1,t} - p_{nt}}{a_{n-1} - a_n} - \frac{p_{nt}}{a_n}\right)\right](p_{nt} - \Delta_{x_n} V_{t-1}(\boldsymbol{x}))\end{aligned}$$

对 $\Psi_t(\boldsymbol{x}, \boldsymbol{p}_t)$分别求关于 p_{1t}，p_{2t}，$\cdots$，p_{nt}的偏导数可得，

$$\frac{\partial \boldsymbol{\Psi}_t(\boldsymbol{x},\boldsymbol{p}_t)}{\partial p_{1t}}=\lambda_{1t}^1+\bar{\lambda}_t\left(1-\frac{p_{1t}-p_{2t}}{a_1-a_2}\right)+\frac{\bar{\lambda}_t}{a_1-a_2}[(p_{2t}-\Delta_{x_2}V_{t-1}(\boldsymbol{x}))-(p_{1t}-\Delta_{x_1}V_{t-1}(\boldsymbol{x}))]$$

$$\frac{\partial \boldsymbol{\Psi}_t(\boldsymbol{x},\boldsymbol{p}_t)}{\partial p_{jt}}=\frac{\bar{\lambda}_t}{a_{j-1}-a_j}[(p_{j-1,t}-\Delta_{x_{j-1}}V_{t-1}(\boldsymbol{x}))-(p_{jt}-\Delta_{x_j}V_{t-1}(\boldsymbol{x}))]+\frac{\bar{\lambda}_t}{a_j-a_{j+1}}[(p_{j+1,t}-\Delta_{x_{j+1}}V_{t-1}(\boldsymbol{x}))-(p_{jt}-\Delta_{x_j}V_{t-1}(\boldsymbol{x}))]+\lambda_{jt}^1+\bar{\lambda}_t\left(\frac{p_{j-1,t}-p_{jt}}{a_{j-1}-a_j}-\frac{p_{jt}-p_{j+1,t}}{a_j-a_{j+1}}\right)\quad j=2,3,\cdots,n-1$$

$$\frac{\partial \boldsymbol{\Psi}_t(\boldsymbol{x},\boldsymbol{p}_t)}{\partial p_{nt}}=\frac{\bar{\lambda}_t}{a_{n-1}-a_n}[(p_{n-1,t}-\Delta_{x_{n-1}}V_{t-1}(\boldsymbol{x}))-(p_{nt}-\Delta_{x_n}V_{t-1}(\boldsymbol{x}))]-\frac{\bar{\lambda}_t}{a_n}(p_{nt}-\Delta_{x_n}V_{t-1}(\boldsymbol{x}))+\lambda_{nt}^1+\bar{\lambda}_t\left(\frac{p_{n-1,t}-p_{nt}}{a_{n-1}-a_n}-\frac{p_{nt}}{a_n}\right)$$

$\boldsymbol{\Psi}_t(\boldsymbol{x},\boldsymbol{p}_t)$的二阶导数为

$$\frac{\partial^2 \boldsymbol{\Psi}_t(\boldsymbol{x},\boldsymbol{p}_t)}{\partial \boldsymbol{p}_t^2}=$$

$$\bar{\lambda}_t\begin{pmatrix}\frac{-2}{a_1-a_2} & \frac{2}{a_1-a_2} & 0 & 0 & \cdots & 0 & 0\\ \frac{2}{a_1-a_2} & \frac{-2}{a_1-a_2}+\frac{-2}{a_2-a_3} & \frac{2}{a_2-a_3} & 0 & \cdots & 0 & 0\\ 0 & \frac{2}{a_2-a_3} & \frac{-2}{a_2-a_3}+\frac{-2}{a_3-a_4} & \frac{2}{a_3-a_4} & \cdots & 0 & 0\\ \cdots & \cdots & \cdots & \cdots & \cdots & \cdots & \cdots\\ 0 & 0 & 0 & 0 & \cdots & \frac{2}{a_{n-1}-a_n} & \frac{-2}{a_{n-1}-a_n}+\frac{-2}{a_n}\end{pmatrix}$$

所以 $\boldsymbol{\Psi}_t(\boldsymbol{x},\boldsymbol{p}_t)$的海塞矩阵$\frac{\partial^2 \boldsymbol{\Psi}_t(\boldsymbol{x},\boldsymbol{p}_t)}{\partial \boldsymbol{p}_t^2}$是对称的三对角矩阵。而$\frac{\partial^2 \boldsymbol{\Psi}_t(\boldsymbol{x},\boldsymbol{p}_t)}{\partial \boldsymbol{p}_t^2}$的第一行到第 $n-1$ 行的主对角线上元素的绝对值都等于同行中其他元素之和，且第 n 行的主对角线上元素的绝对值$\left|\frac{-2}{a_{n-1}-a_n}+\frac{-2}{a_n}\right|>\frac{2}{a_{n-1}-a_n}$，所以海塞矩阵$\frac{\partial^2 \boldsymbol{\Psi}_t(\boldsymbol{x},\boldsymbol{p}_t)}{\partial \boldsymbol{p}_t^2}$为主对角占优矩阵。又由于主对角线上的元素都是

非正实数，所以海塞矩阵$\frac{\partial^2 \Psi_t(\boldsymbol{x},\boldsymbol{p}_t)}{\partial \boldsymbol{p}_t^2}$为半负定矩阵，因此$\Psi_t(\boldsymbol{x},\boldsymbol{p}_t)$为$\boldsymbol{p}_t$的凹函数。

定理3.1可以保证最优价格$\boldsymbol{p}_t$的存在性，为了得到最优价格$\boldsymbol{p}_t$，分别求$\Psi_t(\boldsymbol{x},\boldsymbol{p}_t)$关于$p_{jt}(j=1, 2, \cdots, n)$的偏导数，并令导数为0可得

$$\frac{\partial \Psi_t(\boldsymbol{x},\boldsymbol{p}_t)}{\partial p_{jt}} = \sum_{k=1}^{n} \bar{\lambda}_t \frac{\partial q_k(\boldsymbol{p}_t)}{\partial p_{jt}}(p_{kt} - \Delta_{x_k} V_{t-1}(\boldsymbol{x})) + (\lambda_{jt}^1 + \bar{\lambda}_t q_j(\boldsymbol{p}_t)) = 0,\ j = 1, 2, \cdots, n \tag{3.6}$$

最优价格p_{1t}，p_{2t}，…，p_{nt}满足式（3.6），因此

$$\boldsymbol{p}_t = (p_{1t}, p_{2t}, \cdots, p_{nt}) = \left(-\boldsymbol{q}(\boldsymbol{p}_t) - \frac{1}{\bar{\lambda}_t}\Lambda_t^1\right)\left(\frac{\partial \boldsymbol{q}(\boldsymbol{p}_t)}{\partial \boldsymbol{p}_t}\right)^{-1} + \Delta_{\boldsymbol{x}} V_{t-1}(\boldsymbol{x}) \tag{3.7}$$

其中，$\Lambda_t^1 = (\lambda_{1t}^1, \lambda_{2t}^1, \cdots, \lambda_{nt}^1)$，$\boldsymbol{q}(\boldsymbol{p}_t) = (q_1(\boldsymbol{p}_t), q_2(\boldsymbol{p}_t), \cdots, q_n(\boldsymbol{p}_t))$，$\left(\frac{\partial \boldsymbol{q}(\boldsymbol{p}_t)}{\partial \boldsymbol{p}_t}\right)$为$\boldsymbol{q}(\boldsymbol{p}_t)$的雅克比矩阵，$\frac{\partial q_i(\boldsymbol{p}_t)}{\partial p_{jt}}$为$\left(\frac{\partial \boldsymbol{q}(\boldsymbol{p}_t)}{\partial \boldsymbol{p}_t}\right)$的（$i$，$j$）元素，$\left(\frac{\partial \boldsymbol{q}(\boldsymbol{p}_t)}{\partial \boldsymbol{p}_t}\right)^{-1}$为$\left(\frac{\partial \boldsymbol{q}(\boldsymbol{p}_t)}{\partial \boldsymbol{p}_t}\right)$的逆矩阵。

$$\left(\frac{\partial \boldsymbol{q}(\boldsymbol{p}_t)}{\partial \boldsymbol{p}_t}\right) = $$

$$\begin{pmatrix} \frac{-1}{a_1 - a_2} & \frac{1}{a_1 - a_2} & 0 & 0 & \cdots & 0 & 0 \\ \frac{1}{a_1 - a_2} & \frac{-(a_1 - a_3)}{(a_1 - a_2)(a_2 - a_3)} & \frac{1}{a_2 - a_3} & 0 & \cdots & 0 & 0 \\ \cdots & \cdots & \cdots & \cdots & \cdots & \cdots & \cdots \\ 0 & 0 & 0 & 0 & \cdots & \frac{1}{a_{n-1} - a_n} & \frac{-a_{n-1}}{(a_{n-1} - a_n)a_n} \end{pmatrix}$$

对其求逆矩阵可得

$$\left(\frac{\partial \boldsymbol{q}(\boldsymbol{p}_t)}{\partial \boldsymbol{p}_t}\right)^{-1} = -\begin{pmatrix} a_1 & a_2 & \cdots & a_{n-1} & a_n \\ a_2 & a_2 & \cdots & a_{n-1} & a_n \\ \cdots & \cdots & \cdots & \cdots & \cdots \\ a_{n-1} & a_{n-1} & \cdots & a_{n-1} & a_n \\ a_n & a_n & \cdots & a_n & a_n \end{pmatrix}$$

将上式代入式（3.7）可得最优价格

$$p_{jt}(\boldsymbol{x}) = \frac{1}{2}\left(a_j + \frac{a_j}{\bar{\lambda}_t}\sum_{k=1}^{j}\lambda_{kt}^1 + \frac{1}{\bar{\lambda}_t}\sum_{k=j+1}^{n}a_k\lambda_{kt}^1 + \Delta_{x_j}V_{t-1}(\boldsymbol{x})\right),\quad j=1,\ 2,\ \cdots,\ n \tag{3.8}$$

所以当 $x_j>0$ 时，最优价格 $p_{jt}(\boldsymbol{x})$满足式（3.8）；由文献［37］，当 $x_j=0$ 时，$p_{jt}(\boldsymbol{x})$满足

$$p_{jt}(\boldsymbol{x}) = \begin{cases} p_{2t}(\boldsymbol{x}) + (a_1 - a_2), & j=1 \\ \dfrac{(a_j - a_{j+1})p_{j-1,t}(\boldsymbol{x}) + (a_{j-1} - a_j)p_{j+1,t}(\boldsymbol{x})}{a_{j-1} - a_{j+1}}, & j=2,3,\cdots,n \end{cases} \tag{3.9}$$

由式（3.8）可以看出：第一类顾客的到达率越大，各等级产品的最优价格就越高；第二类顾客的到达率越大，各等级产品的最优价格越低。在总到达率确定的条件下，第一类顾客到达率的增加，会使得第二类顾客的到达率相应地减少，因此，各等级产品的最优价格就越高，企业的收益也越大。

将式（3.8）代入式（3.3）可得，

$$\begin{aligned} V_t(\boldsymbol{x}) = {} & \sum_{j=1}^{n}\lambda_{jt}^1\left[2a_j - 2p_{jt}(\boldsymbol{x}) + \frac{a_j}{\bar{\lambda}_t}\sum_{r=1}^{j}\lambda_{rt}^1 + \frac{1}{\bar{\lambda}_t}\sum_{r=j+1}^{n}a_r\lambda_{rt}^1\right] + \\ & \bar{\lambda}_t\left[a_1 - 2p_{1t}(\boldsymbol{x}) + \sum_{k=1}^{n-1}\frac{(p_{kt}(\boldsymbol{x}) - p_{k+1,t}(\boldsymbol{x}))^2}{a_k - a_{k+1}} + \frac{p_{nt}^2(\boldsymbol{x})}{a_n}\right] + V_{t-1}(\boldsymbol{x}) \end{aligned} \tag{3.10}$$

为了研究方便，将前 i 等级产品的库存总量记为$|\boldsymbol{x}|_i$，即 $|\boldsymbol{x}|_i = \sum_{k=1}^{i}x_k$；如果

$$|\boldsymbol{x}|_i \geqslant t$$

即$|\boldsymbol{x}|_i$能够满足潜在的剩余需求，则称产品i存在库存总量剩余。下面的定理利用“库存总量剩余”的概念得到了边际收益的一个重要性质。

定理 3.2 对于任意$i<j$，$\Delta_{x_j}V_t(\boldsymbol{x})=\Delta_{x_j}V_t(\boldsymbol{x}-\boldsymbol{\varepsilon}_i+\boldsymbol{\varepsilon}_j)$。进一步地，如果$|\boldsymbol{x}|_j\geqslant t$，则对于任意$k\geqslant j$，$\Delta_{x_k}V_t(\boldsymbol{x})=0$。

证明： 首先证明，对于任意$i<j$，$\Delta_{x_j}V_t(\boldsymbol{x})=\Delta_{x_j}V_t(\boldsymbol{x}-\boldsymbol{\varepsilon}_i+\boldsymbol{\varepsilon}_j)$。

①对t进行归纳假设，不失一般性令$\boldsymbol{x}>0$。

当$t=1$时，由式（3.8）可得

$$p_{k1}(\boldsymbol{x})=\frac{1}{2}\left(a_k+\frac{a_k}{\bar{\lambda}_1}\sum_{j=1}^{k}\lambda_{j1}^1+\frac{1}{\bar{\lambda}_1}\sum_{j=k+1}^{n}a_j\lambda_{j1}^1\right),\quad k=1,2,\cdots,n$$

由式（3.1）可得，当$k=1$时，

$$q_1(p_1(\boldsymbol{x}))=1-\frac{1}{2}\left(1+\frac{\lambda_{11}^1}{\bar{\lambda}_1}\right)=\frac{1}{2}\left(1-\frac{\lambda_{11}^1}{\bar{\lambda}_1}\right)$$

当$k>1$时，

$$q_k(p_1(\boldsymbol{x}))=-\frac{1}{2}\frac{\lambda_{k1}^1}{\bar{\lambda}_1}$$

由于$q_k(p_1(\boldsymbol{x}))\geqslant 0$，所以当$k>1$时，$\lambda_{k1}^1=0$，$q_k(p_1(\boldsymbol{x}))=0$。由此可得

$$V_1(\boldsymbol{x})=\frac{a_1}{4\bar{\lambda}_1}(\bar{\lambda}_1+\lambda_{11}^1)^2$$

因此，对于任意$j>1$，$V_1(\boldsymbol{x})=V_1(\boldsymbol{x}-\boldsymbol{\varepsilon}_j)$，$\Delta_{x_j}V_1(\boldsymbol{x})=0$。

另一方面，如果$i\neq 1$或$x_1\neq 1$，则

$$V_1(\boldsymbol{x}-\boldsymbol{\varepsilon}_i+\boldsymbol{\varepsilon}_j)=V_1(\boldsymbol{x}-\boldsymbol{\varepsilon}_i)=\frac{a_1}{4\bar{\lambda}_1}(\bar{\lambda}_1+\lambda_{11}^1)^2$$

所以

$$\Delta_{x_j}V_1(\boldsymbol{x}-\boldsymbol{\varepsilon}_i+\boldsymbol{\varepsilon}_j)=0$$

当$i=1$且$x_1=1$时，$V_1(\boldsymbol{x}-\boldsymbol{\varepsilon}_1+\boldsymbol{\varepsilon}_j)=V_1(\boldsymbol{x}-\boldsymbol{\varepsilon}_1)=\dfrac{a_2}{4\bar{\lambda}_1}(\bar{\lambda}_1+\lambda_{11}^1)^2$，

所以

$$\Delta_{x_j}V_1(\boldsymbol{x}-\boldsymbol{\varepsilon}_1+\boldsymbol{\varepsilon}_j)=0$$

因此，$t=1$ 时，对于任意 $i<j$，$\Delta_{x_j}V_t(\boldsymbol{x})=\Delta_{x_j}V_t(\boldsymbol{x}-\boldsymbol{\varepsilon}_i+\boldsymbol{\varepsilon}_j)$。

假设对于 $t-1$ 结论成立，下证对于 t 结论成立。

为了证明对于任意 $i<j$，$\Delta_{x_j}V_t(\boldsymbol{x})=\Delta_{x_j}V_t(\boldsymbol{x}-\boldsymbol{\varepsilon}_i+\boldsymbol{\varepsilon}_j)$，只需证明对于任意 $i<j$，

$$V_t(\boldsymbol{x})-V_t(\boldsymbol{x}-\boldsymbol{\varepsilon}_i+\boldsymbol{\varepsilon}_j)=V_t(\boldsymbol{x}-\boldsymbol{\varepsilon}_j)-V_t(\boldsymbol{x}-\boldsymbol{\varepsilon}_i) \tag{3.11}$$

令 $\boldsymbol{x}=\boldsymbol{s}_1$，$\boldsymbol{x}-\boldsymbol{\varepsilon}_i+\boldsymbol{\varepsilon}_j=\boldsymbol{s}_2$，$\boldsymbol{x}-\boldsymbol{\varepsilon}_j=\boldsymbol{s}_3$，$\boldsymbol{x}-\boldsymbol{\varepsilon}_i=\boldsymbol{s}_4$，则式（3.11）变为

$$V_t(\boldsymbol{s}_1)-V_t(\boldsymbol{s}_2)=V_t(\boldsymbol{s}_3)-V_t(\boldsymbol{s}_4) \tag{3.12}$$

对于 $\boldsymbol{s}_1$，$\boldsymbol{s}_2$，$\boldsymbol{s}_3$，$\boldsymbol{s}_4$，由式（3.10）有

$$V_t(\boldsymbol{s}_i)=\sum_{k=1}^{n}\lambda_{kt}^1\left[2a_k-2p_{kt}(\boldsymbol{s}_i)+\frac{a_k}{\bar{\lambda}_t}\sum_{r=1}^{k}\lambda_{rt}^1+\frac{1}{\bar{\lambda}_t}\sum_{r=k+1}^{n}a_r\lambda_{rt}^1\right]+\bar{\lambda}_t\left[a_1-2p_{1t}(\boldsymbol{s}_i)+\sum_{k=1}^{n-1}\frac{(p_{kt}(\boldsymbol{s}_i)-p_{k+1,t}(\boldsymbol{s}_i))^2}{a_k-a_{k+1}}+\frac{p_{nt}^2(\boldsymbol{s}_i)}{a_n}\right]+V_{t-1}(\boldsymbol{s}_i)$$

由归纳假设可知，对于 $k\geqslant j>i$，

$$\Delta_{x_k}V_{t-1}(\boldsymbol{x}-\boldsymbol{\varepsilon}_i+\boldsymbol{\varepsilon}_j)=\Delta_{x_k}V_{t-1}(\boldsymbol{x}-\boldsymbol{\varepsilon}_i+\boldsymbol{\varepsilon}_k)=\Delta_{x_k}V_{t-1}(\boldsymbol{x})$$

因此，

$$\Delta_{x_k}V_{t-1}(\boldsymbol{s}_1)=\Delta_{x_k}V_{t-1}(\boldsymbol{s}_2)$$

由式（3.8）可得，对于任意 $k\geqslant j>i$，

$$p_{kt}(\boldsymbol{s}_1)=p_{kt}(\boldsymbol{x})=p_{kt}(\boldsymbol{x}-\boldsymbol{\varepsilon}_i+\boldsymbol{\varepsilon}_j)=p_{kt}(\boldsymbol{s}_2)$$

因此，

$$\begin{aligned}V_t(\boldsymbol{s}_1)-V_t(\boldsymbol{s}_2)=&-2\sum_{k=1}^{j-1}\lambda_{kt}^1[p_{kt}(\boldsymbol{s}_1)-p_{kt}(\boldsymbol{s}_2)]-2\bar{\lambda}_t[p_{1t}(\boldsymbol{s}_1)-p_{1t}(\boldsymbol{s}_2)]+\\&[V_{t-1}(\boldsymbol{s}_1)-V_{t-1}(\boldsymbol{s}_2)]+\\&\bar{\lambda}_t\sum_{k=1}^{j-1}\frac{[p_{kt}(\boldsymbol{s}_1)-p_{k+1,t}(\boldsymbol{s}_1)]^2-[p_{kt}(\boldsymbol{s}_2)-p_{k+1,t}(\boldsymbol{s}_2)]^2}{a_k-a_{k+1}}\end{aligned} \tag{3.13}$$

下面通过对式（3.13）中的各项进行归纳假设来证明 $V_t(\boldsymbol{s}_1)-V_t(\boldsymbol{s}_2)=V_t(\boldsymbol{s}_3)-V_t(\boldsymbol{s}_4)$。

当 $k=1, 2, \cdots, j-1$ 时，对式（3.12）进行归纳假设可知，$V_{t-1}(\boldsymbol{s}_1)-V_{t-1}(\boldsymbol{s}_2)$ 和 $V_{t-1}(\boldsymbol{s}_1-\boldsymbol{\varepsilon}_k)-V_{t-1}(\boldsymbol{s}_2-\boldsymbol{\varepsilon}_k)$ 都与 x_j 无关，所以

$$
\begin{aligned}
& p_{kt}(\boldsymbol{s}_1) - p_{kt}(\boldsymbol{s}_2) \\
&= \frac{1}{2}[\Delta_{x_k} V_{t-1}(\boldsymbol{s}_1) - \Delta_{x_k} V_{t-1}(\boldsymbol{s}_2)] \\
&= \frac{1}{2}[V_{t-1}(\boldsymbol{s}_1) - V_{t-1}(\boldsymbol{s}_1 - \boldsymbol{\varepsilon}_k) - V_{t-1}(\boldsymbol{s}_2) + V_{t-1}(\boldsymbol{s}_2 - \boldsymbol{\varepsilon}_k)] \\
&= \frac{1}{2}[V_{t-1}(\boldsymbol{s}_1 - \boldsymbol{\varepsilon}_j) - V_{t-1}(\boldsymbol{s}_1 - \boldsymbol{\varepsilon}_k - \boldsymbol{\varepsilon}_j) - V_{t-1}(\boldsymbol{s}_2 - \boldsymbol{\varepsilon}_j) + V_{t-1}(\boldsymbol{s}_2 - \boldsymbol{\varepsilon}_k - \boldsymbol{\varepsilon}_j)] \\
&= \frac{1}{2}[V_{t-1}(\boldsymbol{s}_3) - V_{t-1}(\boldsymbol{s}_3 - \boldsymbol{\varepsilon}_k) - V_{t-1}(\boldsymbol{s}_4) + V_{t-1}(\boldsymbol{s}_4 - \boldsymbol{\varepsilon}_k)] \\
&= \frac{1}{2}[\Delta_{x_k} V_{t-1}(\boldsymbol{s}_3) - \Delta_{x_k} V_{t-1}(\boldsymbol{s}_4)] = p_{kt}(\boldsymbol{s}_3) - p_{kt}(\boldsymbol{s}_4)
\end{aligned}
$$

同理，

$$p_{1t}(\boldsymbol{s}_1) - p_{1t}(\boldsymbol{s}_2) = p_{1t}(\boldsymbol{s}_3) - p_{1t}(\boldsymbol{s}_4)$$

对于式（3.13）的第三项，对式（3.12）进行归纳假设可得，

$$V_{t-1}(\boldsymbol{s}_1) - V_{t-1}(\boldsymbol{s}_2) = V_{t-1}(\boldsymbol{s}_3) - V_{t-1}(\boldsymbol{s}_4)$$

最后，考虑式（3.13）的第四项。由于 $k < k+1 \leqslant j$，由归纳假设可知，

$$\Delta_{x_j} V_{t-1}(\boldsymbol{x} - \boldsymbol{\varepsilon}_k) = \Delta_{x_j} V_{t-1}(\boldsymbol{x} - \boldsymbol{\varepsilon}_k - \boldsymbol{\varepsilon}_{k+1} + \boldsymbol{\varepsilon}_j) = \Delta_{x_j} V_{t-1}(\boldsymbol{x} - \boldsymbol{\varepsilon}_{k+1})$$

即

$$V_{t-1}(\boldsymbol{x} - \boldsymbol{\varepsilon}_{k+1}) - V_{t-1}(\boldsymbol{x} - \boldsymbol{\varepsilon}_k) = V_{t-1}(\boldsymbol{x} - \boldsymbol{\varepsilon}_{k+1} - \boldsymbol{\varepsilon}_j) - V_{t-1}(\boldsymbol{x} - \boldsymbol{\varepsilon}_k - \boldsymbol{\varepsilon}_j)$$

因此，

$$
\begin{aligned}
& p_{kt}(\boldsymbol{s}_1) - p_{k+1,t}(\boldsymbol{s}_1) \\
&= \frac{1}{2}\left[(a_k - a_{k+1})\left(1 + \frac{1}{\bar{\lambda}_t}\sum_{r=1}^{k}\lambda_{rt}^1\right) + V_{t-1}(\boldsymbol{s}_1 - \boldsymbol{\varepsilon}_{k+1}) - V_{t-1}(\boldsymbol{s}_1 - \boldsymbol{\varepsilon}_k)\right] \\
&= \frac{1}{2}\left[(a_k - a_{k+1})\left(1 + \frac{1}{\bar{\lambda}_t}\sum_{r=1}^{k}\lambda_{rt}^1\right) + V_{t-1}(\boldsymbol{s}_1 - \boldsymbol{\varepsilon}_{k+1} - \boldsymbol{\varepsilon}_j) - V_{t-1}(\boldsymbol{s}_1 - \boldsymbol{\varepsilon}_k - \boldsymbol{\varepsilon}_j)\right] \\
&= \frac{1}{2}\left[(a_k - a_{k+1})\left(1 + \frac{1}{\bar{\lambda}_t}\sum_{r=1}^{k}\lambda_{rt}^1\right) + V_{t-1}(\boldsymbol{s}_3 - \boldsymbol{\varepsilon}_{k+1}) - V_{t-1}(\boldsymbol{s}_3 - \boldsymbol{\varepsilon}_k)\right] \\
&= p_{kt}(\boldsymbol{s}_3) - p_{k+1,t}(\boldsymbol{s}_3)
\end{aligned}
$$

同理，

$$p_{kt}(\boldsymbol{s}_2) - p_{k+1,t}(\boldsymbol{s}_2) = p_{kt}(\boldsymbol{s}_4) - p_{k+1,t}(\boldsymbol{s}_4)$$

由以上讨论可知

$$V_t(\boldsymbol{s}_1)-V_t(\boldsymbol{s}_2)=V_t(\boldsymbol{s}_3)-V_t(\boldsymbol{s}_4)$$

因此，对于任意 $i<j$，

$$\Delta_{x_j}V_t(\boldsymbol{x})=\Delta_{x_j}V_t(\boldsymbol{x}-\boldsymbol{\varepsilon}_i+\boldsymbol{\varepsilon}_j)$$

②如果 $|\boldsymbol{x}|_j\geqslant t$，对于任意 $k\geqslant j\geqslant i$，因为 $|\boldsymbol{x}-\boldsymbol{\varepsilon}_i|_j=|\boldsymbol{x}|_j-1\geqslant t-1$，由归纳假设得，$\Delta_{x_k}V_{t-1}(\boldsymbol{x})=\Delta_{x_k}V_{t-1}(\boldsymbol{x}-\boldsymbol{\varepsilon}_i)=0$，即

$$V_{t-1}(\boldsymbol{x})-V_{t-1}(\boldsymbol{x}-\boldsymbol{\varepsilon}_k)=V_{t-1}(\boldsymbol{x}-\boldsymbol{\varepsilon}_i)-V_{t-1}(\boldsymbol{x}-\boldsymbol{\varepsilon}_i-\boldsymbol{\varepsilon}_k)$$

移项得

$$V_{t-1}(\boldsymbol{x})-V_{t-1}(\boldsymbol{x}-\boldsymbol{\varepsilon}_i)=V_{t-1}(\boldsymbol{x}-\boldsymbol{\varepsilon}_k)-V_{t-1}(\boldsymbol{x}-\boldsymbol{\varepsilon}_i-\boldsymbol{\varepsilon}_k)$$

即

$$\Delta_{x_i}V_{t-1}(\boldsymbol{x})=\Delta_{x_i}V_{t-1}(\boldsymbol{x}-\boldsymbol{\varepsilon}_k)$$

因此，对于任意 $k\geqslant j\geqslant i$，

$$\begin{aligned}p_{it}(\boldsymbol{x})&=\frac{1}{2}\left[a_i+\frac{a_i}{\bar{\lambda}_t}\sum_{r=1}^{i}\lambda_{rt}^1+\frac{1}{\bar{\lambda}_t}\sum_{r=i+1}^{n}a_r\lambda_{rt}^1+\Delta_{x_i}V_{t-1}(\boldsymbol{x})\right]\\&=\frac{1}{2}\left[a_i+\frac{a_i}{\bar{\lambda}_t}\sum_{r=1}^{i}\lambda_{rt}^1+\frac{1}{\bar{\lambda}_t}\sum_{r=i+1}^{n}a_r\lambda_{rt}^1+\Delta_{x_i}V_{t-1}(\boldsymbol{x}-\boldsymbol{\varepsilon}_k)\right]\\&=p_{it}(\boldsymbol{x}-\boldsymbol{\varepsilon}_k)\end{aligned}$$

这样，在 t 时期，前 j 个等级的产品在库存为 $\boldsymbol{x}$ 和 $\boldsymbol{x}-\boldsymbol{\varepsilon}_k$ 两种状态下的价格相同。此外，由于对于任意 $l>j$，有 $|\boldsymbol{x}-\boldsymbol{\varepsilon}_l|_j=|\boldsymbol{x}|_j>t-1$，因此，由归纳假设可得

$$\Delta_{x_k}V_{t-1}(\boldsymbol{x})=\Delta_{x_k}V_{t-1}(\boldsymbol{x}-\boldsymbol{\varepsilon}_l)=0$$

即

$$V_{t-1}(\boldsymbol{x})-V_{t-1}(\boldsymbol{x}-\boldsymbol{\varepsilon}_k)=V_{t-1}(\boldsymbol{x}-\boldsymbol{\varepsilon}_l)-V_{t-1}(\boldsymbol{x}-\boldsymbol{\varepsilon}_l-\boldsymbol{\varepsilon}_k)$$

移项得

$$V_{t-1}(\boldsymbol{x})-V_{t-1}(\boldsymbol{x}-\boldsymbol{\varepsilon}_l)=V_{t-1}(\boldsymbol{x}-\boldsymbol{\varepsilon}_k)-V_{t-1}(\boldsymbol{x}-\boldsymbol{\varepsilon}_l-\boldsymbol{\varepsilon}_k)$$

即

$$\Delta_{x_l}V_{t-1}(\boldsymbol{x})=\Delta_{x_l}V_{t-1}(\boldsymbol{x}-\boldsymbol{\varepsilon}_k)$$

因此，在 t 时期，剩下的 $n-j$ 个等级的产品在库存为 $\boldsymbol{x}$ 和 $\boldsymbol{x}-\boldsymbol{\varepsilon}_k$ 两个状态的价格也相同，即

$$p_{lt}(\boldsymbol{x})=p_{lt}(\boldsymbol{x}-\boldsymbol{\varepsilon}_k)$$

下面讨论对于初始库存为 $\boldsymbol{x}$ 和 $\boldsymbol{x}-\boldsymbol{\varepsilon}_k$ 两种状态，从下个时期开始，企业的价格策略是相同的。

当 $|\boldsymbol{x}|_j \geqslant t$ 时，由于每个时期至多有一个顾客到达，这样前 j 个等级的产品可以满足剩下 $t-1$ 个时期的顾客需求。因此，由归纳假设可知，当库存为 $\boldsymbol{x}$ 和 $\boldsymbol{x}-\boldsymbol{\varepsilon}_k$ 时，企业仍然会在剩下的 $t-1$ 个时期内对每种产品设置相同的价格。所以在库存为 $\boldsymbol{x}$ 和 $\boldsymbol{x}-\boldsymbol{\varepsilon}_k$ 时，企业的收益也相同，因此，对于任意 $k \geqslant j$，$V_t(\boldsymbol{x})=V_t(\boldsymbol{x}-\boldsymbol{\varepsilon}_k)$，即 $\Delta_{x_k}V_t(\boldsymbol{x})=0$。

由定理 3.2 可以得到，对任意 $i<j$，有

$$\Delta_{x_j}V_t(\boldsymbol{x})=\Delta_{x_j}V_t(\boldsymbol{x}-\boldsymbol{\varepsilon}_i+\boldsymbol{\varepsilon}_j)=\cdots=\Delta_{x_j}V_t(0,\ \cdots,\ 0,\ |\boldsymbol{x}|_j,\ x_{j+1},\ \cdots,\ x_n)$$

同时，对于任意 $i<k\leqslant j$，

$$\begin{aligned}V_t(\boldsymbol{x})-V_t(\boldsymbol{x}-\boldsymbol{\varepsilon}_j)&=\Delta_{x_j}V_t(\boldsymbol{x})=\Delta_{x_j}V_t(\boldsymbol{x}-\boldsymbol{\varepsilon}_i+\boldsymbol{\varepsilon}_k)\\&=V_t(\boldsymbol{x}-\boldsymbol{\varepsilon}_i+\boldsymbol{\varepsilon}_k)-V_t(\boldsymbol{x}-\boldsymbol{\varepsilon}_i+\boldsymbol{\varepsilon}_k-\boldsymbol{\varepsilon}_j)\end{aligned}$$

移项得

$$V_t(\boldsymbol{x})-V_t(\boldsymbol{x}-\boldsymbol{\varepsilon}_i+\boldsymbol{\varepsilon}_k)=V_t(\boldsymbol{x}-\boldsymbol{\varepsilon}_j)-V_t(\boldsymbol{x}-\boldsymbol{\varepsilon}_i+\boldsymbol{\varepsilon}_k-\boldsymbol{\varepsilon}_j) \tag{3.14}$$

式（3.14）说明减少一单位等级更高的产品 i 且增加一单位等级更低的产品 k 所产生的边际收益与等级不高于 k 的产品的库存（x_k，…，x_n）无关。

在后面的讨论中，如果第 i 等级的产品和第 j 等级的产品满足 $x_i>0$，$x_j>0$ 且对任意 $i<k<j$ 有 $x_k=0$，则两者称为相邻产品。

定理 3.3 最优价格 $\boldsymbol{p}_t(\boldsymbol{x})$ 有如下性质：

①若 $|\boldsymbol{x}|_j\geqslant t$，则 $k\geqslant j$ 时，$p_{kt}(\boldsymbol{x})=\dfrac{a_k}{2}\left(1+\dfrac{1}{\bar{\lambda}_t}\sum\limits_{r=1}^{j}\lambda_{rt}^1\right)$ 且 $k>j$ 时，$\lambda_{kt}^1=0$，$q_k(\boldsymbol{p}_t(\boldsymbol{x}))=0$。

②对于 $i<k\leqslant j$，有 $p_{jt}(\boldsymbol{x})=p_{jt}(\boldsymbol{x}-\boldsymbol{\varepsilon}_i+\boldsymbol{\varepsilon}_k)=\cdots=p_{jt}(0,\ \cdots,\ 0,\ |\boldsymbol{x}|_j,\ x_{j+1},\ \cdots,\ x_n)$。

③若第 i 等级产品和第 j 等级产品为相邻产品，则 $p_{it}(\boldsymbol{x})-p_{jt}(\boldsymbol{x})$ 恒为正数，且仅依赖于前 i 个等级产品的库存总量 $|\boldsymbol{x}|_i$，即对于 $i=1,\ 2,\ \cdots,\ n-1$ 和 $j>i$，有

$$p_{it}(\boldsymbol{x})-p_{jt}(\boldsymbol{x})=\frac{1}{2}\left[(a_i-a_j)\left(1+\frac{1}{\bar{\lambda}_t}\sum_{r=1}^{i}\lambda_{rt}^1\right)+\frac{1}{\bar{\lambda}_t}\sum_{r=i+1}^{j}(a_r-a_j)\lambda_{rt}^1+\right.$$

$$V_{t-1}(0,\ \cdots,\ 0,\ |\boldsymbol{x}|_i,\ 0,\ \cdots,\ 0)\ -$$
$$V_{t-1}(0,\ \cdots,\ 0,\ |\boldsymbol{x}|_i-1,\ 0,\ \cdots,\ 0,\ 1,\ 0,\ \cdots,\ 0)]\tag{3.15}$$

其中$|\boldsymbol{x}|_i$和$|\boldsymbol{x}|_i-1$均为向量的第i个分量，1为向量的第j个分量。

证明：①由式（3.8）可知，$p_{kt}(\boldsymbol{x})=\dfrac{1}{2}\left(a_k+\dfrac{a_k}{\bar{\lambda}_t}\sum_{r=1}^{k}\lambda_{rt}^1+\dfrac{1}{\bar{\lambda}_t}\sum_{r=k+1}^{n}a_r\lambda_{rt}^1+\Delta_{x_k}V_{t-1}(\boldsymbol{x})\right)$。

由定理3.2，对于任意$k\geqslant j$，当$|\boldsymbol{x}|_j\geqslant t$时，$\Delta_{x_k}V_{t-1}(\boldsymbol{x})=0$。因此，

$$p_{kt}(\boldsymbol{x})=\frac{1}{2}\left(a_k+\frac{a_k}{\bar{\lambda}_t}\sum_{r=1}^{k}\lambda_{rt}^1+\frac{1}{\bar{\lambda}_t}\sum_{r=k+1}^{n}a_r\lambda_{rt}^1\right)$$

当$k>j$时，

$$q_k(\boldsymbol{p}_t(\boldsymbol{x}))=\frac{p_{k-1,t}(\boldsymbol{x})-p_{kt}(\boldsymbol{x})}{a_{k-1}-a_k}-\frac{p_{kt}(\boldsymbol{x})-p_{k+1,t}(\boldsymbol{x})}{a_k-a_{k+1}}=-\frac{\lambda_{kt}^1}{2\bar{\lambda}_t}$$

因为$q_k(\boldsymbol{p}_t(\boldsymbol{x}))\geqslant 0$，所以当$k>j$时，$\lambda_{kt}^1=0$，$q_k(\boldsymbol{p}_t(\boldsymbol{x}))=0$。因此，

$$p_{kt}(\boldsymbol{x})=\frac{a_k}{2}\left(1+\frac{1}{\bar{\lambda}_t}\sum_{r=1}^{j}\lambda_{rt}^1\right)$$

②由定理3.2，对于$i<k\leqslant j$，$\Delta_{x_j}V_t(\boldsymbol{x})=\Delta_{x_j}V_t(\boldsymbol{x}-\boldsymbol{\varepsilon}_i+\boldsymbol{\varepsilon}_k)$。因此，

$$\begin{aligned}p_{jt}(\boldsymbol{x})&=\frac{1}{2}\left[a_j+\frac{a_j}{\bar{\lambda}_t}\sum_{r=1}^{j}\lambda_{rt}^1+\frac{1}{\bar{\lambda}_t}\sum_{r=j+1}^{n}a_r\lambda_{rt}^1+\Delta_{x_j}V_{t-1}(\boldsymbol{x})\right]\\&=\frac{1}{2}\left[a_j+\frac{a_j}{\bar{\lambda}_t}\sum_{r=1}^{j}\lambda_{rt}^1+\frac{1}{\bar{\lambda}_t}\sum_{r=j+1}^{n}a_r\lambda_{rt}^1+\Delta_{x_j}V_{t-1}(\boldsymbol{x}-\boldsymbol{\varepsilon}_i+\boldsymbol{\varepsilon}_k)\right]\\&=p_{jt}(\boldsymbol{x}-\boldsymbol{\varepsilon}_i+\boldsymbol{\varepsilon}_k)=\cdots=p_{jt}(0,\ \cdots,\ 0,\ |\boldsymbol{x}|_j,\ x_{j+1},\ \cdots,\ x_n)\end{aligned}$$

③由定理3.2可知，当$i<j$时，$V_{t-1}(\boldsymbol{x}-\boldsymbol{\varepsilon}_i)-V_{t-1}(\boldsymbol{x}-\boldsymbol{\varepsilon}_j)$只与（$x_1$，$x_2$，⋯，$x_i$）有关，由于

$$\begin{aligned}p_{it}(\boldsymbol{x})-p_{jt}(\boldsymbol{x})=\frac{1}{2}\Bigg[&(a_i-a_j)\left(1+\frac{1}{\bar{\lambda}_t}\sum_{r=1}^{i}\lambda_{rt}^1\right)+\\&\frac{1}{\bar{\lambda}_t}\sum_{r=i+1}^{j}(a_r-a_j)\lambda_{rt}^1+V_{t-1}(\boldsymbol{x}-\boldsymbol{\varepsilon}_j)-V_{t-1}(\boldsymbol{x}-\boldsymbol{\varepsilon}_i)\Bigg]\end{aligned}$$

所以 $p_{it}(\boldsymbol{x})-p_{jt}(\boldsymbol{x})$ 只与 $(x_1, x_2, \cdots, x_i)$ 有关。由结论②可知，$p_{it}(\boldsymbol{x})$ 依赖于前 i 个等级产品的库存总量 $|\boldsymbol{x}|_i$，$p_{jt}(x)$ 依赖于前 j 个等级产品的库存总量 $|\boldsymbol{x}|_j$。因此，$p_{it}(\boldsymbol{x})-p_{jt}(\boldsymbol{x})$ 仅依赖于前 i 个等级产品的库存总量 $|\boldsymbol{x}|_i$。

定理 3.3 说明了库存总量的性质在决定最优价格方面的重要性，当库存相对于需求剩余时，企业可以通过“库存总量剩余”的概念来决定哪些产品应该销售，哪些产品可以忽略。由定理 3.3 可以看出，如果前 j 个等级的产品存在库存总量剩余，则等级不高于 j 的产品的最优价格随第一类顾客到达率的增大而增大，随第二类顾客到达率的增大而减小。此时，第一类顾客中，只购买等级低于 j 的产品的顾客到达率以及第二类顾客选择等级低于 j 的产品的概率均为零。因此，未必使得每类产品都有顾客需求的定价策略是最佳策略。

定理 3.4 ①$\Delta_t V_t(\boldsymbol{x})$ 关于 x_j 单调不减（或者 $\Delta_{x_j} V_t(\boldsymbol{x})$ 关于 t 单调不减）。

②$\Delta_{x_j} V_t(\boldsymbol{x})$ 关于 x_i 单调不增（$i \neq j$）。

③$\Delta_{x_j} V_t(\boldsymbol{x})$ 关于 x_j 单调不增。

证明：通过对 $t+|\boldsymbol{x}|_n=m$ 进行归纳来证明结论①～③。当 $m=1$ 时，结论显然成立，下面证明当 $t+|\boldsymbol{x}|_n=m+1$ 时，结论①～③同时成立。

①当 $t=1$ 时，对任意 $\boldsymbol{x}$ 来说，结论显然成立，所以假设 $t>1$。令 $t+1+|\boldsymbol{x}|_n=m+1$，只需要证明 $\Delta_t V_{t+1}(\boldsymbol{x}+\boldsymbol{\varepsilon}_j) \geqslant \Delta_t V_{t+1}(\boldsymbol{x})$，$j=1, 2, \cdots, n$。

令
$$\Psi(\boldsymbol{p}_t(\boldsymbol{x})) = \sum_{j=1}^{n} \lambda_{jt}^1 \left[2a_j - 2p_{jt}(\boldsymbol{x}) + \frac{a_j}{\bar{\lambda}_t}\sum_{r=1}^{j}\lambda_{rt}^1 + \frac{1}{\bar{\lambda}_t}\sum_{r=j+1}^{n} a_r \lambda_{rt}^1 \right] + \bar{\lambda}_t \left[a_1 - 2p_{1t}(\boldsymbol{x}) + \sum_{k=1}^{n-1} \frac{(p_{kt}(\boldsymbol{x}) - p_{k+1,t}(\boldsymbol{x}))^2}{a_k - a_{k+1}} + \frac{p_{nt}^2(\boldsymbol{x})}{a_n} \right]$$

则 $\Delta_t V_{t+1}(\boldsymbol{x}) = V_{t+1}(\boldsymbol{x}) - V_t(\boldsymbol{x}) = \Psi(\boldsymbol{p}_{t+1}(\boldsymbol{x}))$。分别求 $\Psi(\boldsymbol{p}_{t+1}(\boldsymbol{x}))$ 关于 $p_{1,t+1}(\boldsymbol{x})$，$p_{2,t+1}(\boldsymbol{x})$，$\cdots$，$p_{n,t+1}(\boldsymbol{x})$ 的偏导数可得，

$$\frac{\partial \Psi(\boldsymbol{p}_{t+1}(\boldsymbol{x}))}{\partial p_{1,t+1}(\boldsymbol{x})} = -2\lambda_{1,t+1}^1 - 2\bar{\lambda}_{t+1}\left(1 - \frac{p_{1,t+1}(\boldsymbol{x}) - p_{2,t+1}(\boldsymbol{x})}{a_1 - a_2}\right) \leqslant 0, \tag{3.16}$$

$$\frac{\partial\boldsymbol{\Psi}(\boldsymbol{p}_{t+1}(\boldsymbol{x}))}{\partial p_{k,t+1}(\boldsymbol{x})}=$$

$$-2\lambda_{k,t+1}^{1}-2\bar{\lambda}_{t+1}\left(\frac{p_{k-1,t+1}(\boldsymbol{x})-p_{k,t+1}(\boldsymbol{x})}{a_{k-1}-a_{k}}-\frac{p_{k,t+1}(\boldsymbol{x})-p_{k+1,t+1}(\boldsymbol{x})}{a_{k}-a_{k+1}}\right)\leqslant 0,$$

$k=2, 3, \cdots, n-1$

$$\frac{\partial\boldsymbol{\Psi}(\boldsymbol{p}_{t+1}(\boldsymbol{x}))}{\partial p_{n,t+1}(\boldsymbol{x})}=-2\lambda_{n,t+1}^{1}-2\bar{\lambda}_{t+1}\left(\frac{p_{n-1,t+1}(\boldsymbol{x})-p_{n,t+1}(\boldsymbol{x})}{a_{n-1}-a_{n}}-\frac{p_{n,t+1}(\boldsymbol{x})}{a_{n}}\right)\leqslant 0,$$

因此，$\boldsymbol{\Psi}(\boldsymbol{p}_{t+1}(\boldsymbol{x}))$关于$p_{1,t+1}(\boldsymbol{x})$，$p_{2,t+1}(\boldsymbol{x})$，$\cdots$，$p_{n,t+1}(\boldsymbol{x})$单调不增。下面只需证明$p_{k,t+1}(\boldsymbol{x})(k=1, 2, \cdots, n)$关于$x_j$单调不增，即$p_{k,t+1}(\boldsymbol{x}+\boldsymbol{\varepsilon}_j)\leqslant p_{k,t+1}(\boldsymbol{x})$，其中$k, j=1, 2, \cdots, n$。

由于$p_{k,t+1}(\boldsymbol{x})=\frac{1}{2}\left(a_k+\frac{a_k}{\bar{\lambda}_t}\sum_{j=1}^{k}\lambda_{j,t+1}^{1}+\frac{1}{\bar{\lambda}_t}\sum_{j=k+1}^{n}a_j\lambda_{j,t+1}^{1}+\Delta_{x_k}V_t(\boldsymbol{x})\right)$，对结论②和③进行归纳假设可知，$\Delta_{x_k}V_t(\boldsymbol{x})$关于$x_j$单调不增，所以$p_{k,t+1}(\boldsymbol{x})$，$k=1, 2, \cdots, n$关于$x_j$单调不增。因此，由复合函数的单调性可知，$\Delta_t V_{t+1}(\boldsymbol{x})=\boldsymbol{\Psi}(\boldsymbol{p}_{t+1}(\boldsymbol{x}))$关于$x_j$单调不减。

②为了证明结论②，只需证明对于$t+|\boldsymbol{x}|_n=m+1$，$\Delta_{x_j}V_t(\boldsymbol{x})\geqslant\Delta_{x_j}V_t(\boldsymbol{x}+\boldsymbol{\varepsilon}_i)$，其中$i\neq j$且$i, j=1, 2, \cdots, n$。不失一般性，假设$i<j$。由定理3.3②可知

$$\Delta_{x_j}V_t(\boldsymbol{x})=\Delta_{x_j}V_t(0, \cdots, 0, |\boldsymbol{x}|_j, x_{j+1}, \cdots, x_n),$$
$$\Delta_{x_j}V_t(\boldsymbol{x}+\boldsymbol{\varepsilon}_i)=\Delta_{x_j}V_t(0, \cdots, 0, |\boldsymbol{x}|_j+1, x_{j+1}, \cdots, x_n)$$

因此，只需证明$V_t(0, \cdots, 0, |\boldsymbol{x}|_j, x_{j+1}, \cdots, x_n)$为关于$x_j$的凹函数，即证明结论③。

③证明$\Delta_{x_j}V_t(\boldsymbol{x})$关于$x_j$单调不增，即证明$V_t(\boldsymbol{x})$为关于$x_j$的凹函数，下面通过对产品的等级数$n$进行归纳来证明结论。当$n=1$时，对于单易逝品问题来说，很显然$V_t(\boldsymbol{x})$是$\boldsymbol{x}$的凹函数。假设对于$1<m<n$，$V_t(x_1, x_2, \cdots, x_m)$为关于$x_j(j=1, 2, \cdots, m)$的凹函数，下面考虑$V_t(x_1, x_2, \cdots, x_n)$。

首先证明对于$j>1$，$V_t(\boldsymbol{x})=V_t(x_1, x_2, \cdots, x_n)$为关于$x_j$的凹函数。即对于$t+|\boldsymbol{x}|_n=m+1$，$j>1$，有

$$\Delta_{x_j}V_t(\boldsymbol{x})\geqslant\Delta_{x_j}V_t(\boldsymbol{x}+\boldsymbol{\varepsilon}_j)$$

由定理3.3②可知，对于$j>1$有

$$\Delta_{x_j}V_t(\boldsymbol{x})=\Delta_{x_j}V_t(0,\ \cdots,\ 0,\ |\boldsymbol{x}|_j,\ x_{j+1},\ \cdots,\ x_n),$$
$$\Delta_{x_j}V_t(\boldsymbol{x}+\boldsymbol{\varepsilon}_j)=\Delta_{x_j}V_t(0,\ \cdots,\ 0,\ |\boldsymbol{x}|_j+1,\ x_{j+1},\ \cdots,\ x_n)$$

因为$j>1$，这就使得问题简化为对$n-j+1<n$个等级产品的讨论。由归纳假设可知

$$\Delta_{x_j}V_t(\boldsymbol{x})\geqslant\Delta_{x_j}V_t(\boldsymbol{x}+\boldsymbol{\varepsilon}_j)$$

结论成立，因此，考虑$j=1$的情形。

当$j=1$时，若$x_1\geqslant t$，即最高等级产品的库存能够满足剩余时期顾客的需求，由定理3.2可知，结论显然成立。如果$x_2=0$，则问题简化为对$n-1$种产品的讨论，由归纳假设，$V_t(\boldsymbol{x})=V_t(x_1,\ 0,\ \cdots,\ x_n)$为$x_j$的凹函数。因此，令$x_1<t$且$x_2>0$，下面分两种情况讨论：

（i）假设前两个等级产品的库存总量能够在$\boldsymbol{x}-\boldsymbol{\varepsilon}_1$，$\boldsymbol{x}$和$\boldsymbol{x}+\boldsymbol{\varepsilon}_1$三种状态下满足顾客的需求，即$x_1+x_2>t$。

由于$\Delta_{x_1}V_t(\boldsymbol{x})\geqslant\Delta_{x_1}V_t(\boldsymbol{x}+\boldsymbol{\varepsilon}_1)$可写为

$$V_t(\boldsymbol{x})-V_t(\boldsymbol{x}+\boldsymbol{\varepsilon}_1)\geqslant V_t(\boldsymbol{x}-\boldsymbol{\varepsilon}_1)-V_t(\boldsymbol{x})$$

且由结论①可知

$$V_{t-1}(\boldsymbol{x}-\boldsymbol{\varepsilon}_1)-V_{t-1}(\boldsymbol{x})\geqslant V_t(\boldsymbol{x}-\boldsymbol{\varepsilon}_1)-V_t(\boldsymbol{x})$$

因此，我们只需证明

$$V_t(\boldsymbol{x})-V_t(\boldsymbol{x}+\boldsymbol{\varepsilon}_1)\geqslant V_{t-1}(\boldsymbol{x}-\boldsymbol{\varepsilon}_1)-V_{t-1}(\boldsymbol{x})$$

即$V_t(\boldsymbol{x})-V_{t-1}(\boldsymbol{x}-\boldsymbol{\varepsilon}_1)\geqslant V_t(\boldsymbol{x}+\boldsymbol{\varepsilon}_1)-V_{t-1}(\boldsymbol{x})$。

由式（3.8）可得

$$\begin{aligned}V_t(\boldsymbol{x})-V_{t-1}(\boldsymbol{x}-\boldsymbol{\varepsilon}_1)&=\Psi(\boldsymbol{p}_t(\boldsymbol{x}))+\Delta_{x_1}V_{t-1}(\boldsymbol{x})\\&=\Psi(\boldsymbol{p}_t(\boldsymbol{x}))+2p_{1t}(\boldsymbol{x})-a_1-\frac{1}{\bar{\lambda}_t}\sum_{r=1}^{n}a_r\lambda_{rt}^1\end{aligned}$$

由归纳假设可知

$$\begin{aligned}p_{1t}(\boldsymbol{x})&=\frac{1}{2}\left[a_1+\frac{1}{\bar{\lambda}_t}\sum_{r=1}^{n}a_r\lambda_{rt}^1+\Delta_{x_1}V_{t-1}(\boldsymbol{x})\right]\\&\geqslant\frac{1}{2}\left[a_1+\frac{1}{\bar{\lambda}_t}\sum_{r=1}^{n}a_r\lambda_{rt}^1+\Delta_{x_1}V_{t-1}(\boldsymbol{x}+\boldsymbol{\varepsilon}_1)\right]=p_{1t}(\boldsymbol{x}+\boldsymbol{\varepsilon}_1)\end{aligned}$$

当$x_1+x_2>t$时，由定理3.3①可知

$$p_{kt}(\boldsymbol{x}) = p_{kt}(\boldsymbol{x}+\boldsymbol{\varepsilon}_1) = \frac{a_k}{2}\left(1+\frac{1}{\bar{\lambda}_t}\sum_{r=1}^{2}\lambda_{rt}^1\right),\ k=2,\ \cdots,\ n$$

所以当 x_1 增加时，$p_{1t}(\boldsymbol{x})$单调不增，而 $p_{2t}(\boldsymbol{x})$，$p_{3t}(\boldsymbol{x})$，…，$p_{nt}(\boldsymbol{x})$保持不变。由式（3.16）可知，

$$\frac{\partial\left(\Psi(\boldsymbol{p}_t(\boldsymbol{x}))+2p_{1t}(\boldsymbol{x})-a_1-\frac{1}{\bar{\lambda}_t}\sum_{r=1}^{n}a_r\lambda_{rt}^1\right)}{\partial p_{1t}(\boldsymbol{x})}$$

$$=-2\lambda_{1t}^1-2\bar{\lambda}_t\left(1-\frac{p_{1t}(\boldsymbol{x})-p_{2t}(\boldsymbol{x})}{a_1-a_2}\right)+2\geqslant 0$$

即 $\Psi(\boldsymbol{p}_t(\boldsymbol{x}))+2p_{1t}(\boldsymbol{x})-a_1-\frac{1}{\bar{\lambda}_t}\sum_{r=1}^{n}a_r\lambda_{rt}^1$ 关于 $p_{1t}(\boldsymbol{x})$单调不减。

故 $V_t(\boldsymbol{x})-V_{t-1}(\boldsymbol{x}-\boldsymbol{\varepsilon}_1)=\Psi(\boldsymbol{p}_t(\boldsymbol{x}))+2p_{1t}(\boldsymbol{x})-a_1-\frac{1}{\bar{\lambda}_t}\sum_{r=1}^{n}a_r\lambda_{rt}^1$ 关于 x_1 单调不增，$\Delta_{x_1}V_t(\boldsymbol{x})$关于 x_1 单调不增。

（ii）假设 $x_1+x_2\leqslant t$，

$$\Delta_{x_1}V_t(\boldsymbol{x})=V_t(\boldsymbol{x})-V_t(\boldsymbol{x}-\boldsymbol{\varepsilon}_1+\boldsymbol{\varepsilon}_2)+V_t(\boldsymbol{x}-\boldsymbol{\varepsilon}_1+\boldsymbol{\varepsilon}_2)-V_t(\boldsymbol{x}-\boldsymbol{\varepsilon}_1)$$

$$=V_t(\boldsymbol{x})-V_t(\boldsymbol{x}-\boldsymbol{\varepsilon}_1+\boldsymbol{\varepsilon}_2)+\Delta_{x_2}V_t(\boldsymbol{x}-\boldsymbol{\varepsilon}_1+\boldsymbol{\varepsilon}_2)$$

由定理 3.3②可知，

$$\Delta_{x_2}V_t(\boldsymbol{x}-\boldsymbol{\varepsilon}_1+\boldsymbol{\varepsilon}_2)=\Delta_{x_2}V_t(0,\ x_1-1+x_2+1,\ x_3,\ \cdots,\ x_n)$$

$$=\Delta_{x_2}V_t(0,\ x_1+x_2,\ x_3,\ \cdots,\ x_n)$$

由归纳假设可知，只包含 $n-1$ 个等级产品的收益函数为其自变量的凹函数，所以$\Delta_{x_2}V_t(\boldsymbol{x}-\boldsymbol{\varepsilon}_1+\boldsymbol{\varepsilon}_2)$关于 x_1 单调不增。因此，只需证明 $V_t(\boldsymbol{x})-V_t(\boldsymbol{x}-\boldsymbol{\varepsilon}_1+\boldsymbol{\varepsilon}_2)$关于 x_1 单调不增。

由定理 3.2 可知，$V_t(\boldsymbol{x})-V_t(\boldsymbol{x}-\boldsymbol{\varepsilon}_1+\boldsymbol{\varepsilon}_2)$与 x_2 无关，因此，对于 $\boldsymbol{x}'=(x_1,\ x_2',\ x_3,\ \cdots,\ x_n)$且 $x_1+x_2'>t$，由于前两个等级的产品可以满足库存为 $\boldsymbol{x}'-\boldsymbol{\varepsilon}_1$ 时顾客的所有需求，所以增加一个第 2 等级产品所产生的收益为 0，即 $\Delta_{x_2}V_t(\boldsymbol{x}'-\boldsymbol{\varepsilon}_1+\boldsymbol{\varepsilon}_2)=0$。因此，

$$V_t(\boldsymbol{x})-V_t(\boldsymbol{x}-\boldsymbol{\varepsilon}_1+\boldsymbol{\varepsilon}_2)=V_t(\boldsymbol{x}')-V_t(\boldsymbol{x}'-\boldsymbol{\varepsilon}_1+\boldsymbol{\varepsilon}_2)+\Delta_{x_2}V_t(\boldsymbol{x}'-\boldsymbol{\varepsilon}_1+\boldsymbol{\varepsilon}_2)$$

$$=\Delta_{x_1}V_t(\boldsymbol{x}')$$

由于（i）中已经证明当 $x_1+x_2'>t$ 时，$\Delta_{x_1}V_t(\boldsymbol{x}')$关于 x_1 单调不增，因此，$\Delta_{x_1}V_t(\boldsymbol{x})=\Delta_{x_1}V_t(\boldsymbol{x}')+\Delta_{x_2}V_t(\boldsymbol{x}-\boldsymbol{\varepsilon}_1+\boldsymbol{\varepsilon}_2)$关于 x_1 单调不增。

定理 3.4 说明收益函数 $V_t(\boldsymbol{x})$是关于剩余时间 t 和任一等级产品的库存 $x_j(j=1, 2, \cdots, n)$的上模函数，也是关于任意两个不同等级产品的库存 x_i 和 $x_j(i\neq j)$ 的下模函数，同时收益函数 $V_t(\boldsymbol{x})$是任一等级产品的库存 $x_j(j=1, 2, \cdots, n)$的凹函数。由于最优价格 $p_{jt}(\boldsymbol{x})$满足式（3.8），所以由定理 3.4 可立即得到下面的推论。

推论 3.1： 最优价格 $p_{jt}(\boldsymbol{x})$关于 t 单调不减，关于 x_j 单调不增，关于 $x_i(i\neq j)$单调不增。

由推论 3.1 可知，产品库存的减少会造成某种稀缺效应，增加顾客的购买欲望，在这种情况下，企业可以提高产品的价格，从而增加自身收益。

3.4 模型的算法

为了描述模型的算法，首先定义下面的符号。假设对于库存水平 $\boldsymbol{x}=(x_1, x_2, \cdots, x_n)$来说有 $r(\boldsymbol{x})\leqslant n$ 个等级的产品库存为正，令 $b_k(\boldsymbol{x})$为库存大于零的产品中第 k 等级的产品($k=1, 2, \cdots, r(\boldsymbol{x})$)，相应地，$\{b_1(\boldsymbol{x}), b_2(\boldsymbol{x}), \cdots, b_{r(\boldsymbol{x})}(\boldsymbol{x})\}$表示库存大于零的产品集合。为了方便，本章将 $r(\boldsymbol{x})$表示成 r，将 $b_{r(\boldsymbol{x})}$ 表示成 b_r。

模型的算法反复利用价格差函数式（3.15）从最低等级产品的最优价格 $p_{b_r,t}(\boldsymbol{x})$开始来得到最优价格 $p_{b_k,t}(\boldsymbol{x})$，为了利用式（3.15），第一步需解决 $V_t^i(x)=V_t(0, \cdots, 0, x, 0, \cdots, 0)$，$i=1, 2, \cdots, n$ 和 $V_t^{i,j}(x-1,1)=V_t(0, \cdots, 0, x-1, 0, \cdots, 0, 1, 0, \cdots, 0)$，$i=1, 2, \cdots, n-1$，$j>i$。其中，$x$ 和 $x-1$ 为向量的第 i 个分量，1 为向量的第 j 个分量。

第二步，确定每种产品的最优价格。首先确定库存大于零的产品的价格，然后利用式（3.9）计算库存为零的产品的价格。由定理 3.3②可知，产品 b_r 的价格依赖于前 b_r 个等级产品的库存总量 $|\boldsymbol{x}|_{b_r}$。因此，库存为正的最低等级产品 b_r 的最优价格为

$$p_{b_r,t}(\boldsymbol{x})=\frac{1}{2}\left[a_{b_r}+\frac{a_{b_r}}{\bar{\lambda}_t}\sum_{k=1}^{b_r}\lambda_{kt}^1+\frac{1}{\bar{\lambda}_t}\sum_{k=b_r+1}^{n}a_k\lambda_{kt}^1+V_{t-1}^{b_r}(|\boldsymbol{x}|_{b_r})-V_{t-1}^{b_r}(|\boldsymbol{x}|_{b_r}-1)\right]$$

接下来，利用式（3.15）计算产品 b_r 的库存为正的更高等级相邻产品的价格 $p_{b_{r-1},t}(\boldsymbol{x})$，即

$$p_{b_{r-1},t}(\boldsymbol{x}) = p_{b_r,t}(\boldsymbol{x}) + \frac{1}{2}\left[(a_{b_{r-1}} - a_{b_r})\left(1 + \frac{1}{\bar{\lambda}_t}\sum_{k=1}^{b_{r-1}}\lambda_{kt}^1\right) + \right.$$

$$\left.\frac{1}{\bar{\lambda}_t}\sum_{k=b_{r-1}+1}^{b_r}(a_k - a_{b_r})\lambda_{kt}^1 + V_{t-1}^{b_{r-1}}(|\boldsymbol{x}|_{b_{r-1}}) - V_{t-1}^{b_{r-1},b_r}(|\boldsymbol{x}|_{b_{r-1}} - 1,1)\right]$$

因为已经得到了价格 $p_{b_r,t}(\boldsymbol{x})$ 以及最优收益函数 $V_{t-1}^{b_{r-1}}(\boldsymbol{x})$ 和 $V_{t-1}^{b_{r-1},b_r}(\boldsymbol{x}-1,1)$，所以很容易算出 $p_{b_{r-1},t}(\boldsymbol{x})$。重复上述过程，就可以利用 $p_{jt}(\boldsymbol{x})$ 以及 $V_{t-1}^i(\boldsymbol{x})$ 和 $V_{t-1}^{i,j}(\boldsymbol{x}-1,1)$ 得到产品 j 的更高等级的相邻产品 i 的价格 $p_{it}(\boldsymbol{x})$。

利用一维动态定价问题的收益函数 $V_{t-1}^i(\boldsymbol{x})$ 以及 $V_{t-1}^{i,j}(\boldsymbol{x}-1,1)$ 还可以得到 $V_t(\boldsymbol{x})$，由式（3.14）可知，对于最高等级的两种相邻产品 b_1 和 b_2，

$$\begin{aligned} V_t(\boldsymbol{x}) - V_t(\boldsymbol{x} - \boldsymbol{\varepsilon}_{b_1} + \boldsymbol{\varepsilon}_{b_2}) &= V_t(0, \cdots, 0, |\boldsymbol{x}|_{b_1}, 0, \cdots, 0) - \\ &\quad V_t(0, \cdots, 0, |\boldsymbol{x}|_{b_1} - 1, 0, \cdots, 0, 1, 0, \cdots, 0) \\ &= V_t^{b_1}(|\boldsymbol{x}|_{b_1}) - V_t^{b_1,b_2}(|\boldsymbol{x}|_{b_1} - 1,1) \end{aligned}$$

反复利用这种关系可得

$$\begin{aligned} V_t(\boldsymbol{x}) &= V_t(\boldsymbol{x} - \boldsymbol{\varepsilon}_{b_1} + \boldsymbol{\varepsilon}_{b_2}) + V_t^{b_1}(|\boldsymbol{x}|_{b_1}) - V_t^{b_1,b_2}(|\boldsymbol{x}|_{b_1} - 1,1) \\ &= V_t(\boldsymbol{x} - 2\boldsymbol{\varepsilon}_{b_1} + 2\boldsymbol{\varepsilon}_{b_2}) + V_t^{b_1}(|\boldsymbol{x}|_{b_1} - 1) - V_t^{b_1,b_2}(|\boldsymbol{x}|_{b_1} - 2,1) + \\ &\quad V_t^{b_1}(|\boldsymbol{x}|_{b_1}) - V_t^{b_1,b_2}(|\boldsymbol{x}|_{b_1} - 1,1) \\ &= V_t(0,\cdots,0,|\boldsymbol{x}|_{b_2},x_{b_2+1},\cdots,x_n) + \sum_{x=1}^{|\boldsymbol{x}|_{b_1}} V_t^{b_1}(x) - \sum_{x=0}^{|\boldsymbol{x}|_{b_1}-1} V_t^{b_1,b_2}(x,1) \\ &= V_t(0,\cdots,0,|\boldsymbol{x}|_{b_3},x_{b_3+1},\cdots,x_n) + \sum_{x=1}^{|\boldsymbol{x}|_{b_2}} V_t^{b_2}(x) - \sum_{x=0}^{|\boldsymbol{x}|_{b_2}-1} V_t^{b_2,b_3}(x,1) + \\ &\quad \sum_{x=1}^{|\boldsymbol{x}|_{b_1}} V_t^{b_1}(x) - \sum_{x=0}^{|\boldsymbol{x}|_{b_1}-1} V_t^{b_1,b_2}(x,1) \\ &= \cdots = \sum_{i=1}^{r}\sum_{x=1}^{|\boldsymbol{x}|_{b_i}} V_t^{b_i}(x) - \sum_{i=2}^{r}\sum_{x=0}^{|\boldsymbol{x}|_{b_{i-1}}-1} V_t^{b_{i-1},b_i}(x,1) \end{aligned}$$

由以上分析，可以得到算法的具体步骤为：

①对任意 t，确定收益函数 $V_t^i(x)(i=1, 2, \cdots, n)$ 和 $V_t^{i,j}(x-1,1)(i=1, 2, \cdots, n-1, j>i)$

②确定最优价格 $p_{it}(\boldsymbol{x})$，$i=1, 2, \cdots, n$。

i. 对任意 t，计算库存为正的最低等级产品 b_r 的最优价格 $p_{b_r,t}(\boldsymbol{x})$，即

$$p_{b_r,t}(\boldsymbol{x})=\frac{1}{2}\left[a_{b_r}+\frac{a_{b_r}}{\bar{\lambda}_t}\sum_{k=1}^{b_r}\lambda_{kt}^1+\frac{1}{\bar{\lambda}_t}\sum_{k=b_r+1}^{n}a_k\lambda_{kt}^1+V_{t-1}^{b_r}(|\boldsymbol{x}|_{b_r})-V_{t-1}^{b_r}(|\boldsymbol{x}|_{b_r}-1)\right]$$

ii. 对任意 t，从 $k=r$ 开始，对 $2\leqslant k\leqslant r$，反复利用式（3.15）来计算产品 b_k 的库存为正的更高等级相邻产品的价格 $p_{b_{k-1},t}(\boldsymbol{x})$，即

$$\begin{aligned}p_{b_{k-1},t}(\boldsymbol{x}) = p_{b_k,t}(\boldsymbol{x}) + \frac{1}{2}\Bigg[&(a_{b_{k-1}}-a_{b_k})\left(1+\frac{1}{\bar{\lambda}_t}\sum_{i=1}^{b_{k-1}}\lambda_{it}^1\right)+\\&\frac{1}{\bar{\lambda}_t}\sum_{i=b_{k-1}+1}^{b_k}(a_i-a_{b_k})\lambda_{it}^1+V_{t-1}^{b_{k-1}}(|\boldsymbol{x}|_{b_{k-1}})-\\&V_{t-1}^{b_{k-1},b_k}(|\boldsymbol{x}|_{b_{k-1}}-1,1)\Bigg]\end{aligned}$$

iii. 对于任意库存为 0 的产品 j，则

$$p_{jt}(\boldsymbol{x})=\begin{cases}p_{2t}(\boldsymbol{x})+(a_1-a_2), & j=1\\ \dfrac{(a_j-a_{j+1})p_{j-1,t}(\boldsymbol{x})+(a_{j-1}-a_j)p_{j+1,t}(\boldsymbol{x})}{a_{j-1}-a_{j+1}}, & j=2, 3, \cdots, n\end{cases}$$

③对任意 t，$1\leqslant k\leqslant r$，计算收益函数 $V_t(\boldsymbol{x})$，即

$$V_t(\boldsymbol{x}) = \sum_{k=1}^{r}\sum_{x=1}^{|\boldsymbol{x}|_{b_k}}V_t^{b_k}(x) - \sum_{k=2}^{r}\sum_{\boldsymbol{x}=0}^{|\boldsymbol{x}|_{b_{k-1}}-1}V_t^{b_{k-1},b_k}(\boldsymbol{x},1)$$

3.5 数值算例

这一部分将利用数值算例说明企业在面对不同类型顾客的选择行为时，如何动态选择产品的价格。

如果一个企业提供两个等级的产品，就存在两种类型的顾客：第一种类型的顾客只购买某个固定等级的产品，第二种类型的顾客以一定的概率在两个等级的产品之间进行选择。假设只购买第一等级产品（产品 1）的顾客的到达率为 $\lambda_{1t}^1=0.1$，只购买第二等级产品（产品 2）的顾客的到达率为 $\lambda_{2t}^1=0.1$，第二种类型顾客的到达率为 $\bar{\lambda}_t=0.7$，两等级产品的质量等

级分别为 $a_1=10$，$a_2=8$；产品的销售期为 $T=10$。首先考虑产品1和产品2的最优价格与产品1的库存水平 x_1 的关系，这里取产品2的初始库存 $x_2=5$。利用 Matlab 得到两个等级产品的最优价格随 x_1 的变化如图3.1所示。

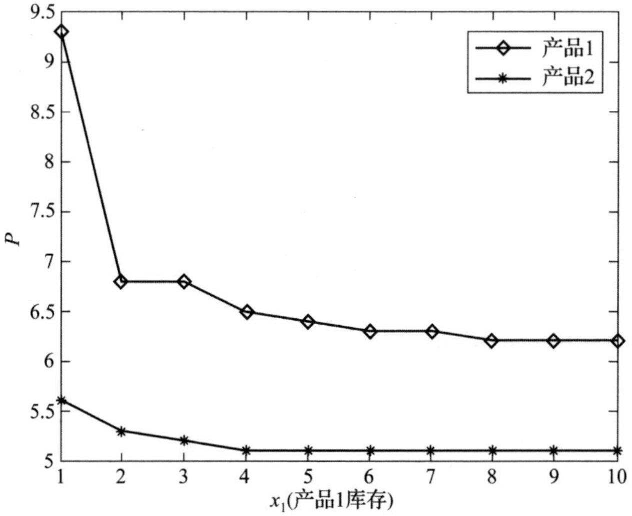

图3.1　最优价格与 x_1 的关系（$t=10$，$x_2=5$）

由图3.1可以看到，产品1的最优价格随自身库存的增加单调不增，而产品2的最优价格也随产品1库存的增加单调不增。

接下来，考察产品1和产品2的最优价格与剩余时间 t 的关系，假设 $x_1=x_2=5$，两个等级产品的最优价格与剩余时间 t 的关系如图3.2所示。

从图3.2中可以看出，在剩余时间相同的情况下，质量等级较高的产品价格也较高，同时，两等级产品的价格随剩余时间的增加单调不减。

下面验证第二类顾客的到达率对最优价格的影响。假设第一类顾客中只购买第一等级产品的顾客到达率和只购买第二等级产品的顾客到达率均为0.1，两个等级产品的初始库存为 $x_1=x_2=5$，质量等级分别为 $a_1=10$，$a_2=8$，两个等级产品的最优价格随第二类顾客到达率的变化如图3.3所示。

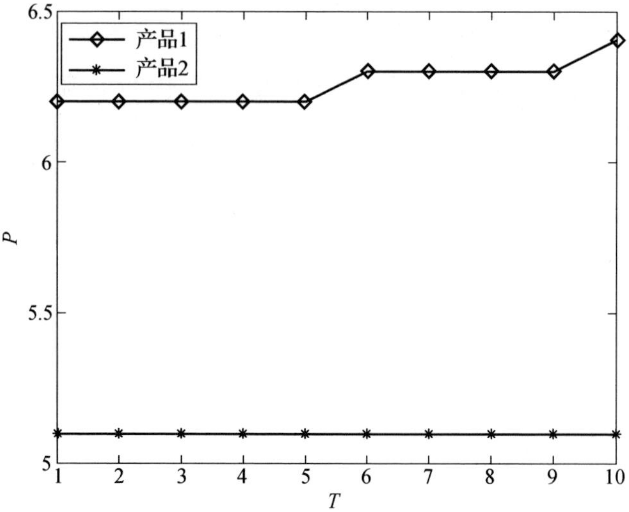

图 3.2　最优价格与剩余时间的关系（$x_1 = x_2 = 5$）

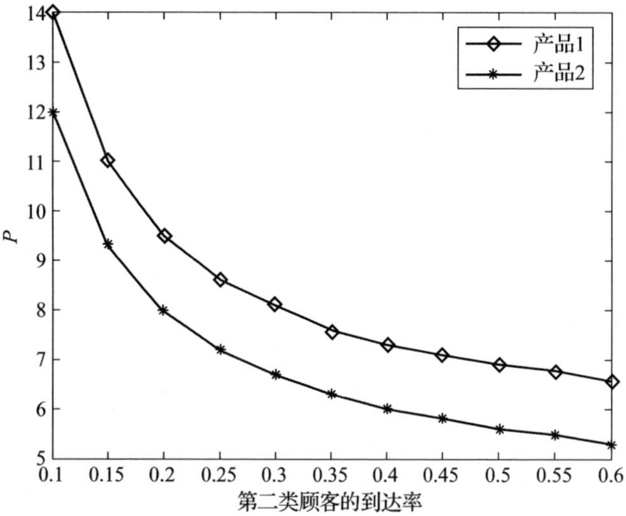

图 3.3　最优价格与第二类顾客到达率的关系（$t = 10$）

接下来，考察产品 1 和产品 2 的最优价格与第一类顾客到达率的关系。假设第二种类型顾客的到达率为 0.4，第一类顾客中只购买第二等级产品的顾客到达率为 0.1，两个等级产品的最优价格与第一类顾客中只购买第一等级产品的顾客到达率的关系如图 3.4 所示。

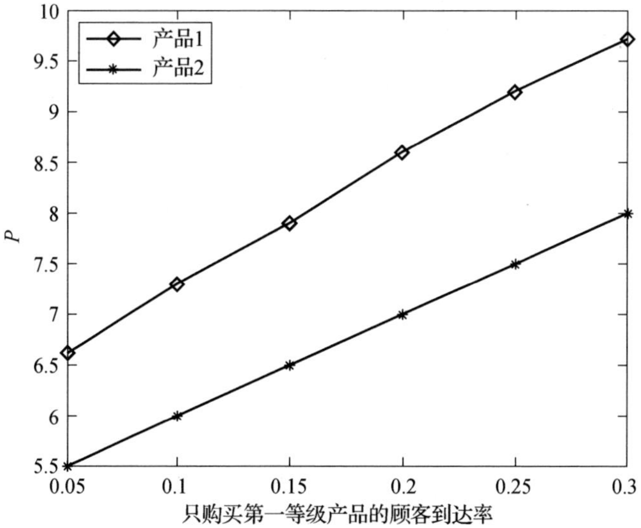

图 3.4　最优价格与第一类顾客到达率的关系（$t=10$）

从图 3.3 和图 3.4 可以看出，两个等级产品的最优价格随第一类顾客到达率的增大而增大，随第二类顾客到达率的增大而减小。因此，销售多等级易逝品的企业应该加大各等级产品之间的差异性，使得各等级产品拥有更加稳定的顾客群，从而增加第一类顾客的到达率，减少第二类顾客的到达率，以此来提高各等级产品的最优价格，增加企业的收益。

3.6　本章小结

本章基于收益管理的思想，以多等级易逝品的动态定价为切入点，根据不同类型顾客的选择行为，将顾客分为两类：第一类顾客只购买固定等级的产品，而第二类顾客则在各等级产品之间进行选择。并在此基础上，利用动态规划方法建立了多等级易逝品动态定价的数学模型，讨论了风险中性企业最优收益函数和各等级易逝品最优价格的性质，并通过数值算例对动态定价的有效性进行了验证，为企业灵活制定多等级易逝品的价格进而提高企业的经济效益提供了有价值的决策参考。

本章考虑的是一个风险中性企业具有多等级易逝品情况下的动态定价问题，没有考虑竞争对企业定价策略的影响。竞争使得企业不仅要考虑销售周期和自身的库存，同时还要考虑其他企业的库存，在此基础上找到博弈的均衡价格。由于市场上可能有多个企业进行竞争，因此，竞争环境下的易逝品动态定价问题值得进一步研究。

第 4 章　竞争环境下基于顾客选择行为的易逝品动态定价

随着市场竞争越来越激烈，一种产品通常有来自不同企业、品牌各异的产品进行竞争。通过第 3 章的讨论可以看出，顾客的选择行为对销售易逝品的垄断企业实施动态定价具有非常重要的影响。在竞争环境下，当顾客面对来自不同企业不同品牌的同类产品时，其选择行为也会在很大程度上影响各个竞争企业的产品需求和动态定价策略。本章假设市场上存在 n 个风险厌恶的企业相互竞争，且每个企业销售一种与其他竞争企业同类的易逝品，在考虑顾客选择行为的基础上，研究了每个企业的动态定价策略。

4.1　引言

随着市场经济的逐渐完善，顾客需求变得越来越多样化，同时，互联网的普及也使得顾客获得产品信息变得更加便捷。在购买产品的过程中，顾客通常会综合考虑来自不同企业的产品的价格、质量、受欢迎程度等因素，最终选择购买使得自己效用最大化的产品。在这种情况下，企业在进行产品定价时，不仅需要考虑自身的库存水平以及产品需求，同时还要考虑其他竞争企业的反应以及其他竞争企业的定价策略对自身收益的影响。因此，企业必须从全局的角度出发，对产品需求进行引导和管理，从而提高企业收益。

正如 Sood（2004）所说，企业之间的价格竞争行为会减少各个企业的期望收益[25]。因此，忽略竞争因素会让企业在市场竞争中处于不利地位。对于竞争环境中的企业来说，如果企业将较多数量的产品以较低的价格出售，一方面会减少本企业可供销售的高价产品数量，给企业的收益带来损失；另一方面又会造成其他企业的顾客流失与收益下降，从而可能导致其他企业采取报复行动，引发价格战，例如，1992 年美国民航业发生的“航空价格战”。1992 年 4 月，美国航空公司试图利用降低航班票价的方式来争取客户，随后，美国西北航空公司以及其他一些航空公司也被迫跟着降低航班价格，从而拉开了航空价格战的序幕。1992 年的航空价格战给“参战”的航空公司造成了 20 亿美元的损失，使得所有参战的航空公司都元气大伤。在国内，京东也曾发动过电商业的价格大战。2012 年 8 月 14 日，京东商城 CEO 刘强东发布微博，宣称从 2012 年 8 月 15 日 9 时起，京东商城的所有大家电的价格都比苏宁线上线下便宜，随后，一场中国电商史上规模最大、最惨烈、最全面的价格战拉开了序幕。这次价格战虽然提升了京东和苏宁的知名度，消化了两家企业的库存，但是也让两家企业付出了巨大的代价。由于在价格战中，京东的商品价格过低，海尔停止了与京东的合作，同时，低价也导致京东继续亏损，从而减缓了在国内上市的步伐。受价格战的影响，苏宁的股价大跌，在 2012 年 8 月 14 日当天的股价一度下跌超过 8%，并在 8 月 15 日继续下挫，早盘一度下挫近 5%，线上的低价也给苏宁的实体店产生了很大的冲击，影响了线下销售。由此可见，价格的恶性竞争，会给企业造成很大的经济损失。因此，如何在竞争的环境下采用适当的动态定价策略使企业在市场竞争中立于不败之地，具有重要的理论意义和现实意义。虽然市场竞争的问题一直存在，但竞争环境下的产品动态定价问题并没有引起学术界的广泛关注。究其原因，一方面，采用垄断环境下的动态定价策略也能在一定程度上提高企业的收益；另一方面，竞争问题的复杂性也是大部分学者不考虑竞争环境下的动态定价问题的主要原因[39,176]。无论是离散的还是连续的数学模型，许多问题在垄断的情况下已不易解决，引入竞争后问题会变得更为复杂。

目前，关于动态定价的研究大多假设市场是垄断的[177,178]。例如，Zhang 和 Lu（2013）利用 MNLD 模型研究了基于顾客选择行为的网络收益管理动态定价问题，并利用动态规划分解方法对模型进行了求解[69]；Gallego 和 Wang（2014）在假设所有产品具有不同价格敏感性的基础上，利用 NL 模型研究了可替代产品的动态定价问题[84]；Suh 和 Aydin（2011）利用 MNL 模型研究了销售两种可替代产品的一家企业的动态定价问题，证明了在最优定价策略下，收益函数关于各产品的边际收益随剩余时间的增加单调递增，随各产品库存的增加单调递减[38]。在竞争环境下，如果某个企业运用收益管理，而其他企业不运用，则运用收益管理的企业在市场竞争中具有先动优势；如果所有企业都运用收益管理，则所有企业的收益都会增加[179]。在竞争环境下的动态定价研究方面，Perakis 和 Sood（2006）考虑了竞争环境下多个企业销售差异化产品的动态定价问题[130]；李豪和彭庆（2015）利用动态规划与博弈论研究了竞争环境下基于需求学习的动态定价问题，并且证明了均衡价格的存在性[180]；Martínez - de - Albéniz 和 Talluri（2011）研究了供小于求的双寡头竞争市场中，各销售企业在有限销售期内出售一定数量产品的动态定价问题，证明了子博弈完美均衡价格的存在性[181]。

以上研究均假设企业是风险中性的，即企业以最大化期望收益为目标。由于易逝品的销售具有很强的时效性，需求的波动和生产经营风险都比较大，从而给企业的收益带来了一定的风险。在这种情况下，各企业对于收益风险的态度也各不相同，有些企业是风险中性的，而另一些企业则是风险厌恶的。风险厌恶的企业由于害怕风险，在产品定价时通常会采取比较保守的决策行为，它们在考虑增加期望收益的同时也会把减少风险作为产品定价的目标。因此，风险厌恶的企业会以期望效用最大化为目标函数，综合考虑企业的期望收益、风险承受能力以及市场不确定性等因素来进行产品定价[182]。由于已有的研究中关于企业是风险中性的假设并不适用于风险厌恶的情况，因此，本章在以上研究的基础上考虑了企业的风险态度，讨论竞争环境下风险厌恶企业的产品动态定价问题，得到了完全信息情况下均衡价格的存在性，并进一步讨论了信息不完全情况下风险厌恶企业的产品动态定价问题。本章所建立的 n 个竞争企业之间的多周期动态定价博弈模型主要包括三个要素：①决策者，本章中的价格决策者为销售企业；②策略集合，本章中的策略集合为各竞争企业的易逝品价格；③支付函数，本章中的支付函数为每个企业的期望效用函数。本章关于纳什均衡价格的存在性证明源于 Vives（1999）提出的定理[184]：在 n 个策略型对策中，如果每个局中人的纯策略空间 S_i 是欧式空间上的非空有界凸集，支

付函数 $U_i(s)$ 连续且对 S_i 是拟凹的，那么这一对策中存在一个纯策略纳什均衡。

4.2 完全信息情况下竞争企业的易逝品动态定价

随着电子商务的普及，产品信息越来越透明，顾客在购买产品的时候可以根据各企业的产品价格和剩余库存水平来选择产品，以实现自身效用的最大化；各风险厌恶的企业也可以根据自身以及其他竞争企业的剩余库存水平来制定各产品的价格，以实现自身期望效用的最大化。本部分在假设各竞争企业之间具有完全信息的情况下，从风险厌恶企业的角度研究了易逝品的动态定价问题。

4.2.1 模型

假设市场上有 n 种同类的易逝品（简称为产品）可供销售，每种易逝品由不同的企业提供（即产品 i 由企业 i 销售），销售期被划分成 T 个时期，使得每个时期内至多只有一个顾客到达，假设顾客在销售期内按照伯努里过程到达，到达概率为 λ，每个顾客到达后至多购买一件产品。时间按逆序排列，即 T 为销售的初始时期，1 为销售的结束时期；销售期结束后，所有产品的残值均为 0，销售期内各产品不允许补货，不考虑顾客退货的情况。各销售企业均是风险厌恶的且彼此之间具有完全信息，即各企业在任何销售时期都知道其他竞争企业的剩余库存水平。

令 $\{T,\phi_i,A_i,q_{it}(\cdot|x_i,\boldsymbol{p}),r_{it}(\boldsymbol{x},\boldsymbol{p})\}$ 表示产品 $i(i=1,2,\cdots,n)$ 动态定价问题的马尔可夫决策过程，其中 $\boldsymbol{T}=\{T,T-1,\cdots,1\}$ 为决策时期集合；$\phi_i=\{x_i\in Z\mid 0\leqslant x_i\leqslant c_i\}$ 为产品 i 的状态空间，x_i 表示产品 i 的剩余库存水平，c_i 表示产品 i 的初始库存水平；价格策略空间 $A_i=\mathscr{P}_i\cup p_\infty^i$ 为产品 i 的可容许价格集，$\mathscr{P}_i$ 为取值范围在（0，$+\infty$）的紧凸集，p_∞^i 表示产品 i 售完时的虚拟价格；$q_{it}(\cdot|x_i,\boldsymbol{p})$ 为产品 i 的转移率；$r_{it}(\boldsymbol{x},\boldsymbol{p})$ 为企业 i 的报酬函数；$\boldsymbol{x}=(x_1,x_2,\cdots,x_n)$ 为 n 种产品的剩余库存水平；$\boldsymbol{p}=(p_1,p_2,\cdots,p_n)$ 为 n 种产品的价格。在每个销售时期，各企业设置其产品的价格，顾客到达后根据各产品的价格以及自身的偏好选择某种产品或者任何产品都不

选择。假设顾客到达后选择产品 i 的概率为 $q_i(\boldsymbol{p})$，任何产品都不选择的概率为 $q_0(\boldsymbol{p})$。为了描述顾客对各产品的选择行为，本章采用 MNL 选择模型。由文献［169］，顾客以价格 p_i 购买产品 i 所获得的效用为

$$U_i=\alpha_i-\beta p_i+\xi_i,\ i=1,\ 2,\ \cdots,\ n,$$

其中，α_i 表示产品 i 的服务质量、品牌形象以及受欢迎程度等；β 表示价格弹性系数；随机变量 ξ_1，ξ_2，…，ξ_n 相互独立且均服从 Gumbel 分布，代表顾客的个人偏好，其均值为 0、尺度参数为 1。顾客选择产品 j 来最大化自己的效用，即顾客选择产品 j 的概率为

$$q_j(\boldsymbol{p})=\boldsymbol{P}(U_j=\max_{i=0,1,\cdots,n}\{U_i\}),$$

其中，$U_0=0$ 是顾客到达后不选择任何产品所获得的效用。由文献［169］可知，

$$q_j(\boldsymbol{p})=\frac{\mathrm{e}^{\alpha_j-\beta p_j}}{1+\sum\limits_{k=1}^{n}\mathrm{e}^{\alpha_k-\beta p_k}},\ j=1,\ 2,\ \cdots,\ n$$

$$q_0(\boldsymbol{p})=\frac{1}{1+\sum\limits_{k=1}^{n}\mathrm{e}^{\alpha_k-\beta p_k}}$$

令 $\phi=\phi_1\times\phi_2\times\cdots\times\phi_n$，$A=A_1\times A_2\times\cdots\times A_n$，则销售产品 i 的企业的定价策略为映射 $p_{it}:\phi\to A_i$，转移率为映射 $q_{it}:\phi_i\times A\to\phi_i$，满足

$$q_{it}(x_i-1\mid x_i,\boldsymbol{p})=\lambda q_i(\boldsymbol{p})$$

$$q_{it}(x_i\mid x_i,\boldsymbol{p})=1-\lambda q_i(\boldsymbol{p})$$

企业 i 的报酬函数为映射 r_{it}：$\phi\times A\to R$，企业 i 在 T 个销售时期的马尔可夫定价策略为 $\boldsymbol{\pi}_i=(p_{iT},p_{i,T-1},\cdots,p_{i1})\in\Gamma_i\equiv A_i\times A_i\times\cdots\times A_i$。在各销售企业的风险态度为风险中性的情况下，企业 i 的目标是确定一个最优价格策略 $\boldsymbol{\pi}_i^*$ 来最大化自身的期望收益：

$$V_i^{\pi_i^*}(\boldsymbol{c},T)=\sup_{\pi_i\in\Gamma_i}V_i(\boldsymbol{c},T)=\max_{\pi_i\in\Gamma_i}E^{\pi_i}\left[\sum_{t=1}^{T}r_{it}(\boldsymbol{x}_t,\boldsymbol{p}_t)+V_i(\boldsymbol{x}_0,0)\mid\boldsymbol{x}_T=\boldsymbol{c}\right]$$

其中 $\boldsymbol{p}_t=(p_{1t},\ p_{2t},\ \cdots,\ p_{nt})$，$\boldsymbol{x}_t=(x_{1t},\ x_{2t},\ \cdots,\ x_{nt})$，$\boldsymbol{c}=(c_1,\ c_2,\ \cdots,\ c_n)$。

下面用两种效用函数来研究风险厌恶企业的产品动态定价策略，即可加效用函数和永久效用函数[183]。给定 $\boldsymbol{\omega}=(\omega_0,\omega_1,\cdots,\omega_T)$，如果效用函数 $u(\boldsymbol{\omega})=\sum\limits_{t=0}^{T}u(\omega_t)$，则称为可加效用函数；如果效用函数 $u(\boldsymbol{\omega})=u\left(\sum\limits_{t=0}^{T}\omega_t\right)$，

则称为永久效用函数。很显然，两种效用函数的区别在于，可加效用函数是关于时间分离的，而永久效用函数对时间不敏感，衡量的是整个决策期内的总报酬。

利用可加效用函数可以得到，企业 i 在最优定价策略 π_i^{ad*} 下的期望效用为

$$\begin{aligned} V_i^{\pi_i^{ad*}}(\boldsymbol{c},T) &= \sup_{\pi_i\in\Gamma_i} V_i^{ad}(\boldsymbol{c},T) \\ &= \max_{\pi_i\in\Gamma_i} E^{\pi_i}\left[\sum_{t=1}^{T} u_{it}(r_{it}(\boldsymbol{x}_t,\boldsymbol{p}_t)) + u_{i0}(V_i^{ad}(\boldsymbol{x}_0,0)) \mid \boldsymbol{x}_T = \boldsymbol{c}\right] \end{aligned} \tag{4.1}$$

利用永久效用函数可以得到，企业 i 在最优定价策略 π_i^{at*} 下的期望效用为

$$V_i^{\pi_i^{at*}}(\boldsymbol{c},T) = \sup_{\pi_i\in\Gamma_i} V_i^{at}(\boldsymbol{c},T) = \max_{\pi_i\in\Gamma_i} E^{\pi_i}\left[u_i\left(\sum_{t=1}^{T} r_{it}(\boldsymbol{x}_t,\boldsymbol{p}_t) + V_i^{at}(\boldsymbol{x}_0,0)\right) \middle| \boldsymbol{x}_T = \boldsymbol{c}\right] \tag{4.2}$$

4.2.2 可加效用函数下各产品的均衡价格

可加效用函数能够很好地体现效用关于时间的动态性，因此，在动态定价的研究中被广泛应用。由于指数效用函数具有许多优良的性质，且可以很好地描述效用，因此，常用来研究风险厌恶情况下的收益管理问题。由此，假设企业 i 的效用函数为

$$u_i(\omega_i) = 1 - \mathrm{e}^{-\sigma_i\omega_i},\quad \sigma_i > 0$$

在这种假设条件下，企业 i 的风险测度为

$$\delta_{u_i}(\omega_i) = -\frac{\partial^2 u_i(\omega_i)/\partial\omega_i^2}{\partial u_i(\omega_i)/\partial\omega_i} = \sigma_i$$

由此可见，σ_i 能够很好地刻画企业 i 的风险敏感程度，$\sigma_i > 0$ 表示企业 i 是风险厌恶的，称为风险厌恶系数。

在可加效用函数下，式（4.1）的 Bellman 方程可写为

$$\begin{aligned} V_i^{ad}(\boldsymbol{x},t) = \max_{p_i}\{\lambda[q_i(\boldsymbol{p})(1 - \mathrm{e}^{-\sigma_i p_i} + V_i^{ad}(\boldsymbol{x} - \boldsymbol{\varepsilon}_i, t-1)) + \\ \sum_{j=1,j\neq i}^{n} q_j(\boldsymbol{p}) V_i^{ad}(\boldsymbol{x} - \boldsymbol{\varepsilon}_j, t-1) + \end{aligned}$$

$$q_0(\boldsymbol{p})V_i^{ad}(\boldsymbol{x},t-1)]+(1-\lambda)V_i^{ad}(\boldsymbol{x},t-1)\}$$

$$=\max_{p_i}\{\lambda[1-\mathrm{e}^{-\sigma_i p_i}+V_i^{ad}(\boldsymbol{x}-\boldsymbol{\varepsilon}_i,t-1)+$$

$$\sum_{j=0,j\neq i}^{n}q_j(\boldsymbol{p})(V_i^{ad}(\boldsymbol{x}-\boldsymbol{\varepsilon}_j,t-1)-1+\mathrm{e}^{-\sigma_i p_i}-$$

$$V_i^{ad}(\boldsymbol{x}-\boldsymbol{\varepsilon}_i,t-1))]+(1-\lambda)V_i^{ad}(\boldsymbol{x},t-1)\} \tag{4.3}$$

其中，$\boldsymbol{\varepsilon}_i$ 为第 i 个分量为 1 其余分量均为 0 的 n 维向量；$\boldsymbol{\varepsilon}_0$ 为所有分量均为 0 的 n 维向量；式（4.3）的边界条件为：$V_i^{ad}(\boldsymbol{x},0)=0$；当 $x_i=0$ 时，$V_i^{ad}(\boldsymbol{x},t)=0$。

为了研究方便，令

$$\boldsymbol{\Psi}_i^{ad}(\boldsymbol{x},t)=\lambda[1-\mathrm{e}^{-\sigma_i p_i}+V_i^{ad}(\boldsymbol{x}-\boldsymbol{\varepsilon}_i,t-1)+$$

$$\sum_{j=0,j\neq i}^{n}q_j(\boldsymbol{p})(V_i^{ad}(\boldsymbol{x}-\boldsymbol{\varepsilon}_j,t-1)-1+\mathrm{e}^{-\sigma_i p_i}- \tag{4.4}$$

$$V_i^{ad}(\boldsymbol{x}-\boldsymbol{\varepsilon}_i,t-1))]+(1-\lambda)V_i^{ad}(\boldsymbol{x},t-1)$$

则式（4.3）变为 $V_i^{ad}(\boldsymbol{x},t)=\max\limits_{p_i}\{\boldsymbol{\Psi}_i^{ad}(\boldsymbol{x},t)\}$

由式（4.3）可以看出，$V_i^{ad}(\boldsymbol{x},t)$不仅与企业 i 自身的产品定价策略 p_i 有关，也与其他竞争企业的产品定价策略 $p_j(j\neq i;\ j=1,\ 2,\ \cdots,\ n)$有关，企业 i 将调整自身的产品定价策略，使得式（4.4）达到最大。当各企业的产品价格互为给定其他竞争企业的产品定价策略下的最优定价策略时，各企业之间的竞争达到了纳什均衡。对于产品 i 来说，纳什均衡定价策略是在其他竞争企业的产品定价策略一定的条件下，使得式（4.4）达到最大的极值点，即联立方程组：

$$\begin{cases}\dfrac{\partial\boldsymbol{\Psi}_1^{ad}(\boldsymbol{x},t)}{\partial p_1}=0\\\dfrac{\partial\boldsymbol{\Psi}_2^{ad}(\boldsymbol{x},t)}{\partial p_2}=0\\\cdots\\\dfrac{\partial\boldsymbol{\Psi}_n^{ad}(\boldsymbol{x},t)}{\partial p_n}=0\end{cases} \tag{4.5}$$

下面研究可加效用函数下风险厌恶企业的产品纳什均衡价格的存在性，即方程组（4.5）是否存在均衡解，首先给出 $\boldsymbol{\Psi}_i^{ad}(\boldsymbol{x},t)$的拟凹性。

引理 4.1 $\Psi_i^{ad}(\boldsymbol{x},t)$是产品 i 的价格 p_i 的拟凹函数。

证明： $\Psi_i^{ad}(\boldsymbol{x},t)$的一阶条件为

$$\begin{aligned}\frac{\partial \Psi_i^{ad}(\boldsymbol{x},t)}{\partial p_i} &= \lambda\Bigg[\sigma_i e^{-\sigma_i p_i} + \beta q_i(\boldsymbol{p})\sum_{j=0,j\neq i}^{n} q_j(\boldsymbol{p})(V_i^{ad}(\boldsymbol{x}-\boldsymbol{\varepsilon}_j,t-1) - \\ &\quad 1 + \mathrm{e}^{-\sigma_i p_i} - V_i^{ad}(\boldsymbol{x}-\boldsymbol{\varepsilon}_i,t-1)) - \sum_{j=0,j\neq i}^{n} q_j(\boldsymbol{p})\sigma_i \mathrm{e}^{-\sigma_i p_i}\Bigg] \\ &= \lambda q_i(\boldsymbol{p})\Bigg[\sigma_i \mathrm{e}^{-\sigma_i p_i} - \beta\sum_{j=0,j\neq i}^{n} q_j(\boldsymbol{p})(1-\mathrm{e}^{-\sigma_i p_i} + V_i^{ad}(\boldsymbol{x}-\boldsymbol{\varepsilon}_i,t-1) - \\ &\quad V_i^{ad}(\boldsymbol{x}-\boldsymbol{\varepsilon}_j,t-1))\Bigg] = 0 \end{aligned} \tag{4.6}$$

令 $H_i(\boldsymbol{p}) = \sigma_i \mathrm{e}^{-\sigma_i p_i} - \beta\sum_{j=0,j\neq i}^{n} q_j(\boldsymbol{p})(1-\mathrm{e}^{-\sigma_i p_i} + V_i^{ad}(\boldsymbol{x}-\boldsymbol{\varepsilon}_i,t-1) - V_i^{ad}(\boldsymbol{x}-\boldsymbol{\varepsilon}_j,t-1))$，则

$$\begin{aligned}\frac{\partial^2 \Psi_i^{ad}(\boldsymbol{x},t)}{\partial p_i^2}\Bigg|_{\frac{\partial \Psi_i^{ad}(\boldsymbol{x},t)}{\partial p_i}=0} &= \lambda\frac{\partial q_i(\boldsymbol{p})}{\partial p_i}H_i(\boldsymbol{p})\Bigg|_{\frac{\partial \Psi_i^{ad}(\boldsymbol{x},t)}{\partial p_i}=0} + \lambda\frac{\partial H_i(\boldsymbol{p})}{\partial p_i}q_i(\boldsymbol{p})\Bigg|_{\frac{\partial \Psi_i^{ad}(\boldsymbol{x},t)}{\partial p_i}=0} \\ &= 0 + \lambda q_i(\boldsymbol{p})\Bigg[-\sigma_i^2 e^{-\sigma_i p_i} - \\ &\quad \beta^2 q_i(\boldsymbol{p})\sum_{j=0,j\neq i}^{n} q_j(\boldsymbol{p})(1-e^{-\sigma_i p_i} + V_i^{ad}(\boldsymbol{x}-\boldsymbol{\varepsilon}_i,t-1) - \\ &\quad V_i^{ad}(\boldsymbol{x}-\boldsymbol{\varepsilon}_j,t-1)) - \beta\sum_{j=0,j\neq i}^{n} q_j(\boldsymbol{p})\sigma_i e^{-\sigma_i p_i}\Bigg]\end{aligned}$$

由式（4.6）可得，

$$\begin{aligned}\frac{\partial^2 \Psi_i^{ad}(\boldsymbol{x},t)}{\partial p_i^2}\Bigg|_{\frac{\partial \Psi_i^{ad}(\boldsymbol{x},t)}{\partial p_i}=0} &= \lambda q_i(\boldsymbol{p})\Bigg[-\sigma_i^2 \mathrm{e}^{-\sigma_i p_i} - \beta q_i(\boldsymbol{p})\sigma_i \mathrm{e}^{-\sigma_i p_i} - \beta\sum_{j=0,j\neq i}^{n} q_j(\boldsymbol{p})\sigma_i \mathrm{e}^{-\sigma_i p_i}\Bigg] \\ &= -\lambda q_i(\boldsymbol{p})\sigma_i \mathrm{e}^{-\sigma_i p_i}(\sigma_i + \beta) < 0\end{aligned}$$

因此，$\Psi_i^{ad}(\boldsymbol{x},t)$是关于 p_i 的拟凹函数。

由引理 4.1 可以得到 $V_i^{ad}(\boldsymbol{x},t)$也是关于 p_i 的拟凹函数，由此可得可加效用函数下风险厌恶的竞争企业的产品纳什均衡价格的存在性。

定理 4.1 在可加效用函数下，n 个风险厌恶的竞争企业的产品存在纳什均衡价格。

证明： 由引理 4.1 可知，$V_i^{ad}(\boldsymbol{x},t)$是关于产品 i 的价格 p_i 的拟凹函数。而产品 i 的价格策略空间是一个非空的紧凸集，且 $V_i^{ad}(\boldsymbol{x},t)$是$p_k(k=1, 2, \cdots, n)$

的连续函数。因此，由文献［184］可得，在 t 时期，n 个风险厌恶的竞争企业的产品存在纳什均衡价格（p_1^*，p_2^*，…，p_n^*）。

4.2.3　永久效用函数下各产品的均衡价格

这一部分，考虑永久效用函数下，风险厌恶企业的产品动态定价问题。假设企业 i 的效用函数为 $u_i(\omega_i)=1-\mathrm{e}^{-\sigma_i\omega_i}$，$\sigma_i>0$，则竞争环境下风险厌恶企业的产品动态定价问题可表示为

$$\max_{\pi_i\in\Gamma_i}E^{\pi_i}\left[u_i\left(\sum_{t=0}^{T}r_{it}(\boldsymbol{x}_t,\boldsymbol{p}_t)\right)\Bigg|\boldsymbol{x}_T=\boldsymbol{c}\right]$$

$$=1-\min_{\pi_i\in\Gamma_i}E^{\pi_i}[\mathrm{e}^{-\sigma_i\sum_{t=0}^{T}r_{it}(\boldsymbol{x}_t,\boldsymbol{p}_t)}\mid\boldsymbol{x}_T=\boldsymbol{c}]$$

令
$$V_i^{at}(\boldsymbol{c},T)=\min_{\pi_i\in\Gamma_i}E^{\pi_i}[\mathrm{e}^{-\sigma_i\sum_{t=0}^{T}r_{it}(\boldsymbol{x}_t,\boldsymbol{p}_t)}\mid\boldsymbol{x}_T=\boldsymbol{c}]\tag{4.7}$$

则式（4.7）的 Bellman 方程为

$$V_i^{at}(\boldsymbol{x},t)=\min_{p_i}\{\lambda[q_i(\boldsymbol{p})\mathrm{e}^{-\sigma_ip_i}V_i^{at}(\boldsymbol{x}-\boldsymbol{\varepsilon}_i,t-1)+\sum_{j=1,j\neq i}^{n}q_j(\boldsymbol{p})V_i^{at}(\boldsymbol{x}-\boldsymbol{\varepsilon}_j,t-1)+$$
$$q_0(\boldsymbol{p})V_i^{at}(\boldsymbol{x},t-1)]+(1-\lambda)V_i^{at}(\boldsymbol{x},t-1)\}\tag{4.8}$$

令 $\widetilde{V}_i^{at}(\boldsymbol{x},t)=-\dfrac{1}{\sigma_i}\ln V_i^{at}(\boldsymbol{x},t)$，则式（4.8）变为

$$\widetilde{V}_i^{at}(\boldsymbol{x},t)=\max_{p_i}\left\{\widetilde{V}_i^{at}(\boldsymbol{x},t-1)-\frac{1}{\sigma_i}\ln\left[1+\lambda(q_i(\boldsymbol{p})\mathrm{e}^{-\sigma_i(p_i-\Delta_{x_i}\widetilde{V}_i^{at}(\boldsymbol{x},t-1))}+\right.\right.$$
$$\left.\left.\sum_{j=1,j\neq i}^{n}q_j(\boldsymbol{p})\mathrm{e}^{\sigma_i\Delta_{x_j}\widetilde{V}_i^{at}(\boldsymbol{x},t-1)}+q_0(\boldsymbol{p})-1)\right]\right\}\tag{4.9}$$

其中，$\Delta_{x_i}\widetilde{V}_i^{at}(\boldsymbol{x},t)=\widetilde{V}_i^{at}(\boldsymbol{x},t)-\widetilde{V}_i^{at}(\boldsymbol{x}-\boldsymbol{\varepsilon}_i,t)$，$\Delta_{x_j}\widetilde{V}_i^{at}(\boldsymbol{x},t)=\widetilde{V}_i^{at}(\boldsymbol{x},t)-\widetilde{V}_i^{at}(\boldsymbol{x}-\boldsymbol{\varepsilon}_j,t)$

为了研究方便，定义

$$\Theta_i^{at}(\boldsymbol{p})=\lambda\left[q_i(\boldsymbol{p})\mathrm{e}^{-\sigma_i(p_i-\Delta_{x_i}\widetilde{V}_i^{at}(\boldsymbol{x},t-1))}+\sum_{j=1,j\neq i}^{n}q_j(\boldsymbol{p})\mathrm{e}^{\sigma_i\Delta_{x_j}\widetilde{V}_i^{at}(\boldsymbol{x},t-1)}+q_0(\boldsymbol{p})-1\right]\tag{4.10}$$

则式（4.9）变为

$$\widetilde{V}_i^{at}(\boldsymbol{x},t)=\max_{p_i}\{\widetilde{V}_i^{at}(\boldsymbol{x},t-1)-\frac{1}{\sigma_i}\ln[1+\Theta_i^{at}(\boldsymbol{p})]\}\tag{4.11}$$

进一步，令

$$\Psi_i^{at}(\boldsymbol{x},t)=\tilde{V}_i^{at}(\boldsymbol{x},t-1)-\frac{1}{\sigma_i}\ln[1+\Theta_i^{at}(\boldsymbol{p})] \tag{4.12}$$

则式（4.9）可化为

$$\tilde{V}_i^{at}(\boldsymbol{x},t)=\max_{p_i}\{\Psi_i^{at}(\boldsymbol{x},t)\}$$

由式（4.9）可以看出，$\tilde{V}_i^{at}(\boldsymbol{x},t)$不仅与企业 i 自身的产品定价策略 p_i 有关，也与其他竞争企业的产品定价策略 $p_j(j\neq i;\ j=1,2,\cdots,n)$有关，企业 i 将调整自身的定价策略，使式（4.12）达到最大。当各产品的价格互为给定其他产品定价策略下的最优定价策略时，各企业之间的价格竞争达到纳什均衡。对于产品 i 来说，纳什均衡定价策略是在其他竞争企业的产品定价策略一定的条件下，使式（4.12）达到最大的极值点，即联立方程组：

$$\begin{cases}\dfrac{\partial\Psi_1^{at}(\boldsymbol{x},t)}{\partial p_1}=0\\ \dfrac{\partial\Psi_2^{at}(\boldsymbol{x},t)}{\partial p_2}=0\\ \cdots\\ \dfrac{\partial\Psi_n^{at}(\boldsymbol{x},t)}{\partial p_n}=0\end{cases} \tag{4.13}$$

下面研究永久效用函数下风险厌恶的竞争企业的产品纳什均衡价格的存在性，即方程组（4.13）是否存在均衡解，首先给出 $\Psi_i^{at}(\boldsymbol{x},t)$ 的拟凹性。

引理 4.2 $\Psi_i^{at}(\boldsymbol{x},t)$为产品 i 的价格 p_i 的拟凹函数。

证明：式（4.12）的一阶条件为

$$\frac{\partial\Psi_i^{at}(\boldsymbol{x},t)}{\partial p_i}=-\frac{1}{\sigma_i[1+\Theta_i^{at}(\boldsymbol{p})]}\frac{\partial\Theta_i^{at}(\boldsymbol{p})}{\partial p_i}=0$$

由于$1+\Theta_i^{at}(\boldsymbol{p})>0$，所以

$$\left.\frac{\partial \boldsymbol{\Theta}_i^{at}(\boldsymbol{p})}{\partial p_i}\right|_{\frac{\partial \boldsymbol{\Psi}_i^{at}(\boldsymbol{x},t)}{\partial p_i}=0} = \lambda q_i(\boldsymbol{p})[-\beta(1-q_i(\boldsymbol{p}))\mathrm{e}^{-\sigma_i(p_i-\Delta_{x_i}\widetilde{V}_i^{at}(\boldsymbol{x},t-1))} - \sigma_i \mathrm{e}^{-\sigma_i(p_i-\Delta_{x_i}\widetilde{V}_i^{at}(\boldsymbol{x},t-1))} + \beta\sum_{j=1,j\neq i}^{n} q_j(\boldsymbol{p})\mathrm{e}^{\sigma_i\Delta_{x_j}\widetilde{V}_i^{at}(\boldsymbol{x},t-1)} + \beta q_0(\boldsymbol{p})] = 0 \tag{4.14}$$

由此可得

$$\left.\frac{\partial^2 \boldsymbol{\Psi}_i^{at}(\boldsymbol{x},t)}{\partial p_i^2}\right|_{\frac{\partial \boldsymbol{\Psi}_i^{at}(\boldsymbol{x},t)}{\partial p_i}=0} = -\frac{1}{\sigma_i[1+\boldsymbol{\Theta}_i^{at}(\boldsymbol{p})]}\left.\frac{\partial^2 \boldsymbol{\Theta}_i^{at}(\boldsymbol{p})}{\partial p_i^2}\right|_{\frac{\partial \boldsymbol{\Psi}_i^{at}(\boldsymbol{x},t)}{\partial p_i}=0}$$

而

$$\begin{aligned}\frac{\partial^2 \boldsymbol{\Theta}_i^{at}(\boldsymbol{p})}{\partial p_i^2} = {} & \lambda q_i(\boldsymbol{p})[\beta^2(1-q_i(\boldsymbol{p}))^2\mathrm{e}^{-\sigma_i(p_i-\Delta_{x_i}\widetilde{V}_i^{at}(\boldsymbol{x},t-1))} - \\ & \beta^2 q_i(\boldsymbol{p})(1-q_i(\boldsymbol{p}))\mathrm{e}^{-\sigma_i(p_i-\Delta_{x_i}\widetilde{V}_i^{at}(\boldsymbol{x},t-1))} + \\ & \beta\sigma_i(1-q_i(\boldsymbol{p}))\mathrm{e}^{-\sigma_i(p_i-\Delta_{x_i}\widetilde{V}_i^{at}(\boldsymbol{x},t-1))} + \\ & \beta\sigma_i(1-q_i(\boldsymbol{p}))\mathrm{e}^{-\sigma_i(p_i-\Delta_{x_i}\widetilde{V}_i^{at}(\boldsymbol{x},t-1))} + \sigma_i^2\mathrm{e}^{-\sigma_i(p_i-\Delta_{x_i}\widetilde{V}_i^{at}(\boldsymbol{x},t-1))} - \\ & \beta^2(1-q_i(\boldsymbol{p}))\sum_{j=1,j\neq i}^{n} q_j(\boldsymbol{p})\mathrm{e}^{\sigma_i\Delta_{x_j}\widetilde{V}_i^{at}(\boldsymbol{x},t-1)} + \\ & \beta^2 q_i(\boldsymbol{p})\sum_{j=1,j\neq i}^{n} q_j(\boldsymbol{p})\mathrm{e}^{\sigma_i\Delta_{x_j}\widetilde{V}_i^{at}(\boldsymbol{x},t-1)} + \beta^2 q_0(\boldsymbol{p})q_i(\boldsymbol{p}) - \\ & \beta^2 q_0(\boldsymbol{p})(1-q_i(\boldsymbol{p}))]\end{aligned}$$

由式（4.14）可得，

$$\left.\frac{\partial^2 \boldsymbol{\Theta}_i^{at}(\boldsymbol{p})}{\partial p_i^2}\right|_{\frac{\partial \boldsymbol{\Psi}_i^{at}(\boldsymbol{x},t)}{\partial p_i}=0} \geqslant \sigma_i q_i(\boldsymbol{p})\mathrm{e}^{-\sigma_i(p_i-\Delta_{x_i}\widetilde{V}_i^{at}(\boldsymbol{x},t-1))}[\beta(1-q_i(\boldsymbol{p}))+\sigma_i] \geqslant 0$$

因此，$\left.\frac{\partial^2 \boldsymbol{\Psi}_i^{at}(\boldsymbol{x},t)}{\partial p_i^2}\right|_{\frac{\partial \boldsymbol{\Psi}_i^{at}(\boldsymbol{x},t)}{\partial p_i}=0} \leqslant 0$，即 $\boldsymbol{\Psi}_i^{at}(\boldsymbol{x},t)$ 为 p_i 的拟凹函数。

由引理4.2可以得到 $\widetilde{V}_i^{at}(\boldsymbol{x},t)$ 也是 p_i 的拟凹函数，由此可得永久效用函数下风险厌恶的竞争企业的产品纳什均衡价格的存在性。

定理4.2　在永久效用函数下，n 个风险厌恶的竞争企业的产品存在纳什均衡价格。

证明：由引理4.2可知，$\tilde{V}_i^{at}(\boldsymbol{x},t)$是产品$i$的价格$p_i$的拟凹函数。而产品$i$的价格策略空间是一个非空的紧凸集，且$\tilde{V}_i^{at}(\boldsymbol{x},t)$是$p_k(k=1, 2, \cdots, n)$的连续函数。因此，由文献［184］可得，在$t$时期，$n$个风险厌恶的竞争企业的产品存在纳什均衡价格（$p_1^*$，$p_2^*$，$\cdots$，$p_n^*$）。

4.3 不完全信息下竞争企业的易逝品动态定价

在前一部分中，我们研究了完全信息条件下竞争企业的产品动态定价问题，各企业根据自身以及其他竞争企业的产品剩余库存水平制定产品的价格，以实现自身期望效用的最大化。在实际中，各企业获取其他竞争企业的产品剩余库存水平需要一定的成本，甚至在某些情况下，无法获取其他竞争企业的产品剩余库存水平。基于此，本部分研究在其他竞争企业的产品剩余库存水平未知情况下的易逝品动态定价问题。

首先，假设各产品的初始库存水平已知。这个假设是合理的，例如在民航运输业，每个航班的机舱座位总数量是公共信息。在实际中，每个销售时期的产品价格是公开的，任何有需求的人都能获得各产品的价格，但是最终只有其中的一小部分人会选择购买。因此，我们假设到达顾客的平均数量远远大于各产品的初始库存水平之和，即$\lambda T \gg \sum_{i=1}^{n} c_i$。由前面讨论的完全信息情况下的产品均衡价格可得，在t时期，当$\lambda t \gg \sum_{i=1}^{n} x_i$时，对于各产品的剩余库存水平$\boldsymbol{x}=(x_1, x_2, \cdots, x_n)$，各产品的均衡价格$\boldsymbol{p}(\boldsymbol{x},t)=(p_1(\boldsymbol{x},t), p_2(\boldsymbol{x},t), \cdots, p_n(\boldsymbol{x},t))$满足：

①在均衡价格$\boldsymbol{p}(\boldsymbol{x},t)$下，产品$i(i=1, 2, \cdots, n)$可售出的平均数量$\lambda t q_i(\boldsymbol{p}(\boldsymbol{x},t))$与产品$i$的剩余库存水平$x_i$近似相等，这表明各产品在销售期内均匀地销售剩余库存。

②各产品的均衡价格对其他产品的剩余库存水平的微小变动不敏感，这表明只要各企业粗略地知道其他竞争企业的剩余库存水平就可以近似求出均衡价格且误差足够小。

由此给出启发式的插值算法，通过插值求出各竞争企业的剩余库存水平信息缺失情况下的均衡价格。首先考虑只有两个企业竞争的情况，具体的插值算法如下：

①假设有 T 个销售时期，两产品的初始库存水平分别为 c_1 和 c_2。由于在 T 时期各产品的剩余库存水平为初始库存水平，因此，属于完全信息的情况，可由 4.2 节的讨论求出两个产品的均衡价格 $(p_1(c_1,c_2,T),\ p_2(c_1,c_2,T))$。

②在 $t(t=T-1,\ T-2,\ \cdots,\ 1)$ 时期，各产品观察自身的剩余库存水平 $x_i(i=1,\ 2)$，对于其他竞争企业的产品 $j(j\neq i)$，计算 $y_j=\dfrac{c_j t}{T}$ 和 $z_j=[y_j]$，其中，$[y_j]$ 表示不超过 y_j 的最大整数。

③根据 x_1，c_2，t 设置产品 1 的价格为

$$\hat{p}_1(x_1,t)=p_1(x_1,z_2,t)+(y_2-z_2)[p_1(x_1,z_2+1,t)-p_1(x_1,z_2,t)]$$

根据 x_2，c_1，t 设置产品 2 的价格为

$$\hat{p}_2(x_2,t)=p_2(z_1,x_2,t)+(y_1-z_1)[p_2(z_1+1,x_2,t)-p_2(z_1,x_2,t)]$$

按照上面的算法，我们很容易得出 n 个企业竞争的情况下各产品的均衡价格，具体的插值算法如下：

①假设有 T 个销售时期，各产品的初始库存水平为 $\boldsymbol{c}=(c_1,\ c_2,\ \cdots,\ c_n)$。由于在 T 时期各产品的剩余库存水平为初始库存水平，因此，属于完全信息的情况，可由 4.2 节的讨论求出各产品的均衡价格 $(p_1(\boldsymbol{c},T),\ p_2(\boldsymbol{c},T),\ \cdots,\ p_n(\boldsymbol{c},T))$。

②在 $t(t=T-1,\ T-2,\ \cdots,\ 1)$ 时期，各企业观察自身的剩余库存水平 $x_i(i=1,\ 2,\ \cdots,\ n)$，对于其他竞争企业的产品 $j(j=1,\ 2,\ \cdots,\ n;\ j\neq i)$，计算 $y_j=\dfrac{c_j t}{T}$ 和 $z_j=[y_j]$，其中，$[y_j]$ 表示不超过 y_j 的最大整数。

③设置产品 $i(i=1,\ 2,\ \cdots,\ n)$ 的价格为

$$\hat{p}_i(x_i,t)=\sum_{x_1=z_1}^{z_1+1}\cdots\sum_{x_{i-1}=z_{i-1}}^{z_{i-1}+1}\ \sum_{x_{i+1}=z_{i+1}}^{z_{i+1}+1}\cdots\sum_{x_n=z_n}^{z_n+1}\left[\left(\prod_{j=1,j\neq i}^{n}[1(x_j=z_j)(z_j+1-y_j)+1(x_j=z_j+1)(y_j-z_j)]\right)p_i(\boldsymbol{x},t)\right] \tag{4.15}$$

其中，$1(x_j=z_j)$ 是示性函数，当 $x_j=z_j$ 时，$1(x_j=z_j)=1$；当 $x_j\neq z_j$ 时，

$1(x_j = z_j) = 0$。

在各企业都没有其他竞争企业的产品剩余库存水平信息的情况下，利用式（4.15），就可以得到两种效用下各产品的均衡价格。设可加效用函数下各产品的均衡价格为$\hat{\boldsymbol{p}}^{ad}(\boldsymbol{x},t) = (\hat{p}_1^{ad}(\boldsymbol{x},t), \hat{p}_2^{ad}(\boldsymbol{x},t), \cdots, \hat{p}_n^{ad}(\boldsymbol{x},t))$，永久效用函数下各产品的均衡价格为$\hat{\boldsymbol{p}}^{at}(\boldsymbol{x},t) = (\hat{p}_1^{at}(\boldsymbol{x},t), \hat{p}_2^{at}(\boldsymbol{x},t), \cdots, \hat{p}_n^{at}(\boldsymbol{x},t))$。利用迭代方程

$$\begin{aligned}\hat{V}_i^{ad}(\boldsymbol{x},t) = \max_{p_i}\{\lambda[q_i(\hat{\boldsymbol{p}}^{ad}(\boldsymbol{x},t))(1 - \mathrm{e}^{-\sigma_i\hat{p}_i^{ad}(\boldsymbol{x},t)} + \hat{V}_i^{ad}(\boldsymbol{x} - \boldsymbol{\varepsilon}_i, t-1)) + \\ \sum_{j=1,j\neq i}^{n} q_j(\hat{\boldsymbol{p}}^{ad}(\boldsymbol{x},t))\hat{V}_i^{ad}(\boldsymbol{x} - \boldsymbol{\varepsilon}_j, t-1) + q_0(\hat{\boldsymbol{p}}^{ad}(\boldsymbol{x},t))\hat{V}_i^{ad}(\boldsymbol{x}, t-1)] + \\ (1-\lambda)\hat{V}_i^{ad}(\boldsymbol{x}, t-1)\}\end{aligned}$$

就可以得到企业 $i(i=1,2,\cdots,n)$ 在可加效用函数下的期望效用；利用迭代方程

$$\begin{aligned}\hat{V}_i^{at}(\boldsymbol{x},t) = \min_{p_i}\{\lambda[q_i(\hat{\boldsymbol{p}}^{at}(\boldsymbol{x},t))\mathrm{e}^{-\sigma_i\hat{p}_i^{at}(\boldsymbol{x},t)}\hat{V}_i^{at}(\boldsymbol{x} - \boldsymbol{\varepsilon}_i, t-1) + \\ \sum_{j=1,j\neq i}^{n} q_j(\hat{\boldsymbol{p}}^{at}(\boldsymbol{x},t))\hat{V}_i^{at}(\boldsymbol{x} - \boldsymbol{\varepsilon}_j, t-1) + \\ q_0(\hat{\boldsymbol{p}}^{at}(\boldsymbol{x},t))\hat{V}_i^{at}(\boldsymbol{x}, t-1)] + (1-\lambda)\hat{V}_i^{at}(\boldsymbol{x}, t-1)\}\end{aligned}$$

就可以得到企业 $i(i=1,2,\cdots,n)$ 在永久效用函数下的期望效用。

4.4 数值算例

为了能够更加直观地理解本章研究的管理意义，体现本章结论的有效性，下面结合管理背景分别在可加效用函数下和永久效用函数下对模型进行模拟仿真。

假设市场上有两种同类的易逝品可供销售，分别由两家相互竞争的风险厌恶型企业提供（即企业 1 销售产品 1，企业 2 销售产品 2），顾客到达后在两种产品之间选择。假设市场上顾客的到达概率为 $\lambda = 0.3$，$\alpha_1 = 6$，$\alpha_2 = 4$，$\beta = 0.5$，两竞争企业的风险厌恶系数分别为 $\sigma_1 = 0.1$，$\sigma_2 = 0.2$，两产品的初始库存水平分别为 $x_1 = 30$，$x_2 = 20$，产品销售期为 $T = 10$。不失一般性，我们假设两产品之间具有完全信息。首先考虑产品 1 和产品 2

的均衡价格与剩余库存水平之间的关系，将产品 2 的剩余库存水平从 1 一直增加到 20，其他参数值不变，得到 $t=5$ 时可加效用函数下和永久效用函数下两产品的均衡价格与产品 2 的库存水平 x_2 之间的关系，如图 4. 1 和图 4. 2 所示。

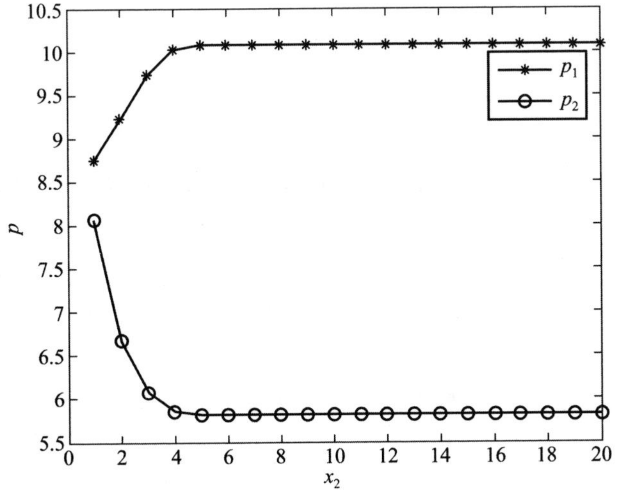

图 4. 1　可加效用函数下两产品的均衡价格与产品 2 的库存水平之间的关系

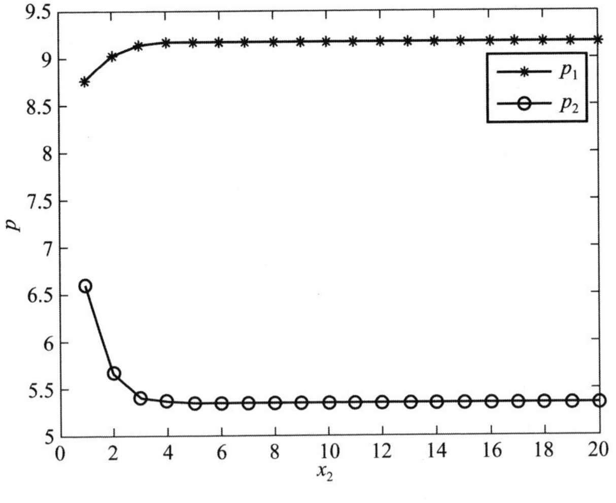

图 4. 2　永久效用函数下两产品的均衡价格与产品 2 的库存水平之间的关系

从图4.1和图4.2可以看出，在可加效用函数下和永久效用函数下，产品的均衡价格具有相同的规律，即产品1的均衡价格随产品2库存水平的增加而提高，产品2的均衡价格随自身库存水平的增加而降低。由于企业2为风险厌恶的，所以当产品2的库存水平增加时，企业2会降低产品2的价格来避免销售期结束时出现剩余库存的情况，因此，产品2的均衡价格随自身库存水平的增加而降低；由于产品2库存水平的减少，会产生稀缺效应，使得企业1在竞争中处于不利地位，在这种情况下，风险厌恶的企业1必然会降低产品1的价格来避免销售期结束时出现剩余库存的情况，因此，产品1的均衡价格随产品2库存水平的增加而提高。

接下来，研究产品1和产品2的均衡价格与各企业的风险厌恶系数之间的关系，将企业2的风险厌恶系数 σ_2 从0.06一直增加到0.2，其他参数值不变，得到 $t=5$ 时可加效用函数下和永久效用函数下两产品的均衡价格与企业2的风险厌恶系数 σ_2 的关系，如图4.3和图4.4所示。

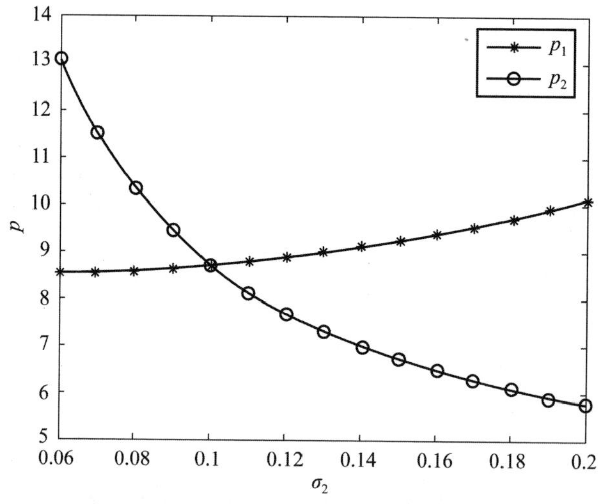

图4.3　可加效用函数下两产品的均衡价格与企业2的风险厌恶系数的关系

从图4.3和图4.4可以看出，在可加效用函数下和永久效用函数下，产品的均衡价格具有相同的规律。产品2的均衡价格随企业2风险厌恶系数的增加而降低，产品 1 的均衡价格随企业 2 风险厌恶系数的增加而提高。

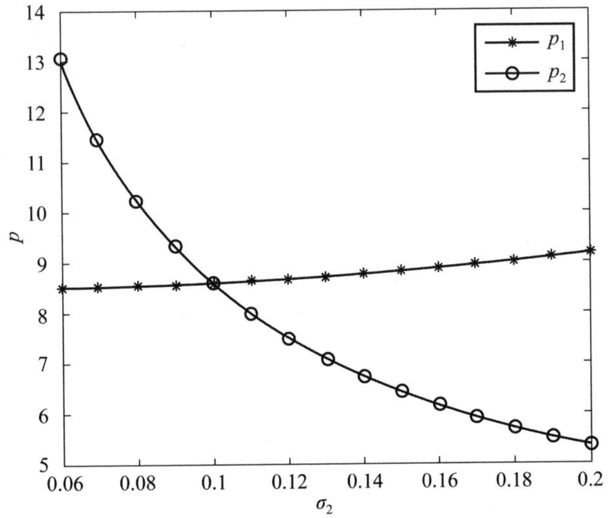

图 4.4　永久效用函数下两产品的均衡价格与企业 2 的风险厌恶系数的关系

4.5　本章小结

本章基于收益管理的思想，首先从销售同类易逝品的竞争企业之间具有完全信息的角度出发，研究了风险厌恶的竞争企业的产品动态定价问题；利用马尔可夫决策过程和博弈论，引入动态规划方程，构建了可加效用函数下和永久效用函数下风险厌恶的竞争企业的产品动态定价模型，证明了各产品的纳什均衡价格的存在性。在此基础上，进一步研究了各风险厌恶企业之间的竞争具有不完全信息情况下的产品动态定价问题。最后，以两个产品为例，通过数值算例分析了不同参数的变化对各产品均衡价格的影响，即在既定剩余时间情况下，任一企业的产品均衡价格随自身的库存水平和风险厌恶系数的增加而下降，随其他竞争企业的库存水平和风险厌恶系数的增加而提高。

竞争环境下风险厌恶企业的易逝品动态定价问题是收益管理中很有研究价值的一类问题，本章研究的是顾客到达后在考虑产品的价格、品牌形象以及受欢迎程度等因素的基础上，以自身的效用最大化为原则来选择产品，没有考虑顾客具有延迟购买的行为倾向。在以后的章节中，我们将把顾客具有延迟购买倾向这一行为特征加入顾客的购买决策中，进行易逝品的动态定价研究。

第 5 章　风险中性环境下基于顾客惰性的单易逝品动态定价

第 3 章和第 4 章只是考虑了顾客在面对众多产品时的选择行为，没有考虑顾客延迟购买的情况。延迟购买是顾客购买决策过程中一种常见的行为现象，顾客延迟购买的原因较多，比如，当顾客预计到未来会有降价的机会时，可能会由于策略性考虑而延迟购买产品。另外，顾客也可能由于自身行为性的原因而延迟购买，我们将抑制顾客做出购买决策的内在倾向称为顾客惰性。本章研究了存在顾客惰性的情况下风险中性企业的单易逝品动态定价策略，建立了顾客到达过程服从时齐泊松过程情况下风险中性企业的最优收益模型，并给出了最优价格策略的性质。

5.1　引言

随着电子商务的迅速发展，动态定价已经成为企业增加收益的重要手段，其基本原则是企业根据产品的库存水平和销售时间通过提高或者降低产品的价格来增加收益。这种动态调整价格的方式能够吸引顾客购买产品，显著增加企业收益。据报道，由于实行降价策略，全球最大的连锁企业沃尔玛在圣诞节和感恩节期间的销售量接近全年销售量的 20%；由于部分商家在“双十一”期间采用打折销售，2014 年我国最大的电商平台淘宝网的销售额高达 571 亿元。降价策略在增加企业收益方面已经显示出比实行单一定价策略更大的优越性，但是采用这种价格调整策略容易训练出具有惰性行为的顾客。我们将抑制顾客做出购买决策的内在倾向称为顾客惰性[107]，顾客惰性是顾客自身所具有的一种内在行为特征。在很多情况下，即使立即购买对顾客更有利，一些顾客仍然会延迟购买。例如，旅行的乘客经常拖延做旅行计划的时间，最终会错过很多可以选择的价格更低的航班。另外，还有一些学者将同样的顾客行为称为特性拖延（Trait Procrastination）。例如，van Hooft 等（2005）将特性拖延定义成顾客无意识拖延的倾向[185]；Wertenbroch（2001）指出拖延是一种行为问题[186]。顾客的惰性行为会对销售企业的期望收益产生直接影响，因此如何在顾客惰性行为下实施有效的动态定价策略显得尤为重要。

近年来，随着顾客的行为因素被引入运营管理领域，考虑顾客行为的动态定价问题引起了越来越多学者的关注。在互联网环境下，顾客可以通过网络获得更多的产品信息，比如，产品的历史价格和库存水平等。因此，一些顾客会根据产品信息对产品未来的价格进行预测，决定最佳购买时间，导致策略型顾客的出现，策略型顾客的一个重要特征就是延迟购买。在现有的文献中，考虑策略型顾客的动态定价问题已经被学者广泛研究[187,188]。陈晓红和谭运强（2015）在多个销售企业的动态博弈定价过程中，把顾客分为策略型和短视型两类，建立了多个销售企业之间价格战博弈的数学模型，证明了博弈均衡的存在性。其研究表明：策略型顾客的比例越大，销售企业的最优价格和利润就越高，销售企业之间的价格战程度越弱[189]。Du 等（2015）基于风险偏好和价值递减顾客的策略行为研究了企业在单周期的动态定价和库存控制联合策略。研究结果发现，与经典的报童模型相比，顾客的策略行为会导致更低的订货量和更低的价格[190]。

关于顾客惰性的研究多见于心理学和经济学的文献中[105,106]，基于顾客惰性的动态定价研究较少。Su（2009）[107]首次将顾客惰性引入到销售商的动态定价策略中，证明了顾客惰性与前景理论[108]、双曲时间偏好[191]等行为理论的一致性。Zhao 等（2012）在 Su（2009）研究的基础上，利用动态规划方法建立了存在顾客惰性情况下的单产品动态定价模型，获得了产品的最优价格策略。数值实验表明：顾客惰性对产品的最优价格有负面影响；同时，惰性深度对最优价格和期望收益的边际效应是递减的，而惰性宽度对最优价格和期望收益的边际效应是递增的[110]。姜宏（2012）研究了基于顾客惰性的无理由退货策略。研究表明，当存在惰性顾客时，产品的最优价格为只存在理性顾客时的标准价格减去惰性损失，产品的最优退货价格为清货价格加上边际惰性效用贡献率[192]。

本章研究了风险中性的垄断企业将单易逝品销售给惰性顾客情况下的多周期动态定价问题，在具体的研究中，利用MNL模型将顾客购买产品的概率表示为惰性深度和惰性宽度的函数。在此基础上，利用动态规划方法建立了顾客到达过程服从时齐泊松过程情况下的单易逝品动态定价模型，得到了产品最优价格策略的性质。

5.2 模型描述

假设风险中性的企业在有限的销售期内出售初始库存水平为 C 的易逝品（简称为产品），在销售产品的过程中不允许补货，在销售期结束后，剩余产品没有残值，不考虑顾客退货的情况，企业的目标是在销售期内最大化自身的期望收益。

5.2.1 顾客的购买决策以及需求模型

考虑顾客面临是否购买的决策，令 U 表示顾客购买所获得的效用，U_0 表示顾客未购买所获得的效用。不失一般性，我们假设 U_0 可以正规化为0。给定 U 和 U_0，当且仅当

$$U \geqslant U_0$$

时，完全理性的顾客会选择购买产品[14]；在考虑顾客惰性的情况下，当且仅当

$$U \geqslant U_0 + \gamma$$

时，顾客会选择购买产品[107]。其中，γ 是触发增量，当 $\gamma > 0$ 时，顾客具有惰性行为；而当 $\gamma = 0$ 时，顾客是完全理性的。我们也可以将 γ 解释为惰性深度，因为它可以描述顾客被惰性行为影响的程度[110]。为了描述顾客的异质性，我们需要定义另一个维度的顾客惰性：惰性宽度 β，表示顾客具有惰性的概率[107]。

我们用MNL模型来描述顾客的选择行为[32]，其在市场营销领域具有非常广泛的应用，本章的不同之处是在选择模型中加入了顾客惰性的因素。根据MNL模型可得，当 t 时期的产品价格为 p_t 时，对于每个顾客来说，其购买产品所获得的效用为

$$U_t = \alpha_t - p_t - \gamma + \xi,$$

其中，α_t 为产品的质量指标，描述了产品的服务质量、品牌形象以及受欢迎程度等，不失一般性，假设 α_t 在各销售时期均相同，记为 α；ξ 是服从 Gumbel 分布的随机变量，其位置参数为 0，尺度参数为 1。

令 q_t 表示顾客在 t 时期购买一件价格为 p_t 的产品的概率，由 MNL 模型可得，q_t 可写为

$$q_t = \frac{\beta e^{\alpha - p_t - \gamma} + (1-\beta) e^{\alpha - p_t}}{1 + \beta e^{\alpha - p_t - \gamma} + (1-\beta) e^{\alpha - p_t}}, \quad t = 2,\ 3,\ \cdots,\ T$$

因此，在 t 时期，顾客不购买产品的概率为 $q_{0t} = 1 - q_t$。由于在最后一个销售时期所有顾客都不具有惰性行为，因此，当 $t = 1$ 时，q_t 可写为

$$q_t = \frac{e^{\alpha - p_t}}{1 + e^{\alpha - p_t}}$$

5.2.2 基于顾客惰性的动态定价问题

在本部分中，我们假设在各销售时期顾客到达服从强度为常数 λ 的时齐泊松过程，在此情况下研究存在顾客惰性的单易逝品动态定价问题。销售时期被划分成 T 个离散时期，使得每个时期内至多只有一个顾客到达，假设顾客到达后至多购买一件产品；时间按逆序排列，即 T 为第一个销售时期，1 为最后一个销售时期，销售期结束后产品的残值为零，在销售产品的过程中不允许补货，不考虑顾客退货的情况；在每个销售时期，顾客的到达相互独立。令 $V(x_t, t)$ 表示库存水平为 x_t 时，从 t 时期到最后一个销售时期企业的最优期望收益，则存在顾客惰性的单易逝品动态定价问题可以用下面的 Bellman 方程表示：

$$V(x_t,t) = \max_{p_t}\{\lambda[q(p_t)(p_t + V(x_t - 1, t-1)) + (1 - q(p_t))V(x_t, t-1)] + (1-\lambda)V(x_t, t-1)\}, \tag{5.1}$$

边界条件为：对于任意 x_t，$V(x_t, 0) = 0$；对于 $t = 1,\ 2,\ \cdots,\ T$，$V(0, t) = 0$。

令 $\Delta V(x_t, t-1) = V(x_t, t-1) - V(x_t - 1, t-1)$，则方程（5.1）可化为

$$V(x_t,t) = \max_{p_t}\{\lambda[q(p_t)(p_t - \Delta V(x_t, t-1))] + V(x_t, t-1)\} \tag{5.2}$$

为了研究方便，定义 $\psi(p_t, x_t) = q(p_t)(p_t - \Delta V(x_t, t-1))$，我们可以通过下面的定理证明 $\psi(p_t, x_t)$ 是关于价格 p_t 的单峰函数。

定理5.1　$\psi(p_t,x_t)$是价格p_t的单峰函数。

证明： 函数$\psi(p_t,x_t)$的一阶条件为

$$\frac{\partial\psi(p_t,x_t)}{\partial p_t}=\frac{\partial q(p_t)}{\partial p_t}(p_t-\Delta V(x_t,t-1))+q(p_t)=0,$$

由此我们可以得到，$p_t=-q(p_t)\left[\frac{\partial q(p_t)}{\partial p_t}\right]^{-1}+\Delta V(x_t,t-1)$。

由于$\frac{\partial q(p_t)}{\partial p_t}=-q(p_t)[1-q(p_t)]$，我们有

$$\left[\frac{\partial q(p_t)}{\partial p_t}\right]^{-1}=-\frac{1+\beta e^{\alpha-p_t-\gamma}+(1-\beta)e^{\alpha-p_t}}{q(p_t)}$$

因此，最优价格为

$$\begin{aligned}p_t(x_t)&=1+\beta e^{\alpha-p_t(x_t)-\gamma}+(1-\beta)e^{\alpha-p_t(x_t)}+\Delta V(x_t,t-1)\\&=1+[\beta e^{-\gamma}+(1-\beta)]e^{\alpha-p_t(x_t)}+\Delta V(x_t,t-1)\end{aligned}\tag{5.3}$$

注意到，式（5.3）保证了产品的最优价格为正值，下面我们证明最优价格的唯一性。

由式（5.3）可得，$e^{\alpha-p_t(x_t)}=e^{-[1+(\beta e^{-\gamma}+1-\beta)e^{\alpha-p_t(x_t)}]-[\Delta V(x_t,t-1)-\alpha]}$，所以

$$e^{(\beta e^{-\gamma}+1-\beta)e^{\alpha-p_t(x_t)}}(\beta e^{-\gamma}+1-\beta)e^{\alpha-p_t(x_t)}=(\beta e^{-\gamma}+1-\beta)e^{-1-\Delta V(x_t,t-1)+\alpha}\tag{5.4}$$

令$z=(\beta e^{-\gamma}+1-\beta)e^{\alpha-p_t(x_t)}$，则式（5.4）可化为

$$f(z)=ze^z=(\beta e^{-\gamma}+1-\beta)e^{-1-\Delta V(x_t,t-1)+\alpha}$$

显然，$(\beta e^{-\gamma}+1-\beta)e^{-1-\Delta V(x_t,t-1)+\alpha}$与$p_t(x_t)$和$z$无关，仅依赖于边际收益$\Delta V(x_t,t-1)$。将Lambert函数记为$W$，由此可得$f(z)=ze^z$的反函数，即

$$z=(\beta e^{-\gamma}+1-\beta)e^{\alpha-p_t(x_t)}=W((\beta e^{-\gamma}+1-\beta)e^{-1-\Delta V(x_t,t-1)+\alpha})\tag{5.5}$$

注意到，如果$W(\cdot)$的定义域为大于等于$-1/e$的实数，则$W(\cdot)$为单值函数且为单射。由于$(\beta e^{-\gamma}+1-\beta)e^{\alpha-p_t(x_t)}\geqslant 0$，因此，

$$z=(\beta e^{-\gamma}+1-\beta)e^{\alpha-p_t(x_t)}$$

是方程（5.4）的唯一解。将式（5.5）代入式（5.3）可得

$$p_t(x_t)=1+W((\beta e^{-\gamma}+1-\beta)e^{-1-\Delta V(x_t,t-1)+\alpha})+\Delta V(x_t,t-1)$$

因为$W((\beta e^{-\gamma}+1-\beta)e^{-1-\Delta V(x_t,t-1)+\alpha})$是与$p_t(x_t)$无关的唯一解，所以$p_t(x_t)$是一阶条件（5.3）的唯一解。因此，$\psi(p_t,x_t)$是价格$p_t$的单峰函数。

通过定理5.1，我们可以得到存在顾客惰性情况下产品最优价格的唯

一性。因此，我们定义产品的最优价格为

$$p_t(x_t)=\arg\max_{p_t}\psi(p_t,x_t)=\arg\max_{p_t}q(p_t)(p_t-\Delta V(x_t,t-1)) \tag{5.6}$$

下面我们研究产品最优价格的性质。

推论 5.1 对于 t 时期的库存水平 x_t，式（5.2）的最优价格策略为

$$p_t(x_t)=\eta(p_t(x_t))+\Delta V(x_t,t-1)$$

其中，$\eta(p_t(x_t))=\dfrac{1}{q_0(p_t(x_t))}$；且企业的最优期望收益为

$$V(x_t,t)=\sum_{t_1=1}^{t}\lambda[\eta(p_{t_1}(x_t))-1]$$

证明： 令 $\eta(p_t(x))=\dfrac{1}{q_0(p_t(x))}$，由式（5.3）可得，产品的最优价格为

$$p_t(x_t)=\eta(p_t(x_t))+\Delta V(x_t,t-1) \tag{5.7}$$

将式（5.7）代入式（5.2），我们有

$$\begin{aligned}V(x_t,t)&=\lambda\eta(p_t(x_t))[1-q_0(p_t(x_t))]+V(x_t,t-1)\\&=\lambda[\eta(p_t(x_t))-1]+V(x_t,t-1)\end{aligned}$$

利用边界条件可得

$$V(x_t,t)=\lambda\sum_{t_1=1}^{t}[\eta(p_{t_1}(x_t))-1]$$

推论 5.1 给出了最优价格的表达式，为了研究方便，将 $\eta(p_t(x_t))$ 定义为 t 时期销售一件产品的边际收益，也就是说，$\eta(p_t(x_t))$ 表示销售一件产品的当期收益，而 $\Delta V(x_t,t-1)$ 表示一件产品的未来收益。由式（5.4）可以看出，$\Delta V(x_t,t-1)$ 增大会导致 $\eta(p_t(x_t))$ 减小，因此，企业必须在产品的当期收益和未来收益之间进行权衡来确定产品的最优价格进而达到收益最大化。

定理 5.2 $V(x_t,t)$ 是关于库存水平 x_t 和剩余时间 t 的上模函数。

证明： 只需证明

$$V(x_t,t)+V(x_t-1,t-1)\geqslant V(x_t,t-1)+V(x_t-1,t) \tag{5.8}$$

即可。

我们利用样本路径法来证明式（5.8），为此，构造企业的四种状态，分别记为 s_1，s_2，s_3，s_4，假设四种状态面临的市场需求是相同的。在状态

s_1，产品的剩余销售时间为 $t-1$、库存水平为 x_t；在状态 s_2，产品的剩余销售时间为 t、库存水平为 x_t-1；在状态 s_3，产品的剩余销售时间为 t、库存水平为 x_t；在状态 s_4，产品的剩余销售时间为 $t-1$、库存水平为 x_t-1。证明式（5.8）成立，就意味着需要构造价格策略使得状态 s_3 和 s_4 的收益之和大于或者等于状态 s_1 和 s_2 的收益之和。

假设对于状态 s_1 和 s_2 采用最优价格策略，而对于状态 $s_3(s_4)$ 采用与状态 $s_1(s_2)$ 相同的价格策略，直到状态 s_1 的销售量比状态 s_2 的销售量多1件产品为止。之后，我们假设状态 s_3 和 s_4 均采用最优价格策略。在以上假设条件下，状态 $s_3(s_4)$ 的库存水平就可以与状态 $s_1(s_2)$ 的库存水平保持相同。显然，我们构造的上述价格策略对于状态 s_3 和 s_4 都是可行的，但未必是最优的价格策略。下面我们分两种情况讨论：

①在销售期结束之前，状态 s_1 的销售量比状态 s_2 的销售量多1件产品。

在这种情况发生时，状态 s_1 和 s_2 的收益之和等于状态 s_3 和 s_4 的收益之和。由于四种状态下的剩余库存水平相同，因此，整个销售期内状态 s_1 和 s_2 的收益之和等于状态 s_3 和 s_4 的收益之和。

②在销售期内，状态 s_1 的销售量比状态 s_2 的销售量多1件产品的情况没有发生。

如果状态 s_1 和状态 s_4 的销售期已经结束，由于状态 s_3 的库存水平至少比状态 s_2 的库存水平多一个，因此，状态 s_3 和 s_4 的收益之和大于或等于状态 s_1 和 s_2 的收益之和。如果状态 s_2 和状态 s_4 的产品已经售完，由于状态 s_3 的库存水平与状态 s_1 的库存水平相同并且状态 s_3 比状态 s_1 多一个销售周期，所以只要状态 s_3 仍然采用与状态 s_1 相同的价格策略直到状态 s_1 的销售周期结束为止，其所产生的收益就不会比状态 s_1 所产生的收益少。因此，状态 s_3 的收益不小于状态 s_1 的收益。

综上所述，在以上两种情况下，状态 s_3 和 s_4 的收益之和大于或等于状态 s_1 和 s_2 的收益之和，即 $V(x_t,t)+V(x_t-1,t-1)\geqslant V(x_t,t-1)+V(x_t-1,t)$。

接下来，我们利用定理5.2研究收益函数和最优价格的性质。

定理5.3 收益函数 $V(x_t,t)$ 具有以下性质：

①给定 t 时期的库存水平 x_t，收益函数 $V(x_t,t)$ 是时间 t 的凹函数。

②给定时间 t，收益函数 $V(x_t,t)$ 是库存 x_t 的凹函数。

证明：①只需证明对于任意 $1\leqslant t\leqslant T-1$，$2V(x_t,t)\geqslant V(x_t,t+1)+V(x_t,t-1)$ 成立即可。

由式（5.2）和式（5.6）可得

$$\begin{aligned}&V(x_t,t)-V(x_t,t-1)\\&=\lambda q(p_t(x_t))[p_t(x_t)-V(x_t,t-1)+V(x_t-1,t-1)]\\&\geqslant\lambda q(p_{t+1}(x_t))[p_{t+1}(x_t)-V(x_t,t-1)+V(x_t-1,t-1)]\end{aligned}\tag{5.9}$$

$$V(x_t,t+1)-V(x_t,t)=\lambda q(p_{t+1}(x_t))[p_{t+1}(x_t)-V(x_t,t)+V(x_t-1,t)]\tag{5.10}$$

式（5.9）减去式（5.10），我们有

$$\begin{aligned}&2V(x_t,t)-V(x_t,t-1)-V(x_t,t+1)\\&=\lambda q(p_t(x_t))[p_t(x_t)-V(x_t,t-1)+V(x_t-1,t-1)]-\\&\quad\lambda q(p_{t+1}(x_t))[p_{t+1}(x_t)-V(x_t,t)+V(x_t-1,t)]\\&\geqslant\lambda q(p_{t+1}(x_t))[p_{t+1}(x_t)-V(x_t,t-1)+V(x_t-1,t-1)]-\\&\quad\lambda q(p_{t+1}(x_t))[p_{t+1}(x_t)-V(x_t,t)+V(x_t-1,t)]\\&=\lambda q(p_{t+1}(x_t))[V(x_t,t)-V(x_t,t-1)+V(x_t-1,t-1)-V(x_t-1,t)]\end{aligned}$$

由定理5.2可得

$$V(x_t,t)-V(x_t,t-1)+V(x_t-1,t-1)-V(x_t-1,t)\geqslant 0$$

因此，$2V(x_t,t)-V(x_t,t-1)-V(x_t,t+1)\geqslant 0$，即收益函数 $V(x_t,t)$ 是时间 t 的凹函数。

②只需证明 $2V(x_t,t)\geqslant V(x_t+1,t)+V(x_t-1,t)$ 即可。

由式（5.2）和式（5.6），我们有

$$\begin{aligned}V(x_t+1,t+1)=&\lambda q(p_{t+1}(x_t+1))[p_{t+1}(x_t+1)-\\&V(x_t+1,t)+V(x_t,t)]+V(x_t+1,t)\end{aligned}\tag{5.11}$$

$$\begin{aligned}V(x_t,t+1)&=\lambda q(p_{t+1}(x_t))[p_{t+1}(x_t)-V(x_t,t)+V(x_t-1,t)]+V(x_t,t)\\&\geqslant\lambda q(p_{t+1}(x_t+1))[p_{t+1}(x_t+1)-V(x_t,t)+\\&\quad V(x_t-1,t)]+V(x_t,t)\end{aligned}\tag{5.12}$$

式（5.11）减去式（5.12）可得

$$
\begin{aligned}
&V(x_t+1,t+1)-V(x_t,t+1)\\
&=\lambda q(p_{t+1}(x_t+1))[p_{t+1}(x_t+1)-V(x_t+1,t)+V(x_t,t)]+V(x_t+1,t)-\\
&\quad\lambda q(p_{t+1}(x_t))[p_{t+1}(x_t)-V(x_t,t)+V(x_t-1,t)]-V(x_t,t)\\
&\leqslant\lambda q(p_{t+1}(x_t+1))[2V(x_t,t)-V(x_t-1,t)-V(x_t+1,t)]+\\
&\quad V(x_t+1,t)-V(x_t,t)
\end{aligned}
$$

由定理 5.2 可知，

$$V(x_t+1,t)+V(x_t,t+1)\leqslant V(x_t+1,t+1)+V(x_t,t)$$

即

$$V(x_t+1,t)-V(x_t,t)\leqslant V(x_t+1,t+1)-V(x_t,t+1)$$

因此，$2V(x_t,t)-V(x_t,t-1)-V(x_t,t+1)\geqslant 0$，即 $V(x_t,t)$ 是库存 x_t 的凹函数。

由定理 5.3 我们得到了收益函数关于库存水平和时间的凹性，因此，更易于我们来研究最优价格策略的性质。

定理 5.4　最优价格 $p_t(x_t)$ 具有以下性质：

①对于给定的库存水平 x_t，最优价格 $p_t(x_t)$ 关于剩余时间 t 单调递增。

②对于给定的时间 t，最优价格 $p_t(x_t)$ 关于库存水平 x_t 单调递减。

证明：①对于任意 $p<p_t(x_t)$，我们有 $q(p)>q(p_t(x_t))$。

因为

$$
\begin{aligned}
&q(p)[p-V(x_t,t)+V(x_t-1,t)]\\
&=q(p)[p-V(x_t,t-1)+V(x_t-1,t-1)]-\\
&\quad q(p)[V(x_t,t)+V(x_t-1,t-1)-V(x_t,t-1)-V(x_t-1,t)]
\end{aligned}
$$

所以由定理 5.2 可得，

$$V(x_t,t)+V(x_t-1,t-1)\geqslant V(x_t-1,t)+V(x_t,t-1)$$

由于 $q(p)>q(p_t(x_t))$，因此

$$
\begin{aligned}
&q(p)[V(x_t,t)+V(x_t-1,t-1)-V(x_t,t-1)-V(x_t-1,t)]\\
&>q(p_t(x_t))[V(x_t,t)+V(x_t-1,t-1)-V(x_t,t-1)-V(x_t-1,t)]
\end{aligned}
$$

另一方面，由 $p_t(x_t)$ 的定义，我们有

$$
\begin{aligned}
&q(p)[p-V(x_t,t-1)+V(x_t-1,t-1)]\\
&<q(p_t(x_t))[p_t(x_t)-V(x_t,t-1)+V(x_t-1,t-1)]
\end{aligned}
$$

因此，

$$
\begin{aligned}
&q(p)[p-V(x_t,t)+V(x_t-1,t)]\\
&<q(p_t(x_t))[p_t(x_t)-V(x_t,t-1)+V(x_t-1,t-1)]-\\
&\quad q(p_t(x_t))[V(x_t,t)+V(x_t-1,t-1)-V(x_t,t-1)-V(x_t-1,t)]\\
&=q(p_t(x_t))[p_t(x_t)-V(x_t,t)+V(x_t-1,t)]
\end{aligned}
$$

这意味着当 $t+1$ 时期的库存水平为 x_t 时，如果价格策略 p 低于 $p_t(x_t)$，则其所产生的收益也比价格策略 $p_t(x_t)$ 下的收益低。注意到，在状态 $(t+1, x_t)$ 下，产品的最优价格为 $p_{t+1}(x_t)$。由此可知，$p_{t+1}(x_t)>p_t(x_t)$。因此，最优价格 $p_t(x_t)$ 关于时间 t 单调递增。

②对于任意 $p'>p_t(x_t)$，我们有 $q(p')<q(p_t(x_t))$。

注意到

$$
\begin{aligned}
&\psi(p_t(x_t),x_t)-\psi(p',x_t)\\
&=q(p_t(x_t))[p_t(x_t)-V(x_t,t-1)+V(x_t-1,t-1)]-\\
&\quad q(p')[p'-V(x_t,t-1)+V(x_t-1,t-1)]\\
&=[q(p_t(x_t))p_t(x_t)-q(p')p']+\\
&\quad [q(p_t(x_t))-q(p')][V(x_t-1,t-1)-V(x_t,t-1)]
\end{aligned}
$$

由定理5.3②可得，$V(x_t-1,t-1)-V(x_t,t-1)\leqslant V(x_t,t-1)-V(x_t+1,t-1)$

由于 $q(p')<q(p_t(x_t))$，我们有

$$
\begin{aligned}
&\psi(p_t(x_t),x_t)-\psi(p',x_t)\\
&\leqslant[q(p_t(x_t))p_t(x_t)-q(p')p']+\\
&\quad [q(p_t(x_t))-q(p')][V(x_t,t-1)-V(x_t+1,t-1)]\\
&=q(p_t(x_t))[p_t(x_t)+V(x_t,t-1)-V(x_t+1,t-1)]-\\
&\quad q(p')[p'+V(x_t,t-1)-V(x_t+1,t-1)]\\
&=\psi(p_t(x_t),x_t+1)-\psi(p',x_t+1)
\end{aligned}
$$

因此，由 $p_t(x_t)$ 的最优性可得

$$\psi(p_t(x_t),x_t)-\psi(p',x_t)\geqslant 0$$

这意味着对于任意 $p'>p_t(x_t)$，都有

$$\psi(p_t(x_t),x_t+1)-\psi(p',x_t+1)\geqslant 0$$

因为状态 (t,x_t+1) 下的最优价格为 $p_t(x_t+1)$，可得

$$\psi(p_t(x_t+1),x_t+1)-\psi(p_t(x_t),x_t+1)\geqslant 0$$

因此，由 $p_t(x_t+1)$ 的最优性可得，$p_t(x_t+1)\leqslant p_t(x_t)$，即最优价格 $p_t(x_t)$

关于库存水平 x_t 单调递减。

定理 5.4 显示，如果有更多的剩余时间来销售产品，企业就会制定更高的产品价格；如果企业有更多的剩余库存，其就会以更低的价格销售产品。为了研究顾客惰性对最优价格策略的影响，我们首先给出下面的引理。

引理 5.1　令 $f: X \times Y \to R$，

①如果 $x^*(y) = \arg\max_x f(x,y)$，则 $f_{xy}(x^*(y),y)\frac{\partial x^*(y)}{\partial y} > 0$。

②如果 $x^*(y) = \arg\min_x f(x,y)$，则 $f_{xy}(x^*(y),y)\frac{\partial x^*(y)}{\partial y} < 0$。

由此，我们可以得出顾客惰性对最优价格的影响。

定理 5.5　最优价格 $p_t(x_t)$ 关于惰性深度 γ 单调递减，关于惰性宽度 β 也单调递减。

证明：定义

$$\psi(p_t,\gamma,\beta) = q(p_t)(p_t - \Delta V(x_t,t-1))$$

$$p_t(x_t) = \arg\max_{p_t} \psi(p_t,\gamma,\beta)$$

其中，$q_t = q(p_t) = \frac{\beta e^{\alpha - p_t - \gamma} + (1-\beta)e^{\alpha - p_t}}{1 + \beta e^{\alpha - p_t - \gamma} + (1-\beta)e^{\alpha - p_t}}$。

$\psi(p_t,\gamma,\beta)$ 的一阶条件为

$$\frac{\partial \psi(p_t,\gamma,\beta)}{\partial p_t} = -q_t[(1-q_t)(p_t - \Delta V(x_t,t-1)) - 1] = 0$$

由此可得

$$\begin{aligned}
&\left.\frac{\partial^2 \psi(p_t,\gamma,\beta)}{\partial p_t \partial \gamma}\right|_{p_t = p_t(x_t)} \\
&= -\frac{\partial q_t}{\partial \gamma}[(1-q_t)(p_t - \Delta V(x_t,t-1)) - 1]\Big|_{p = p_t(x_t)} + \\
&\quad q_t \frac{\partial q_t}{\partial \gamma}(p_t - \Delta V(x_t,t-1))\Big|_{p_t = p_t(x_t)} \\
&= -\beta e^{\alpha - p_t(x_t) - \gamma} q_t(p_t(x_t))[1 - q_t(p_t(x_t))]^2[p_t(x_t) - \Delta V(x_t,t-1)] < 0
\end{aligned}$$

因此，由引理 5.1 可得，$p_t(x_t)$ 关于惰性深度 γ 单调递减。

同理，

$$\left.\frac{\partial^2\psi(p_t,\gamma,\beta)}{\partial p_t\,\partial\beta}\right|_{p_t=p_t(x_t)}$$

$$=-\frac{\partial q_t}{\partial\beta}\left[(1-q_t)(p_t-\Delta V(x_t,t-1))-1\right]\Big|_{p=p_t(x_t)}+$$

$$q_t\frac{\partial q_t}{\partial\beta}(p_t-\Delta V(x_t,t-1))\Big|_{p_t=p_t(x_t)}$$

$$=-e^{\alpha-p_t(x_t)-\gamma}q(p_t(x_t))[1-q(p_t(x_t))]^2(e^{\gamma}-1)[p_t(x_t)-$$

$$\Delta V^{ad}(x_t,t-1)]<0$$

因此，$p_t(x_t)$关于惰性宽度β单调递减。

5.3 数值算例

本部分中，我们将通过一组数值算例来研究顾客惰性对产品最优价格的影响。假设顾客到达服从时齐泊松过程，销售期 $T=10$，顾客到达概率为 $\lambda=0.7$，产品的库存水平和质量水平分别为 $C=3$ 和 $\alpha=8$，顾客惰性的深度和宽度分别为 $\gamma=10$ 和 $\beta=0.6$。我们首先考察剩余时间和库存水平对产品最优价格的影响，即产品的最优价格如何随剩余时间和库存水平的变化而变化。然后我们研究顾客惰性对产品最优价格的影响，即产品的最优价格如何随惰性深度和宽度的不同而变化。

我们首先考察剩余时间和产品最优价格之间的关系。由图 5.1 我们可以看到最优价格关于时间的单调性，产品的最优价格随剩余时间的增多而提高。

图 5.2 显示了在剩余时间 $t=10$ 时产品的最优价格和库存水平的函数关系，最优价格关于库存水平单调递减。

接下来，我们考察顾客惰性对产品最优价格的影响。具体地，我们描述在剩余时间为 $t=10$、库存水平为 $x=3$ 时，产品的最优价格如何随顾客惰性深度和宽度的不同而变化。在考察惰性宽度对产品最优价格的影响时，我们假设顾客惰性的深度为 $\gamma=10$；在考察惰性深度对产品最优价格的影响时，我们假设顾客惰性的宽度为 $\beta=0.6$。由图 5.3 和 5.4 我们可以看到，顾客惰性对产品的最优价格有负面影响，产品的最优价格关于惰性宽度水平和深度水平单调递减。

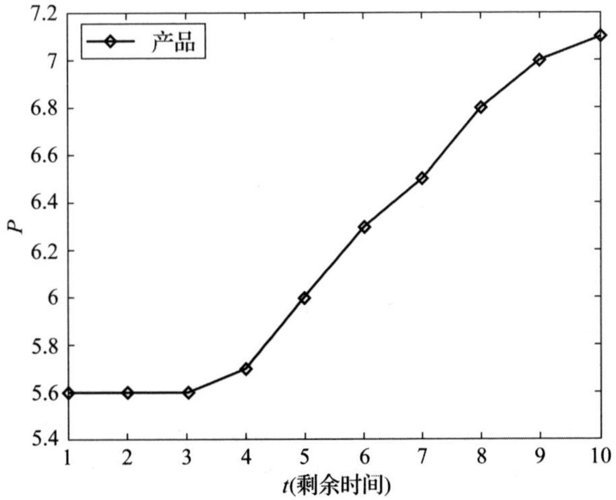

图 5.1　最优价格和剩余时间之间的关系

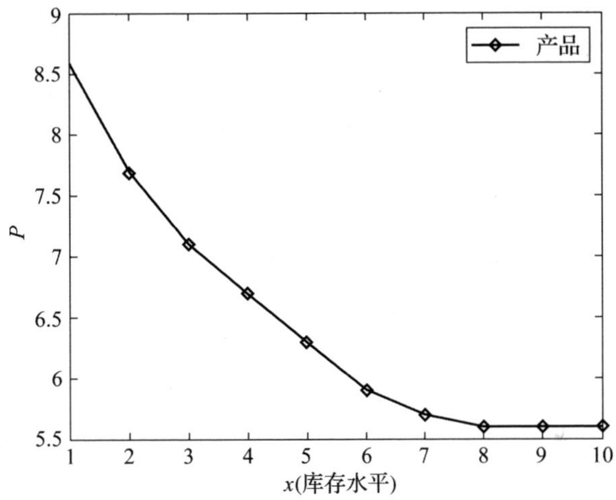

图 5.2　最优价格和库存水平之间的关系

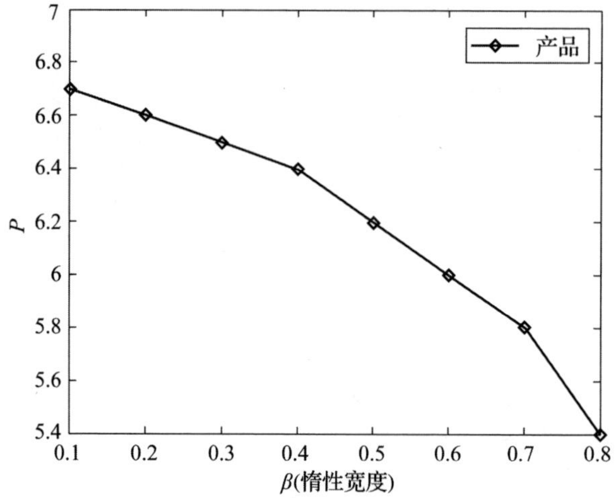

图 5.3　最优价格和惰性宽度之间的关系

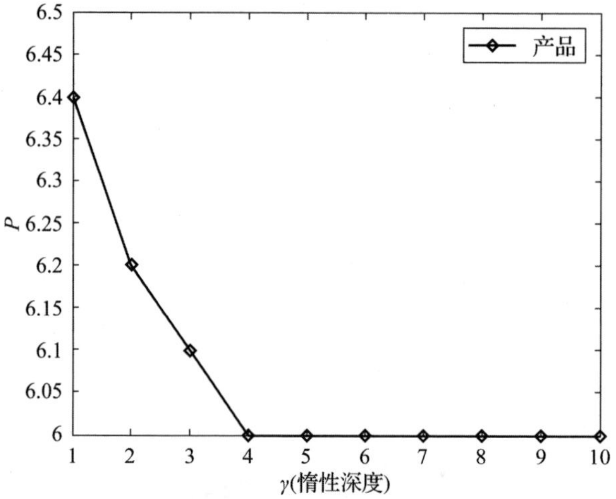

图 5.4　最优价格和惰性深度之间的关系

通过数值实验我们可以发现，顾客的惰性行为会对单产品的最优价格产生负面影响。因此，有必要采取措施来减小惰性对顾客购买决策的影响。

①对于拖延购买的顾客，销售企业可以开展相应的促销活动。比如，销售企业可以通过发送电子邮件广告或促销传单的形式来实施视觉营销活动，以此来促使顾客立即购买。在促销广告上，企业一定要注明促销活动

的截止日期、促销活动的优惠幅度以及同类产品的价格等。

②给顾客营造一个无法拖延的环境。例如，给目标顾客发放截止日期较短的打折券来降低顾客的惰性深度；另外，企业也可以提供数量有限的礼品，只有较早购买的顾客才能获得礼品，或者采取折扣率逐渐降低的方式来促使顾客尽早购买；同时，企业可以采取限量销售的方式来影响顾客的购买决策。

③对已售出的产品实行截止日期较长的召回制度。一旦顾客在购买产品后的一段时间内发现产品存在质量问题，企业将无条件召回产品，以此来释放优质产品的信号；同时，企业也可以展示已购买产品的顾客对产品的评价并且建立完善的售后服务体系来打消顾客购买产品前的顾虑，增加顾客购买产品的信心并降低顾客潜在的后悔与购买风险，从而促使顾客尽快购买。

④由于有些顾客延迟购买的原因是担心购买以后产品会在短时间内降价，因此，企业可以采取差价补偿的方式向顾客承诺。如果顾客在购买后的一段时间里发现产品降价，企业不仅把差价返还给顾客，而且还会给顾客一定的经济补偿。

5.4 本章小结

本章基于顾客的惰性行为研究了风险中性企业的单易逝品动态定价问题，利用动态规划方法建立了顾客到达服从时齐泊松过程情况下的单易逝品动态定价模型，给出了产品最优价格的性质。研究表明，在存在顾客惰性的情况下，产品的最优价格关于剩余时间单调递增，关于产品的库存水平单调递减；另外，顾客惰性对产品的最优价格有负面影响。进一步，本章给出了减轻顾客惰性的营销策略。

本章从风险中性企业的角度讨论了存在顾客惰性情况下的单易逝品动态定价问题，关于本章问题的一个自然拓展就是研究存在顾客惰性的情况下风险厌恶企业的动态定价策略。对于这个问题，我们将在下一章进一步讨论。

第 6 章　风险厌恶环境下基于顾客惰性的单易逝品动态定价

在上一章中，我们研究了存在顾客惰性情况下风险中性企业的单易逝品动态定价策略，对于这类问题的一个自然延伸就是存在顾客惰性情况下风险厌恶的企业如何针对单易逝品实施动态定价策略。本章在假设销售企业的风险态度为风险厌恶的情况下，从顾客的惰性出发，利用马尔可夫决策过程理论和动态规划方法，分别建立了可加效用函数下和永久效用函数下的单易逝品动态定价模型，研究了单易逝品的动态定价策略，并探讨了顾客惰性行为以及企业的风险厌恶态度对产品最优价格的影响。

6.1　引言

易逝品的价值一般随时间的推移呈现下降的趋势，因此，不能完全按照传统的边际成本定价法或者平均成本定价法来制定其价格。由于在不同的销售时期，易逝品的市场需求具有较大的波动性，因此，企业需要在销售产品的过程中动态地调整产品价格来达到收益最大化的目标。早期的动态定价法主要应用在航空业和酒店业等短期供给相对稳定、定价成本较低的服务性行业。随着电子商务的迅速发展，销售企业越来越频繁地变动产品的价格，动态定价已经突破传统的应用领域，受到销售商的普遍重视。

近年来，随着全球经济一体化的不断深入和信息技术的快速发展，很多企业的供应链遍布世界各地，企业结构也变得更加复杂，从而使得这部分企业在日常运作过程中不得不面临各种不确定风险因素，例如，需求和供应的不确定性、自然灾害、信息不对称等。不确定风险因素会对企业产生重大影响，例如，2004 年的“非典”疫情对我国甚至其他国家的企业都造成了很大影响，导致我国的批发和零售行业的收入损失了 120 亿元；2008 年我国婴幼儿奶粉的三聚氰胺事件不仅瓦解了以三鹿集团为核心的整个供应链网络，而且对我国的整个乳制品行业产生了巨大冲击。由于不确定风险因素对企业运营所产生的重大影响，近年来一些企业的决策者和管理层的风险态度也发生了转变，他们在关注收益最大化的同时，也更加关注企业面临的各种风险因素。相关理论与实证研究表明[108]，决策者的风险态度对其决策行为具有重要的影响。已有的动态定价研究大多在假设企业是风险中性的情况下，最大化自身的期望收益，忽视了收益的波动性和风险的敏感性。虽然风险中性的假设适用于大部分企业，但是对于具有短期收益目标的企业却不适用。在这种情况下，企业对收益的波动非常敏感，它们更关注于当前的收益；此外，大多数企业在一定程度上是风险厌恶的。因此，近年来一些学者开始研究风险厌恶型企业的动态定价策略。Li 和 Zhuang（2009）从风险厌恶企业的角度研究了单易逝品的动态定价问题[193]；Wu 等（2014）在 CVaR（Conditional Value - at - Risk）准则下研究了存在数量竞争和价格竞争的风险厌恶报童模型，给出了最优订货量和最优价格的性质[194]；Schlosser（2015）研究了风险厌恶企业的动态定价和广告联合策略[195]。本章在第 5 章风险中性环境下的单易逝品动态定价研究的基础上，进一步考虑了企业的风险厌恶态度，在此假设下对基于顾客惰性的动态定价问题进行了研究，得到了最优价格的一些性质。

6.2　考虑企业风险厌恶态度的单易逝品动态定价模型

假设风险厌恶的企业在有限的销售期内出售库存水平为 c 的易逝品（简称为产品），在整个销售期内不允许补货。销售期被划分成 T 个时期，使得每个时期内至多只有一个顾客到达。假设顾客在销售期内按照伯努里过程到达，各顾客的到达相互独立，到达概率为 λ，每个顾客到达后至多购买一件产品，不考虑顾客退货的情况。时间按逆序排列，即 T 为销售的初始时期，1 为销售的结束时期，销售期结束后，剩余产品没有残值。对于风险厌恶的企业而言，其目标是在销售期内使自身的期望效用达到最大。

令$\{T,\phi,A,q_t(\cdot|x_t,p_t),r_t(x_t,p_t)\}$表示风险厌恶型企业动态定价问题的马尔可夫决策过程，其中$T=\{T,T-1,\cdots,1\}$为决策时期集合；$\phi=\{x_t\in Z\,|\,0\leqslant x_t\leqslant c\}$为产品在$t$时期的状态空间，$x_t$表示$t$时期产品的库存水平，$c$表示产品的初始库存水平；价格策略空间$A=\wp\cup p_\infty$为可容许的价格集，$\wp$为取值$(0,+\infty)$的紧集，$p_\infty$表示产品售完时的虚拟价格；$q_t(\cdot|x_t,p_t)$为产品的转移率；$r_t(x_t,p_t)$为产品的报酬函数；$p_t$为$t$时期产品的价格。在每个销售时期，企业设置产品的价格，顾客到达后根据产品价格以及自身的偏好选择是否购买产品。为了描述顾客的惰性行为，本章采用Su[107]提出的顾客惰性决策模型。

考虑一个正在进行购买决策的顾客，令U表示顾客购买一件产品后所获得的效用，U_0表示顾客未购买所获得的效用；不失一般性，假设U_0可以标准化为0。对于一个完全理性的顾客来说，当且仅当$U\geqslant U_0$时，其就会购买该产品；然而对于一个具有惰性的顾客来说，当且仅当$U\geqslant U_0+\gamma$时，其会选择购买[107]；其中γ为触发增量，$\gamma>0$表示顾客具有惰性，$\gamma=0$表示顾客为完全理性的顾客。根据文献［107］，我们将γ称为顾客的惰性深度，表示顾客受惰性影响的程度。同时，为了描述顾客的异质性，还需要定义另一个维度的顾客惰性——顾客的惰性宽度β[107]，其中，β表示顾客具有惰性的概率。假设顾客在最后一个销售时期为完全理性的顾客，不具有惰性。

为了描述顾客的选择行为，我们采用MNL选择模型。由此，假设在t时期顾客以价格p_t购买一件产品所获得的效用为

$$U_t=\alpha_t-p_t-\gamma+\xi$$

其中，α_t表示t时期产品的质量、品牌形象以及受欢迎程度等，不失一般性，假设α_t在所有销售时期均相同，记为α；ξ是一个服从Gumbel分布的随机变量，代表顾客的个人偏好，其均值为0，尺度参数为1。

令q_t表示顾客在t时期以价格p_t购买产品的概率，由MNL模型可得

$$q_t=\frac{\beta e^{\alpha-p_t-\gamma}+(1-\beta)e^{\alpha-p_t}}{1+\beta e^{\alpha-p_t-\gamma}+(1-\beta)e^{\alpha-p_t}},\quad t=2,3,\cdots,T \tag{6.1}$$

由于在最后一个销售时期顾客不具有惰性，因此，当$t=1$时，q_t可以写为

$$q_t = \frac{e^{\alpha - p_t}}{1 + e^{\alpha - p_t}} \tag{6.2}$$

企业的动态定价决策为映射$\wp_t$：$\phi \times A \rightarrow A$，转移率为映射$\wp_t$：$\varphi \times A \rightarrow \phi$，满足

$$q_t(x_t - 1 \mid x_t, p_t) = \lambda q_t$$

进一步，我们可以得到

$$q_t(x_t \mid x_t, p_t) = 1 - \lambda q_t$$

企业在 t 时期的报酬函数为映射 r_t：$\phi \times A \rightarrow R$，在 T 个销售时期的马尔可夫定价策略为 $\pi = (p_T, p_{T-1}, \cdots, p_1) \in \Gamma \equiv A \times A \times \cdots \times A$。在企业的风险态度为风险中性的情况下，其目标是确定一个最优价格策略 π^* 来最大化自身的期望收益。

$$V^{\pi^*}(c,T) = \sup_{\pi \in \Gamma} V(c,T) = \max_{\pi \in \Gamma} E^{\pi}\left[\sum_{t=1}^{T} r_t(x_t, p_t) + V(x_0, 0) \mid x_T = c\right]$$

下面用可加效用函数和永久效用函数[183]来研究风险厌恶型企业的产品动态定价策略。利用可加效用函数可以得到，企业在最优定价策略 π^{ad*} 下的期望效用为

$$\begin{aligned} V^{\pi^{ad*}}(c,T) &= \sup_{\pi \in \Gamma} V^{ad}(c,T) \\ &= \max_{\pi \in \Gamma} E^{\pi}\left[\sum_{t=1}^{T} u(r_t(x_t, p_t)) + u(V^{ad}(x_0, 0)) \mid x_T = c\right] \end{aligned} \tag{6.3}$$

利用永久效用函数可以得到，企业在最优定价策略 π^{at*} 下的期望效用为

$$V^{\pi^{at*}}(c,T) = \sup_{\pi \in \Gamma} V^{at}(c,T) = \max_{\pi \in \Gamma} E^{\pi}\left[u\left(\sum_{t=1}^{T} r_t(x_t, p_t) + V^{at}(x_0, 0)\right)\right] \tag{6.4}$$

6.3　可加效用函数下的单易逝品动态定价问题

6.3.1　可加效用函数下的最优价格策略

可加效用函数能够很好地体现效用关于时间的动态性，且易于分析，因此，在动态定价的研究中被广泛应用。由于效用函数具有许多优良的性

质，且可以很好地描述效用，因此，常被用来研究风险厌恶环境下的收益管理问题。由此，假设企业的效用函数为

$$u(\omega)=1-e^{-\sigma\omega},\ \sigma>0$$

在这种假设条件下，企业的风险测度为

$$\delta_u(\omega)=-\frac{\partial^2 u(\omega)/\partial\omega^2}{\partial u(\omega)/\partial\omega}=\sigma$$

由此可见，σ 能够很好地刻画企业的风险敏感程度，$\sigma>0$ 表示企业是风险厌恶的，称为风险厌恶系数。在可加效用函数下，产品动态定价的 Bellman 方程为

$$V^{ad}(x_t,t)=\max_{p_t\in p}\{\lambda[q_t(1-e^{-\sigma p_t}+V^{ad}(x_t-1,t-1))+ q_0V^{ad}(x_t,t-1)]+(1-\lambda)V^{ad}(x_t,t-1)\}$$

边界条件为：$V^{ad}(x_t,0)=0$，$V^{ad}(0,t)=0$。

令 $\Delta V^{ad}(x_t,t-1)=V^{ad}(x_t,t-1)-V^{ad}(x_t-1,t-1)$，则上式可写为

$$V^{ad}(x_t,t)=\max_{p_t\in p}\{\lambda q_t[1-e^{-\sigma p_t}-\Delta V^{ad}(x_t,t-1)]+V^{ad}(x_t,t-1)\} \tag{6.5}$$

为了研究方便，定义

$$\Phi^{ad}(p_t,\Delta V^{ad}(x_t,t-1))=q_t[1-e^{-\sigma p_t}-\Delta V^{ad}(x_t,t-1)] \tag{6.6}$$

则最优价格可表示为

$$p^{ad*}(\Delta V^{ad}(x_t,t-1))=\arg\max_{p_t\in p}\Phi^{ad}(p_t,\Delta V^{ad}(x_t,t-1)) \tag{6.7}$$

下面研究可加效用函数下的最优价格策略，由文献［87，88］可知，$\Phi^{ad}(p_t,\Delta V^{ad}(x_t,t-1))$不是关于剩余库存水平 x_t 和产品价格 p_t 的联合凹函数。但是，如果我们用顾客的选择概率 q_t 来表示产品价格 p_t，就可以得到 $\Phi^{ad}(p_t,\Delta V^{ad}(x_t,t-1))$为关于 q_t 的凹函数。为了获得产品的最优价格，首先将 $\Phi^{ad}(p_t,\Delta V^{ad}(x_t,t-1))$ 表示成顾客的选择概率 q_t 的函数。由式（6.1）和式（6.2）可得，当 $t=2,3,\cdots,T$ 时，

$$p_t=\alpha-\gamma-\ln(q_t)+\ln\{(1-q_t)[\beta+(1-\beta)e^{\gamma}]\} \tag{6.8}$$

当 $t=1$ 时，

$$p_t=\alpha-\ln(q_t)+\ln(1-q_t) \tag{6.9}$$

将式（6.8）和式（6.9）代入式（6.6）可得

$$\Phi^{ad}(p_t,\Delta V^{ad}(x_t,t-1))=\begin{cases} q_t(1-e^{-\sigma\{\alpha-\gamma-\ln(q_t)+\ln[(1-q_t)(\beta+(1-\beta)e^{\gamma})]\}}- \\ \Delta V^{ad}(x_t,t-1)), & t=2,\cdots,T \\ q_t(1-e^{-\sigma[\alpha-\ln(q_t)+\ln(1-q_t)]}- \\ \Delta V^{ad}(x_t,t-1)), & t=1 \end{cases}$$

下面我们给出 $\Phi^{ad}(p_t,\Delta V^{ad}(x_t,t-1))$的凹性定理。

定理 6.1　$\Phi^{ad}(p_t,\Delta V^{ad}(x_t,t-1))$是关于 q_t 的凹函数。

证明：由于 $\Delta V^{ad}(x_t,t-1)$与 q_t 无关，所以可将其视为常数。为了完成定理的证明，下面分两种情况讨论。

①当 $t\neq1$ 时，求 $\Phi^{ad}(p_t,\Delta V^{ad}(x_t,t-1))$关于 q_t 的一阶偏导数，可得

$$\frac{\partial\Phi^{ad}(p_t,\Delta V^{ad}(x_t,t-1))}{\partial q_t}$$

$$=1-e^{-\sigma\{\alpha-\gamma-\ln(q_t)+\ln[(1-q_t)(\beta+(1-\beta)e^{\gamma})]\}}-\Delta V^{ad}(x_t,t-1)-$$

$$\frac{\sigma}{1-q_t}e^{-\sigma\{\alpha-\gamma-\ln(q_t)+\ln[(1-q_t)(\beta+(1-\beta)e^{\gamma})]\}}$$

进一步，可以求得 $\Phi^{ad}(p_t,\Delta V^{ad}(x_t,t-1))$关于 q_t 的二阶偏导数：

$$\frac{\partial^2\Phi^{ad}(p_t,\Delta V^{ad}(x_t,t-1))}{\partial q_t^2}=-\frac{\sigma(1+\sigma)}{q_t(1-q_t)^2}e^{-\sigma\{\alpha-\gamma-\ln(q_t)+\ln[(1-q_t)(\beta+(1-\beta)e^{\gamma})]\}}$$

由此可得，当 $t\neq1$ 时，

$$\frac{\partial^2\Phi^{ad}(p_t,\Delta V^{ad}(x_t,t-1))}{\partial q_t^2}\leqslant0$$

②同理，当 $t=1$ 时，求 $\Phi^{ad}(p_t,\Delta V^{ad}(x_t,t-1))$关于 q_t 的一阶偏导数，可得

$$\frac{\partial\Phi^{ad}(p_t,\Delta V^{ad}(x_t,t-1))}{\partial q_t}=1-e^{-\sigma[\alpha-\ln(q_t)+\ln(1-q_t)]}-$$

$$\Delta V^{ad}(x_t,t-1)-\frac{\sigma}{1-q_t}e^{-\sigma[\alpha-\ln(q_t)+\ln(1-q_t)]}$$

进一步，可以求得 $\Phi^{ad}(p_t,\Delta V^{ad}(x_t,t-1))$关于 q_t 的二阶偏导数：

$$\frac{\partial^2\Phi^{ad}(p_t,\Delta V^{ad}(x_t,t-1))}{\partial q_t^2}=-\frac{\sigma(1+\sigma)}{q_t(1-q_t)^2}e^{-\sigma[\alpha-\ln(q_t)+\ln(1-q_t)]}$$

由此可得，当 $t=1$ 时，

$$\frac{\partial^2 \Phi^{ad}(p_t,\Delta V^{ad}(x_t,t-1))}{\partial q_t^2} \leqslant 0$$

因此，$\Phi^{ad}(p_t,\Delta V^{ad}(x_t,t-1))$是关于 q_t 的凹函数。

由定理6.1，我们可以进一步得到 $V^{ad}(x_t,t)$为关于 q_t 的凹函数。因此，对于给定的库存水平 x_t，使得 $\Phi^{ad}(p_t,\Delta V^{ad}(x_t,t-1))$最大化的 q_t 同时也是 $V^{ad}(x_t,t)$的最优解，下面给出可加效用函数下的最优价格策略。

定理6.2 给定产品在 t 时期的库存水平 x_t，问题（6.5）的最优价格策略为

$$p_t^* = \frac{1}{\sigma}\ln\left[\frac{1+\sigma\eta(t,x_t)}{1-\Delta V^{ad}(x_t,t-1)}\right]$$

其中，$\eta(t,x_t)$为下面方程的唯一解。

当 $t=2$，3，…，T 时，

$$[\eta(t,x_t)-1][1+\sigma\eta(t,x_t)]^{1/\sigma} - e^{\alpha-\gamma}[\beta+(1-\beta)e^{\gamma}][1-\Delta V^{ad}(x_t,t-1)]^{1/\sigma}=0$$

当 $t=1$ 时，

$$[\eta(t,x_t)-1][1+\sigma\eta(t,x_t)]^{1/\sigma} - e^{\alpha}[1-\Delta V^{ad}(x_t,t-1)]^{1/\sigma}=0$$

证明：由定理6.1可知，$\Phi^{ad}(p_t,\Delta V^{ad}(x_t,t-1))$为关于 q_t 的凹函数。为了得到最优价格 p_t，我们利用 $\Phi^{ad}(p_t,\Delta V^{ad}(x_t,t-1))$的一阶条件可得

$$\frac{\partial \Phi^{ad}(p_t,\Delta V^{ad}(x_t,t-1))}{\partial q_t}=0$$

令 $\eta(t,x_t)=1/(1-q_t)$，考虑下面两种情况。

①当 $t\neq 1$ 时，$\Phi^{ad}(p_t,\Delta V^{ad}(x_t,t-1))$的一阶条件为

$$1-e^{-\sigma\{\alpha-\gamma-\ln(q_t)+\ln[(1-q_t)(\beta+(1-\beta)e^{\gamma})]\}}-\Delta V^{ad}(x_t,t-1)-\frac{\sigma}{1-q_t}e^{-\sigma\{\alpha-\gamma-\ln(q_t)+\ln[(1-q_t)(\beta+(1-\beta)e^{\gamma})]\}}=0 \tag{6.10}$$

将 $\eta(t,x_t)=1/(1-q_t)$代入式（6.10）可得

$$q_t=\frac{1}{\eta(t,x_t)}[\beta+(1-\beta)e^{\gamma}]e^{\alpha-\gamma}\left[\frac{1-\Delta V^{ad}(x_t,t-1)}{1+\sigma\eta(t,x_t)}\right]^{1/\sigma}$$

由 $q_t=1-1/\eta(t,x_t)$可得

$$1-1/\eta(t,x_t)=\frac{1}{\eta(t,x_t)}e^{\alpha-\gamma}[\beta+(1-\beta)e^{\gamma}]\left[\frac{1-\Delta V^{ad}(x_t,t-1)}{1+\sigma\eta(t,x_t)}\right]^{1/\sigma}$$

因此，$\eta(t,x_t)$为

$$[\eta(t,x_t)-1][1+\sigma\eta(t,x_t)]^{1/\sigma}-e^{\alpha-\gamma}[\beta+(1-\beta)e^{\gamma}][1-\Delta V^{ad}(x_t,t-1)]^{1/\sigma}=0 \tag{6.11}$$

的一个解，下面证明 $\eta(t,x_t)$ 为方程（6.11）的唯一解。

令

$$L(\eta(t,x_t))=[\eta(t,x_t)-1][1+\sigma\eta(t,x_t)]^{1/\sigma}-e^{\alpha-\gamma}[\beta+(1-\beta)e^{\gamma}][1-\Delta V^{ad}(x_t,t-1)]^{1/\sigma}$$

则 $L(1)<0$，$L(+\infty)=+\infty$。由于对于任意 $\eta(t,x_t)\in[1,+\infty)$ 均有

$$\partial L(\eta(t,x_t))/\partial\eta(t,x_t)=[1+\sigma\eta(t,x_t)]^{1/\sigma}+[\eta(t,x_t)-1][1+\sigma\eta(t,x_t)]^{1/\sigma-1}>0$$

因此，$\eta(t,x_t)\in[1,+\infty)$ 是 $L(\eta(t,x_t))=0$ 的唯一解，下面我们求最优价格 p_t^* 的表达式。

将 $q_t=1-1/\eta(t,x_t)$ 代入式（6.8），由式（6.11）可得，

$$p_t^*=\frac{1}{\sigma}\ln\left[\frac{1+\sigma\eta(t,x_t)}{1-\Delta V^{ad}(x_t,t-1)}\right]$$

其中，$\eta(t,x_t)$ 为方程

$$[\eta(t,x_t)-1][1+\sigma\eta(t,x_t)]^{1/\sigma}-e^{\alpha-\gamma}[\beta+(1-\beta)e^{\gamma}][1-\Delta V^{ad}(x_t,t-1)]^{1/\sigma}=0$$

的唯一解。

②同理可得，当 $t=1$ 时，最优价格为

$$p_t^*=\frac{1}{\sigma}\ln\left[\frac{1+\sigma\eta(t,x_t)}{1-\Delta V^{ad}(x_t,t-1)}\right]$$

其中，$\eta(t,x_t)$ 为方程

$$[\eta(t,x_t)-1][1+\sigma\eta(t,x_t)]^{1/\sigma}-e^{\alpha}[1-\Delta V^{ad}(x_t,t-1)]^{1/\sigma}=0$$

的唯一解。

6.3.2 可加效用函数下最优价格的性质

这一部分，我们研究可加效用函数下产品最优价格策略的性质。为了便于研究最优价格的性质，我们定义

$$H(\Delta)=\max_{p_t}\{q_t(1-e^{-\sigma p_t}-\Delta)\}$$

下面给出 $H(\Delta)$ 的性质。

引理 6.1　$H(\Delta)$ 具有以下性质：

①$H(\Delta)$关于Δ递减。

②如果$\Delta_1 \leqslant \Delta_2$，则$H(\Delta_1) - H(\Delta_2) \leqslant \Delta_2 - \Delta_1$。

证明：由于$q_t(1 - e^{-\sigma p_t} - \Delta)$关于$\Delta$递减，因此立即可以得出$H(\Delta)$关于$\Delta$递减。而$q_t(1 - e^{-\sigma p_t} - \Delta) + \Delta$关于$\Delta$递增，故

$$H(\Delta_1) - H(\Delta_2) \leqslant \Delta_2 - \Delta_1$$

由引理5.1和引理6.1可以得到可加效用函数下产品最优价格的性质。

定理6.3 可加效用函数下，产品的最优价格具有以下性质：

①$\Delta V^{ad}(x_t, t)$关于x_t递减，关于剩余时间t递增。

②$p^{ad*}(\Delta V^{ad}(x_t, t-1))$关于$\Delta V^{ad}(x_t, t-1)$递增，关于$x_t$递减，关于剩余时间$t$递增。

证明：①通过对t进行归纳来证明$\Delta V^{ad}(x_t, t-1)$关于x_t递减。

当$t=0$时，结论显然成立。

假设$\Delta V^{ad}(x_t, t-1) \leqslant \Delta V^{ad}(x_t - 1, t-1)$，下证$\Delta V^{ad}(x_t, t) \leqslant \Delta V^{ad}(x_t - 1, t)$。

由假设及引理6.1可得

$$\begin{aligned}
&\Delta V^{ad}(x_t, t) - \Delta V^{ad}(x_t - 1, t) \\
&= \Delta V^{ad}(x_t, t-1) - \Delta V^{ad}(x_t - 1, t-1) + \lambda[H(\Delta V^{ad}(x_t, t-1)) - \\
&\quad H(\Delta V^{ad}(x_t - 1, t-1)) - H(\Delta V^{ad}(x_t - 1, t-1)) + \\
&\quad H(\Delta V^{ad}(x_t - 2, t-1))] \\
&\leqslant \Delta V^{ad}(x_t, t-1) - \Delta V^{ad}(x_t - 1, t-1) + \lambda[H(\Delta V^{ad}(x_t, t-1)) - \\
&\quad H(\Delta V^{ad}(x_t - 1, t-1))] \\
&\leqslant (1-\lambda)[\Delta V^{ad}(x_t, t-1) - \Delta V^{ad}(x_t - 1, t-1)] \leqslant 0
\end{aligned}$$

因此，$\Delta V^{ad}(x_t, t)$关于x_t递减。

接下来，证明$\Delta V^{ad}(x_t, t)$关于剩余时间t递增。注意到：

$$\Delta V^{ad}(x_t, t) = \Delta V^{ad}(x_t, t-1) + \lambda[H(\Delta V^{ad}(x_t, t-1)) - H(\Delta V^{ad}(x_t - 1, t-1))]$$

由$\Delta V^{ad}(x_t, t)$关于x_t递减以及引理6.1可得，$\Delta V^{ad}(x_t, t) \geqslant \Delta V^{ad}(x_t, t-1)$。因此，$\Delta V^{ad}(x_t, t)$关于剩余时间$t$递增。

②由$\dfrac{\partial^2 \Phi^{ad}(p_t, \Delta V^{ad}(x_t, t-1))}{\partial p_t \partial \Delta V^{ad}(x_t, t-1)} = q_t(1 - q_t) > 0$可得，$\Phi^{ad}(p_t, \Delta V^{ad}(x_t, t-1))$为关于$p_t$和$\Delta V^{ad}(x_t, t-1)$的上模函数。因此，$p_t^{ad*}(\Delta V^{ad}(x_t, t-1))$

关于 $\Delta V^{ad}(x_t,t-1)$递增。由于 $\Delta V^{ad}(x_t,t)$关于 x_t 递减，关于剩余时间 t 递增，因此，$p_t^{ad*}(\Delta V^{ad}(x_t,t-1))$关于 x_t 递减，关于剩余时间 t 递增。

由定理 6.3 可知，可加效用函数下产品的最优价格随库存水平的增加而下降，随剩余时间的增加而上升。接下来，我们研究企业的风险厌恶系数以及顾客的惰性深度和宽度对产品最优价格的影响。

定理 6.4　可加效用函数下，产品的最优价格 $p_t^{ad*}(\sigma,\Delta V^{ad}(x_t,t-1))$关于企业的风险厌恶系数 σ 单调递减。

证明： 令 $\Phi^{ad}(p_t,\sigma,\Delta V^{ad}(x_t,t-1)) = q_t(1-e^{-\sigma p_t}-\Delta V^{ad}(x_t,t-1))$

$$p_t^{ad*}(\sigma,\Delta V^{ad}(x_t,t-1)) = \arg\max_{p_t\in\mathscr{P}}\Phi^{ad}(p_t,\Delta V^{ad}(x_t,\sigma,t-1))$$

由定理 6.3②可知，$p_t^{ad*}(\sigma,\Delta V^{ad}(x_t,t-1))\geqslant p_t^{ad*}(\sigma,0)$，且

$$\left.\frac{\partial\Phi^{ad}(p_t,\sigma,0)}{\partial p_t}\right|_{p_t^{ad*}(\sigma,\Delta V^{ad}(x_t,t-1))} \tag{6.12}$$

$$=\left[-q_t(1-q_t)(1-e^{-\sigma p_t})+q_t\sigma e^{-\sigma p_t}\right]_{p_t^{ad*}(\sigma,\Delta V^{ad}(x_t,t-1))}\leqslant 0$$

由于当 $1\leqslant t\leqslant T$ 时，

$$\left.\frac{\partial^2\Phi^{ad}(p_t,\sigma,\Delta V^{ad}(x_t,t-1))}{\partial p_t\,\partial\sigma}\right|_{p_t^{ad*}(\sigma,\Delta V^{ad}(x_t,t-1))}=\left[-q_t(1-q_t)p_t+q_t-q_t\sigma p_t\right]e^{-\sigma p_t}$$

所以由式（6.12）可得

$$\left.\frac{\partial^2\Phi^{ad}(p_t,\sigma,\Delta V^{ad}(x_t,t-1))}{\partial p_t\,\partial\sigma}\right|_{p_t^{ad*}(\sigma,\Delta V^{ad}(x_t,t-1))}\leqslant\frac{1-e^{-\sigma p_t}-\sigma p_t}{1-e^{-\sigma p_t}}q_t e^{-\sigma p_t}$$

由于对于任意 $\sigma>0$，有 $1-e^{-\sigma p_t}-\sigma p_t<0$，因此，

$$\left.\frac{\partial^2\Phi^{ad}(p_t,\sigma,\Delta V^{ad}(x_t,t-1))}{\partial p_t\,\partial\sigma}\right|_{p_t^{ad*}(\sigma,\Delta V^{ad}(x_t,t-1))}<0$$

由引理 5.1 可知，$p_t^{ad*}(\sigma,\Delta V^{ad}(x_t,t-1))$关于 σ 单调递减。

定理 6.4 给出了产品最优价格关于企业风险厌恶系数的单调性，由定理 6.4 可以看出，企业的风险厌恶系数越大，其制定的产品价格越小，即企业的风险厌恶系数对产品的最优价格起负面影响。

定理 6.5　存在顾客惰性的情况下，我们有

①对于固定的惰性宽度 β，产品的最优价格 $p_t^{ad*}(\gamma,\beta)$关于顾客惰性深度 γ 单调递减。

②对于固定的惰性深度 γ，产品的最优价格 $p_t^{ad*}(\gamma,\beta)$关于顾客惰性宽

度β单调递减。

证明： 定义

$$\Phi^{ad}(p_t,\gamma,\beta)=q_t(1-e^{-\sigma p_t}-\Delta V^{ad}(x_t,t-1))$$

$$p_t^{ad*}(\gamma,\beta)=\arg\max_{p_t\in\wp}\Phi^{ad}(p_t,\gamma,\beta)$$

其中，$q_t=\dfrac{\beta e^{\alpha-p_t-\gamma}+(1-\beta)e^{\alpha-p_t}}{1+\beta e^{\alpha-p_t-\gamma}+(1-\beta)e^{\alpha-p_t}}$。

由 $\Phi^{ad}(p_t,\gamma,\beta)$的一阶条件可得

$$\frac{\partial\Phi^{ad}(p_t,\gamma,\beta)}{\partial p_t}=-q_t[(1-q_t)(1-e^{-\sigma p_t}-\Delta V^{ad}(x_t,t-1))-\sigma e^{-\sigma p_t}]=0$$

进一步，求 $\Phi^{ad}(p_t,\gamma,\beta)$关于$p_t$和$\gamma$的二阶导数可得

$$\left.\frac{\partial^2\Phi^{ad}(p_t,\gamma,\beta)}{\partial p_t\,\partial\gamma}\right|_{p=p_t^{ad*}(\gamma,\beta)}=-\beta e^{\alpha-p_t-\gamma}q_t(1-q_t)^2[1-e^{-\sigma p_t}-\Delta V^{ad}(x_t,t-1)]<0$$

由引理5.1可得，$p_t^{ad*}(\gamma,\beta)$关于顾客惰性深度γ单调递减。

同理，由于

$$\left.\frac{\partial^2\Phi^{ad}(p_t,\gamma,\beta)}{\partial p_t\,\partial\beta}\right|_{p=p_t^{ad*}(\gamma,\beta)}$$

$$=-e^{\alpha-p_t-\gamma}q_t(1-q_t)^2(1-e^{-\sigma p_t}-\Delta V^{ad}(x_t,t-1))(e^{\gamma}-1)<0$$

因此，由引理5.1可得，$p_t^{ad*}(\gamma,\beta)$关于顾客惰性深度β单调递减。

6.4 永久效用函数下的单易逝品动态定价问题

6.4.1 永久效用函数下的最优价格策略

在销售期较短以及两次价格决策的时间间隔可以忽略的情况下，利用永久效用函数来描述无时间偏好并且关注总收益的企业更加合适。这一部分，考虑永久效用函数下基于顾客惰性的单易逝品动态定价问题。假设企业的效用函数为$u(\omega)=1-e^{-\sigma\omega}$，$\sigma>0$，则风险厌恶企业的单易逝品动态定价问题可以表示为

$$\max_{\pi\in\Gamma}E^{\pi}\left[u\left(\sum_{t=0}^{T}r_t(x_t,p_t)\right)\mid x_T=c\right]=1-\min_{\pi\in\Gamma}E^{\pi}\left[e^{-\sigma\sum_{t=0}^{T}r_t(x_t,p_t)}\mid x_T=c\right]$$

令
$$V^{at}(c,T) = \min_{\pi\in\Gamma} E^{\pi}\left[e^{-\sigma\sum_{t=0}^{T} r_t(x_t,p_t)} \mid x_T = c \right] \tag{6.13}$$
则式（6.13）的 Bellman 方程为
$$V^{at}(x_t,t) = \min_{p_t}\{\lambda[q_t e^{-\sigma p_t} V^{at}(x_t-1,t-1) + (1-q_t)V^{at}(x_t,t-1)] + (1-\lambda)V^{at}(x_t,t-1)\} \tag{6.14}$$
令 $\widetilde{V}^{at}(x_t,t) = -\frac{1}{\sigma}\ln V^{at}(x_t,t)$，则式（6.14）变为
$$\widetilde{V}^{at}(x_t,t) = \widetilde{V}^{at}(x_t,t-1) - \frac{1}{\sigma}\ln\left[1+\min_{p_t}\{\lambda q_t(e^{-\sigma(p_t-\Delta\widetilde{V}^{at}(x_t,t-1))}-1)\}\right] \tag{6.15}$$
其中，$\Delta\widetilde{V}^{at}(x_t,t-1) = \widetilde{V}^{at}(x_t,t-1) - \widetilde{V}^{at}(x_t-1,t-1)$。

为了研究方便，定义
$$\Psi^{at}(p_t,\sigma,\Delta\widetilde{V}^{at}(x_t,t-1)) = q_t[e^{-\sigma(p_t-\Delta\widetilde{V}^{at}(x_t,t-1))}-1] \tag{6.16}$$
由此，可将最优价格写为
$$p^{at*}(\sigma,\Delta\widetilde{V}^{at}(x_t,t-1)) = \arg\min_{p_t}\Psi^{at}(p_t,\sigma,\Delta\widetilde{V}^{at}(x_t,t-1)) \tag{6.17}$$
则式（6.15）化为
$$\widetilde{V}^{at}(x_t,t) = \widetilde{V}^{at}(x_t,t-1) - \frac{1}{\sigma}\ln[1+\min_{p_t}\{\lambda\Psi^{at}(p_t,\sigma,\Delta\widetilde{V}^{at}(x_t,t-1))\}] \tag{6.18}$$

为了获得产品的最优价格策略，首先将 $\Psi^{at}(p_t,\sigma,\Delta\widetilde{V}^{at}(x_t,t-1))$表示成顾客的选择概率 q_t 的函数。将式（6.8）和式（6.9）代入式（6.16）可得
$$\Psi^{at}(p_t,\sigma,\Delta\widetilde{V}^{at}(x_t,t-1)) = \begin{cases} q_t(e^{-\sigma\{\alpha-\gamma-\ln(q_t)+\ln[(1-q_t)(\beta+(1-\beta)e^{\gamma})]-\Delta\widetilde{V}^{at}(x_t,t-1)\}}-1), & t=2,\cdots,T \\ q_t(e^{-\sigma[\alpha-\ln(q_t)+\ln(1-q_t)-\Delta\widetilde{V}^{at}(x_t,t-1)]}-1), & t=1 \end{cases}$$
下面给出 $\Psi^{at}(p_t,\sigma,\Delta\widetilde{V}^{at}(x_t,t-1))$的凸性定理。

定理 6.6 $\Psi^{at}(p_t,\sigma,\Delta\widetilde{V}^{at}(x_t,t-1))$是关于 q_t 的凸函数。

证明：由于 $\Delta\tilde{V}^{at}(x_t,t-1)$ 与 q_t 无关，所以可以将其视为常数。为了完成定理的证明，下面分两种情况讨论。

①当 $t\neq1$ 时，求 $\Psi^{at}(p_t,\sigma,\Delta\tilde{V}^{at}(x_t,t-1))$ 关于 q_t 的一阶偏导数，可得

$$\frac{\partial\Psi^{at}(p_t,\sigma,\Delta\tilde{V}^{at}(x_t,t-1))}{\partial q_t}=$$

$$\mathrm{e}^{-\sigma\{\alpha-\gamma-\ln(q_t)+\ln[(1-q_t)(\beta+(1-\beta)\mathrm{e}^{\gamma})]-\Delta\tilde{V}^{at}(x_t,t-1)\}}\left(1+\frac{\sigma}{1-q_t}\right)-1$$

进一步，可以求得 $\Psi^{at}(p_t,\sigma,\Delta\tilde{V}^{at}(x_t,t-1))$ 关于 q_t 的二阶偏导数：

$$\frac{\partial^2\Psi^{at}(p_t,\sigma,\Delta\tilde{V}^{at}(x_t,t-1))}{\partial q_t^2}=\frac{\sigma(\sigma+1)}{q_t(1-q_t)^2}\mathrm{e}^{-\sigma\{\alpha-\gamma-\ln(q_t)+\ln[(1-q_t)(\beta+(1-\beta)\mathrm{e}^{\gamma})]-\Delta\tilde{V}^{at}(x_t,t-1)\}}$$

②当 $t=1$ 时，求 $\Psi^{at}(p_t,\sigma,\Delta\tilde{V}^{at}(x_t,t-1))$ 关于 q_t 的一阶偏导数，可得

$$\frac{\partial\Psi^{at}(p_t,\sigma,\Delta\tilde{V}^{at}(x_t,t-1))}{\partial q_t}=\mathrm{e}^{-\sigma[\alpha-\ln(q_t)+\ln(1-q_t)-\Delta\tilde{V}^{at}(x_t,t-1)]}\left(1+\frac{\sigma}{1-q_t}\right)-1$$

进一步，可以求得 $\Psi^{at}(p_t,\sigma,\Delta\tilde{V}^{at}(x_t,t-1))$ 关于 q_t 的二阶偏导数：

$$\frac{\partial^2\Psi^{at}(p_t,\sigma,\Delta\tilde{V}^{at}(x_t,t-1))}{\partial q_t^2}=\frac{\sigma(\sigma+1)}{q_t(1-q_t)^2}\mathrm{e}^{-\sigma[\alpha-\ln(q_t)+\ln(1-q_t)-\Delta\tilde{V}^{at}(x_t,t-1)]}$$

由此可得，两种情况下均可得到

$$\frac{\partial^2\Psi^{at}(p_t,\sigma,\Delta\tilde{V}^{at}(x_t,t-1))}{\partial q_t^2}\geqslant0,\ t=1,\ 2,\ \cdots,\ T$$

因此，$\Psi^{at}(p_t,\sigma,\Delta\tilde{V}^{at}(x_t,t-1))$ 是关于 q_t 的凸函数。

进一步，我们可以得到 $\tilde{V}^{at}(x_t,t)$ 为关于 q_t 的凹函数。因此，对于给定的库存水平 x_t，使得 $\Psi^{at}(p_t,\sigma,\Delta\tilde{V}^{at}(x_t,t-1))$ 最小化的 q_t 同时也是 $\tilde{V}^{at}(x_t,t)$ 的最优解，下面给出永久效用函数下产品的最优价格策略。

定理 6.7 给定产品在 t 时期的库存量 x_t，问题（6.15）的最优价格策略为

$$p_t^* = \Delta \tilde{V}^{at}(x_t, t-1) + \frac{1}{\sigma}\ln[1+\sigma\eta(t,x_t)]$$

其中，$\eta(t,x_t)$为下面方程的唯一解。

当$t=2$，3，…，T时，

$$[\eta(t,x_t)-1][1+\sigma\eta(t,x_t)]^{1/\sigma} - \mathrm{e}^{\alpha-\gamma}[\beta+(1-\beta)\mathrm{e}^{\gamma}][1-\Delta\tilde{V}^{at}(x_t,t-1)]^{1/\sigma}=0$$

当$t=1$时，

$$[\eta(t,x_t)-1][1+\sigma\eta(t,x_t)]^{1/\sigma} - \mathrm{e}^{\alpha}[1-\Delta\tilde{V}^{at}(x_t,t-1)]^{1/\sigma}=0$$

证明：由定理6.6可知，$\Psi^{at}(p_t,\sigma,\Delta\tilde{V}^{at}(x_t,t-1))$为关于$q_t$的凸函数。为了得到最优价格$p_t$，我们利用$\Psi^{at}(p_t,\sigma,\Delta\tilde{V}^{at}(x_t,t-1))$的一阶条件可得

$$\frac{\partial\Psi^{at}(p_t,\sigma,\Delta\tilde{V}^{at}(x_t,t-1))}{\partial q_t}=0$$

令$\eta(t,x_t)=1/(1-q_t)$，考虑下面两种情况。

①当$t\neq 1$时，$\Psi^{at}(p_t,\sigma,\Delta\tilde{V}^{at}(x_t,t-1))$的一阶条件为

$$\mathrm{e}^{-\sigma\{\alpha-\gamma-\ln(q_t)+\ln[(1-q_t)(\beta+(1-\beta)\mathrm{e}^{\gamma})]-\Delta\tilde{V}^{at}(x_t,t-1)\}}\left(1+\frac{\sigma}{1-q_t}\right)-1=0 \quad (6.19)$$

将$\eta(t,x_t)=1/(1-q_t)$代入式（6.19）可得

$$q_t=\frac{1}{\eta(t,x_t)}[\beta+(1-\beta)\mathrm{e}^{\gamma}]\mathrm{e}^{\alpha-\gamma-\Delta\tilde{V}^{at}(x_t,t-1)}[1+\sigma\eta(t,x_t)]^{-1/\sigma}$$

由$q_t=1-1/\eta(t,x_t)$可得

$$1-1/\eta(t,x_t)=\frac{1}{\eta(t,x_t)}[\beta+(1-\beta)\mathrm{e}^{\gamma}]\mathrm{e}^{\alpha-\gamma-\Delta\tilde{V}^{at}(x_t,t-1)}[1+\sigma\eta(t,x_t)]^{-1/\sigma}$$

因此，$\eta(t,x_t)$为

$$[\eta(t,x_t)-1][1+\sigma\eta(t,x_t)]^{1/\sigma}-[\beta+(1-\beta)\mathrm{e}^{\gamma}]\mathrm{e}^{\alpha-\gamma-\Delta\tilde{V}^{at}(x_t,t-1)}=0 \quad (6.20)$$

的一个解，下面证明$\eta(t,x_t)$为方程（6.20）的唯一解。

令

$$\psi(\eta(t,x_t))=[\eta(t,x_t)-1][1+\sigma\eta(t,x_t)]^{1/\sigma}-[\beta+(1-\beta)\mathrm{e}^{\gamma}]\mathrm{e}^{\alpha-\gamma-\Delta\tilde{V}^{at}(x_t,t-1)}$$

则 $\psi(1)<0$，$\psi(+\infty)=+\infty$。因此，由

$$\partial\psi[\eta(t,x_t)]/\partial\eta(t,x_t)=[1+\sigma\eta(t,x_t)]^{1/\sigma}+[\eta(t,x_t)-1][1+\sigma\eta(t,x_t)]^{1/\sigma-1}>0$$

可得，$\psi(\eta(t,x_t))=0$ 有唯一解 $\eta(t,x_t)\in[1,+\infty)$，下面我们求最优价格 p_t^* 的表达式。

将 $q_t=1-1/\eta(t,x_t)$ 代入式（6.8），由式（6.20）可得

$$p_t^*=\Delta\tilde{V}^{at}(x_t,t-1)+\frac{1}{\sigma}\ln[1+\sigma\eta(t,x_t)]$$

其中，$\eta(t,x_t)$ 为方程

$$[\eta(t,x_t)-1][1+\sigma\eta(t,x_t)]^{1/\sigma}-[\beta+(1-\beta)e^{\gamma}]e^{\alpha-\gamma-\Delta\tilde{V}^{at}(x_t,t-1)}=0$$

的唯一解。

②同理可得，当 $t=1$ 时，

$$p_t^*=\Delta\tilde{V}^{at}(x_t,t-1)+\frac{1}{\sigma}\ln[1+\sigma\eta(t,x_t)]$$

其中，$\eta(t,x_t)$ 为方程

$$[\eta(t,x_t)-1][1+\sigma\eta(t,x_t)]^{1/\sigma}-e^{\alpha-\Delta\tilde{V}^{at}(x_t,t-1)}=0$$

的唯一解。

6.4.2 永久效用函数下产品最优价格策略的性质

这一部分，我们研究永久效用函数下基于顾客惰性的最优价格策略的性质。为了研究方便，定义

$$\tilde{L}(\Delta)=\min_{p_t}\{q_t[e^{-\sigma(p_t-\Delta)}-1]\}$$

$$G(\Delta)=\ln[1+\lambda\tilde{L}(\Delta)]$$

由此可以得到下面的结论：

引理 6.2 $\tilde{L}(\Delta)$ 和 $G(\Delta)$ 具有以下性质：

①$\tilde{L}(\Delta)$ 关于 Δ 递增。

②$G(\Delta)$ 关于 Δ 递增。

③如果 $\Delta_1\leqslant\Delta_2$，则 $G(\Delta_2)-G(\Delta_1)\leqslant\sigma(\Delta_2-\Delta_1)$。

证明： 由 $\tilde{L}(\Delta)$ 和 $G(\Delta)$ 的表达式，很容易得出①和②成立，下证③。

令 $\tilde{G}(\Delta)=G(\Delta)-\sigma\Delta$，由于

$$\frac{\partial\tilde{G}(\Delta)}{\partial\Delta}=\frac{\sigma(\lambda q_t-1)}{1+\lambda q_t[\mathrm{e}^{-\sigma(p_t-\Delta)}-1]}<0$$

所以当 $\Delta_1\leqslant\Delta_2$ 时，有 $\tilde{G}(\Delta_2)\leqslant\tilde{G}(\Delta_1)$，即

$$G(\Delta_2)-\sigma\Delta_2\leqslant G(\Delta_1)-\sigma\Delta_1$$

因此，$G(\Delta_2)-G(\Delta_1)\leqslant\sigma(\Delta_2-\Delta_1)$。

由引理 6.2，我们可以得到永久效用函数下产品最优价格的性质。

定理 6.8　在永久效用函数下，产品的最优价格具有以下性质：

①$\Delta\tilde{V}^{at}(x_t,t)$ 关于 x_t 单调递减，关于剩余时间 t 单调递增。

②$p^{at*}(\Delta\tilde{V}^{at}(x_t,t-1))$ 关于 $\Delta\tilde{V}^{at}(x_t,t-1)$ 递增，关于 x_t 递减，关于剩余时间 t 递增，关于 σ 单调递减。

证明： ①通过对剩余时间 t 进行数学归纳来证明 $\Delta\tilde{V}^{at}(x_t,t)$ 关于 x_t 单调递减。

当 $t=0$ 时，命题显然成立。

假设 $\Delta\tilde{V}^{at}(x_t,t-1)\leqslant\Delta\tilde{V}^{at}(x_t-1,t-1)$，下证 $\Delta\tilde{V}^{at}(x_t,t)\leqslant\Delta\tilde{V}^{at}(x_t-1,t)$。由假设和引理 6.2 可得

$$\begin{aligned}
&\Delta\tilde{V}^{at}(x_t,t)-\Delta\tilde{V}^{at}(x_t-1,t)\\
&=\Delta\tilde{V}^{at}(x_t,t-1)-\Delta\tilde{V}^{at}(x_t-1,t-1)-\frac{1}{\sigma}[G(\Delta\tilde{V}^{at}(x_t,t-1))-\\
&\quad G(\Delta\tilde{V}^{at}(x_t-1,t-1))-G(\Delta\tilde{V}^{at}(x_t-1,t-1))+\\
&\quad G(\Delta\tilde{V}^{at}(x_t-2,t-1))]\\
&\leqslant\Delta\tilde{V}^{at}(x_t,t-1)-\Delta\tilde{V}^{at}(x_t-1,t-1)+\frac{1}{\sigma}[G(\Delta\tilde{V}^{at}(x_t-1,t-1))-\\
&\quad G(\Delta\tilde{V}^{at}(x_t,t-1))]\leqslant 0
\end{aligned}$$

所以 $\Delta\tilde{V}^{at}(x_t,t)\leqslant\Delta\tilde{V}^{at}(x_t-1,t)$，即 $\Delta\tilde{V}^{at}(x_t,t)$ 关于 x_t 单调递减。

接下来证明 $\Delta\tilde{V}^{at}(x_t,t)$ 关于剩余时间 t 单调递增。

由于 $\Delta\tilde{V}^{at}(x_t,t)=\Delta\tilde{V}^{at}(x_t,t-1)-\dfrac{1}{\sigma}[G(\Delta\tilde{V}^{at}(x_t,t-1))-G(\Delta\tilde{V}^{at}(x_t-1,t-1))]$，因此，由 $\Delta\tilde{V}^{at}(x_t,t)$ 关于 x_t 单调递减以及引理 6.2 可知

$$\Delta\tilde{V}^{at}(x_t,t)\geqslant\Delta\tilde{V}^{at}(x_t,t-1)$$

即 $\Delta\tilde{V}^{at}(x_t,t)$ 关于剩余时间 t 单调递增。

②由于

$$\frac{\partial^2\Psi^{at}(p_t,\sigma,\Delta\tilde{V}^{at}(x_t,t-1))}{\partial p_t\,\partial\Delta\tilde{V}^{at}(x_t,t-1)}=-\sigma q_t\mathrm{e}^{-\sigma(p_t-\Delta\tilde{V}^{at}(x_t,t-1))}(1+\sigma-q_t)<0$$

所以由引理 5.1 可得，$p^{at*}(\sigma,\Delta\tilde{V}^{at}(x_t,t-1))$ 关于 $\Delta\tilde{V}^{at}(x_t,t-1)$ 递增。

因为 $\Delta\tilde{V}^{at}(x_t,t-1)$ 关于 x_t 单调递减，关于剩余时间 t 单调递增，所以 $p^{at*}(\sigma,\Delta\tilde{V}^{at}(x_t,t-1))$ 关于 x_t 单调递减，关于剩余时间 t 单调递增。

注意到，对于任意 $x>0$，都有 $f(x)=\mathrm{e}^{-x}+x-1>0$，所以

$$\left.\frac{\partial^2\Psi^{at}(p_t,\sigma,\Delta\tilde{V}^{at}(x_t,t-1))}{\partial p_t\,\partial\sigma}\right|_{p=p^{at*}(\sigma,\Delta\tilde{V}^{at}(x_t,t-1))}$$

$$=\frac{\mathrm{e}^{-\sigma(p_t-\Delta\tilde{V}^{at}(x_t,t-1))}+\sigma(p_t-\Delta\tilde{V}^{at}(x_t,t-1))-1}{1-\mathrm{e}^{-\sigma(p_t-\Delta\tilde{V}^{at}(x_t,t-1))}}q_t\mathrm{e}^{-\sigma(p_t-\Delta\tilde{V}^{at}(x_t,t-1))}>0$$

由引理 5.1 可得，$p^{at*}(\sigma,\Delta\tilde{V}^{at}(x_t,t-1))$ 关于 σ 单调递减。

定理 6.9 存在顾客惰性的情况下，产品的最优价格具有下面的性质：

①对于给定的惰性宽度 β，最优价格 $p_t^{at*}(\gamma,\beta)$ 关于顾客惰性深度 γ 单调递减。

②对于给定的惰性深度 γ，最优价格 $p_t^{at*}(\gamma,\beta)$ 关于顾客惰性宽度 β 单调递减。

证明： 令

$$\Psi^{at}(p_t,\gamma,\beta)=q_t(\mathrm{e}^{-\sigma(p_t-\Delta\tilde{V}^{at}(x_t,t-1))}-1)$$
$$p^{at*}(\gamma,\beta)=\arg\min_{p_t}\Psi^{at}(p_t,\gamma,\beta)$$

其中，$q_t = \dfrac{\beta e^{\alpha - p_t - \gamma} + (1 - \beta) e^{\alpha - p_t}}{1 + \beta e^{\alpha - p_t - \gamma} + (1 - \beta) e^{\alpha - p_t}}$。

由 $\Psi^{at}(p_t, \gamma, \beta)$ 的一阶条件可得

$$\frac{\partial \Psi^{at}(p_t, \gamma, \beta)}{\partial p_t} = -q_t[(1 - q_t)(e^{-\sigma(p_t - \Delta \widetilde{V}^{at}(x_t, t-1))} - 1) + \sigma e^{-\sigma(p_t - \Delta \widetilde{V}^{at}(x_t, t-1))}] = 0$$

由此可得

$$\left.\frac{\partial^2 \Psi^{at}(p_t, \gamma, \beta)}{\partial p_t \partial \gamma}\right|_{p_t^{at*}(\gamma, \beta)} = q_t (1 - q_t)^2 \beta e^{\alpha - p_t - \gamma}(1 - e^{-\sigma(p_t - \Delta \widetilde{V}^{at}(x_t, t-1))}) > 0$$

由引理 5.1 可得，$p_t^{at*}(\gamma, \beta)$ 关于顾客惰性深度 γ 单调递减。

同理，由于

$$\left.\frac{\partial^2 \Psi^{at}(p_t, \gamma, \beta)}{\partial p_t \partial \beta}\right|_{p_t^{at*}(\gamma, \beta)} = q_t (1 - q_t)^2 (e^{\alpha - p_t} - e^{\alpha - p_t - \gamma})[1 - e^{-\sigma(p_t - \Delta \widetilde{V}^{at}(x_t, t-1))}] > 0$$

由引理 5.1 可得，$p_t^{at*}(\gamma, \beta)$ 关于顾客惰性深度 β 单调递减。

6.5　数值算例

为了进一步研究本章的结论在实际中的应用，利用 Matlab2012 对上述结论进行模拟仿真，其结果清楚地显示了销售企业的风险厌恶系数以及顾客的惰性因素对产品最优价格的影响。由于可加效用和永久效用函数下产品的最优价格规律相同，不失一般性，本部分选取可加效用函数来研究销售企业的风险厌恶系数以及顾客的惰性因素对产品最优价格的影响。

假设产品的销售期为 $T = 10$，顾客的到达率为 $\lambda = 0.7$，$\alpha = 8$，顾客的惰性深度 $\gamma = 10$，惰性的宽度 $\beta = 0.6$，销售企业的风险厌恶系数为 $\sigma = 0.1$。首先考虑产品的最优价格与剩余时间 t 的关系，将产品的初始库存水平取为 $x = 3$，得到产品的最优价格随剩余时间 t 的变化，如图 6.1 所示。

从图 6.1 可以看出，产品的最优价格随剩余时间的减少而降低。这是因为随着剩余时间的减少，风险厌恶的销售企业为了避免销售期结束时出现产品剩余的情况，通过降价的方式来吸引顾客购买产品。

下面考察产品的库存水平对最优价格的影响。保持其他参数值不变，将产品的库存水平从 1 增加到 10，得到 $t = 10$ 时产品的最优价格随库存水平的变化，如图 6.2 所示。

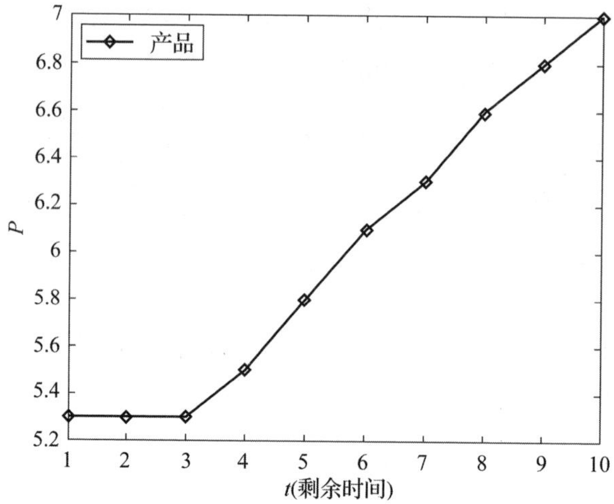

图 6.1　产品的最优价格与剩余时间的关系

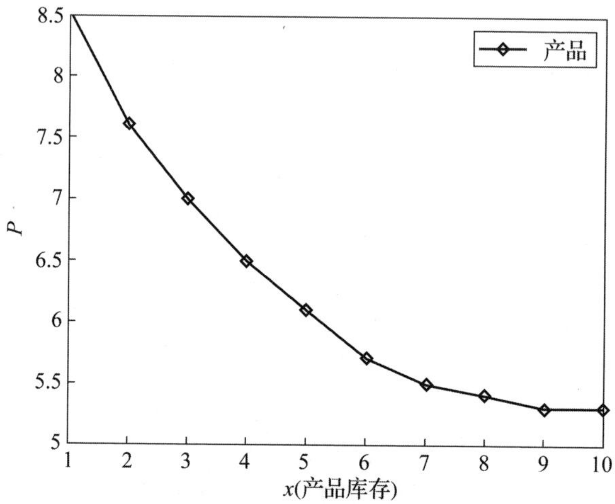

图 6.2　产品的最优价格与库存的关系

由图 6.2 可以看出，随着产品库存水平的增加，产品的最优价格降低。这是因为随着产品库存水平的增加，风险厌恶的销售企业为了避免销售期结束时有过剩的产品销售不出去，通过降价促销的方式来减少产品库存。

接下来，研究顾客的惰性宽度和深度对产品最优价格的影响。保持其他参数值不变，分别将顾客的惰性宽度从 0.1 增加到 0.8，将顾客的惰性深度从 1 增加到 10，得到 $t=10$ 时产品的最优价格分别如图 6.3 和图 6.4 所示。

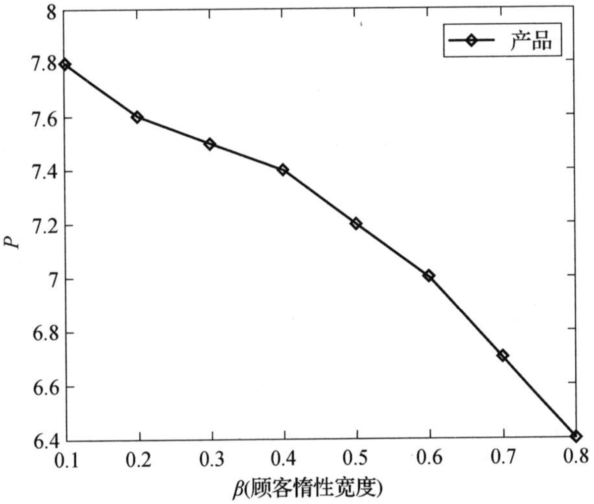

图 6.3　产品的最优价格与顾客惰性宽度的关系

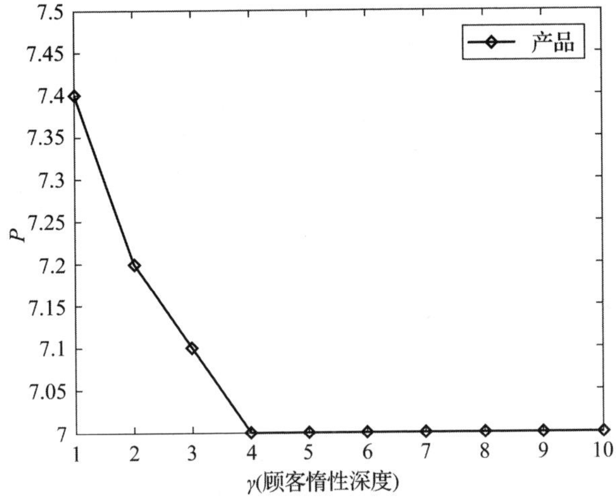

图 6.4　产品的最优价格与顾客惰性深度的关系

从图 6.3 和图 6.4 可以看出，随着顾客的惰性宽度和惰性深度的增加，产品的最优价格均下降，即顾客惰性对产品的最优价格有负面影响。因此，企业需要采取相应的措施来减小顾客惰性。在上一章里，我们给出了销售单产品的风险中性企业减小顾客惰性的建议，这些建议对于风险厌恶型的企业仍然适用。

最后，我们考察销售企业的风险厌恶系数对产品最优价格的影响。保持其他参数值不变，将销售企业的风险厌恶系数从 0.1 增加到 0.8，得到 $t=10$ 时产品的最优价格，如图 6.5 所示。

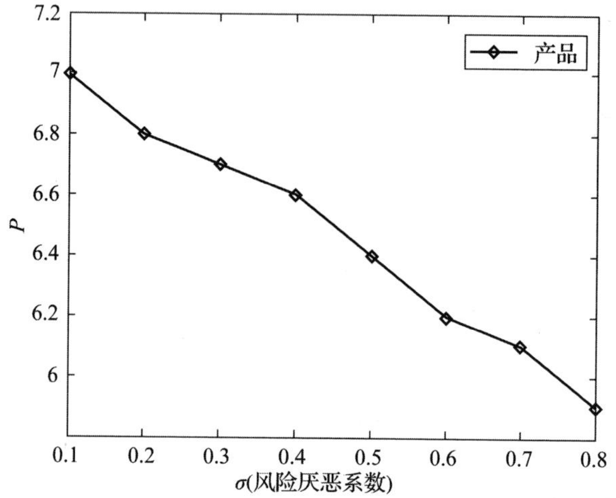

图 6.5　产品的最优价格与风险厌恶系数的关系

由图 6.5 可以看出，产品的最优价格随销售企业风险厌恶系数的增大而降低，因此，销售企业的风险厌恶态度越强烈，其制定的产品价格就越低。

6.6　本章小结

本章在假设销售企业为风险厌恶的情况下，从顾客的惰性出发，研究了单易逝品的动态定价策略。分别从可加效用函数和永久效用函数两个角度，研究了顾客的惰性对易逝品最优价格的影响。通过对模型的分析，给出了最优价格的表达式，在此基础上，探讨了最优价格的性质。研究表明：存在顾客惰性的情况下，风险厌恶的销售企业所制定的产品价格随剩余时间的增加而提高；随产品库存水平的增加而降低；随销售企业风险厌恶系数的增加而降低；并且顾客的惰性对产品的最优价格有负面影响。

本章从风险厌恶销售企业的角度出发，对基于顾客惰性的单易逝品动态定价问题进行了研究，得到了一些有益的结果。实际上，在这类问题中还有许多更为复杂的问题尚待解决，如基于顾客惰性的可替代易逝品动态定价问题。对于这个问题，我们将在下一章进一步讨论。

第7章　基于顾客惰性的可替代易逝品动态定价

为了提高自身的市场占有率，企业往往会提供多个款式和不同附加功能的产品来满足不同顾客的需求，这在造成同类型产品的种类不断丰富的同时，也使得产品之间的差异性越来越小，从而给产品之间可替代关系的形成提供了条件。基于这种情况，本章在第5章和第6章基于顾客惰性的单易逝品动态定价研究的基础上，进一步考虑基于顾客惰性的可替代易逝品的动态定价问题，利用动态规划方法研究了顾客的惰性行为对可替代易逝品最优价格的影响。

7.1　引言

在现代市场经济中，企业为了在激烈的市场竞争中占有更多的市场份额、获得更多的收益通常会销售多种可替代的产品供顾客选择。例如：华为公司出售Mate系列、P系列、麦芒系列等多种系列的手机；伊利集团出售酸奶、早餐奶、有机牛奶、全脂牛奶、脱脂牛奶等多种类型的牛奶；Dell公司甚至可以根据顾客的要求为其定制不同配置的电脑。出售可替代产品可以最大限度地满足顾客需求，提高企业的市场占有率，从而为企业树立良好的品牌形象。此外，面对激烈的市场竞争，企业为了在市场中处于主导地位都会对产品进行更新换代。在新旧产品的交替时期，企业不可避免会面对新旧两代产品共同销售的处境，这就需要企业的决策者考虑新旧两代产品联合定价的问题。出售多种可替代产品可以给顾客和企业带来非常大的益处，研究表明：在发生缺货的情况下，只有12%~18%的顾客会结束此次的购买而不去购买其他可替代产品，大部分顾客都会转而购买其他的可替代产品。因此，与出售单一产品相比较而言，可替代产品的出现使顾客在面临缺货时有了更多的选择机会，避免了顾客流失情况的发生。但是出售多样化的可替代产品也给企业的产品定价带来了很大的决策难题，企业需要在各种可替代产品之间进行价格协调使其不仅能够满足顾客需求，提高企业的服务水平，同时还要使得企业的总收益达到最大。由此可见，进行可替代产品的动态定价研究，对于增加企业的收益和顾客的满意度都具有非常重要的理论价值和现实意义。

在企业出售多种可替代产品的情况下，顾客会面临产品选择的问题，由于顾客之间具有一定的差异性，因此建立顾客选择行为的数学模型尤为复杂。在具体的研究中，常采用随机效用模型来刻画顾客的选择问题。该模型是以顾客的效用最大化为原则来研究顾客选择行为的概率模型，最常用的是 MNL 模型。MNL 模型反映的是价格驱动的替代关系，即企业在销售可替代产品的过程中，通过改变产品的价格来影响顾客对各产品的认知，进而购买相应的产品。同时，产品之间还存在另一种形式的替代关系——库存驱动的替代关系，这种替代关系描述的是一种产品发生缺货时，一部分顾客将转向其他可替代产品的情况，库存驱动的替代关系不能用 MNL 模型来刻画。本章研究的是价格驱动的替代关系下企业如何针对顾客的惰性行为进行可替代易逝品的动态定价。

第 5 章和第 6 章分别从风险中性和风险厌恶企业的角度研究了基于顾客惰性行为的单易逝品动态定价问题，但是在现实情况下顾客经常在众多可替代产品之间进行选择，同时企业的定价策略也会影响顾客对可替代产品的购买行为。基于此，本章在第 5 章和第 6 章研究的基础上，进一步考虑存在顾客惰性情况下的可替代易逝品动态定价问题。本章的主要贡献是研究了顾客的惰性行为对可替代易逝品动态定价策略的影响，在需求模型中，假设每一种可替代易逝品的需求均取决于该产品的价格、质量以及顾客的惰性深度和宽度。与本章的研究内容密切相关的文献是 Su（2009）[107]，与 Su 的研究的不同之处在于：①研究存在多种可替代易逝品情况下的顾客延迟购买行为；②采用包含惰性深度和宽度的 MNL 模型来刻画顾客对于可替代易逝品的选择过程；③研究了惰性深度和惰性宽度对企业动态定价策略的影响。

本章研究了存在顾客惰性行为的可替代易逝品多阶段动态定价问题，利用动态规划建立了可替代易逝品的动态定价模型；在给定各产品初始库存水平的情况下，给出了每个销售时期的最优价格策略。研究表明，可替代易逝品的最优价格策略由顾客惰性水平的两个维度——惰性深度和惰性宽度决定，并通过数值算例验证了顾客的惰性深度和惰性宽度对可替代易逝品最优价格的影响。

7.2 模型描述

假设某个风险中性的企业在市场上销售 n 种可替代易逝品（简称为产品），销售期被划分成 T 个时期，使得每个时期内至多只有一个顾客到达，假设顾客到达后至多购买一件产品，销售期内不允许补货。顾客在销售期内按照伯努里过程到达，时间按逆序排列，即 T 为销售的初始时期，1 为销售的结束时期，销售期结束后剩余产品残值为零，不考虑顾客退货的情况。在初始时期 T，产品 i 的库存水平为 $c_i(i=1, 2, \cdots, n)$，企业的目标是在 t 时期，根据当前各产品的剩余库存 $\boldsymbol{x}=(x_1, x_2, \cdots, x_n)$，设定合适的价格 $\boldsymbol{p}_t=(p_{1t},p_{2t},\cdots,p_{nt})$ 使得自身的期望收益最大化。

假设顾客在 t 时期的到达率为 λ_t，到达后以 $q_i(\boldsymbol{p}_t)$ 的概率选择产品 $i(i=1, 2, \cdots, n)$，顾客到达后也可以不选择任何产品，假设 $q_0(\boldsymbol{p}_t)$ 为顾客到达后对任何产品都不选择的概率；不失一般性，假设 λ_t、$q_i(\boldsymbol{p}_t)(i=1, 2, \cdots, n)$、$q_0(\boldsymbol{p}_t)$ 均大于 0。为了描述顾客的惰性以及选择行为，本章采用 MNL 模型和 Su（2009）[107] 提出的惰性决策框架。由此，假设 γ 为顾客惰性深度，其中，$\gamma>0$ 说明顾客为惰性顾客，$\gamma=0$ 说明顾客是完全理性的；β 为顾客惰性宽度，表示顾客具有惰性的概率。由文献［107］和 MNL 模型可得，顾客在 t 时期选择产品 i 所获得的效用可表示为

$$U_{it}=a_i-p_{it}-\gamma+\xi_i,\ i=1,\ 2,\ \cdots,\ n$$

其中，a_i 表示产品 i 的服务质量、品牌形象以及受欢迎程度等；ξ_i 是一个服从 Gumbel 分布的随机变量，代表顾客的个人偏好，且其均值为 0，尺度参数为 1。顾客在 t 时期选择产品 i 的概率为 $q_i(\boldsymbol{p}_t)=\boldsymbol{P}(U_{it}=\max\limits_{j=0,1,\cdots,n}\{U_{jt}\})$，其中 U_{0t} 表示顾客到达后不选择任何产品所获得的效用，不失一般性，可以将 U_{0t} 标准化为 0。由 MNL 模型可知

$$q_i(\boldsymbol{p}_t) = \frac{\beta e^{a_i - p_{it} - \gamma} + (1-\beta) e^{a_i - p_{it}}}{1 + \beta \sum_{j=1}^{n} e^{a_j - p_{jt} - \gamma} + (1-\beta) \sum_{j=1}^{n} e^{a_j - p_{jt}}}$$

$$q_0(\boldsymbol{p}_t) = \frac{1}{1 + \beta \sum_{j=1}^{n} e^{a_j - p_{jt} - \gamma} + (1-\beta) \sum_{j=1}^{n} e^{a_j - p_{jt}}}$$

在产品的剩余库存为 $\boldsymbol{x}$，时间为 t 时，由于一些产品的剩余库存可能为 0，因此，将企业的价格策略空间定义为 $\Theta_{\boldsymbol{x}} = \{\boldsymbol{p}_t \geqslant 0 \mid 当\ x_j = 0\ 时，q_j(\boldsymbol{p}_t) = 0, j = 1, 2, \cdots, n\}$。

令 $V_t(\boldsymbol{x})$ 表示各产品的剩余库存为 $\boldsymbol{x}$ 时，从 t 时期到销售结束企业的最优期望收益，由以上假设和分析可得

$$\begin{aligned} V_t(\boldsymbol{x}) &= \max_{\boldsymbol{p}_t \in \Theta_{\boldsymbol{x}}} \left\{ \boldsymbol{\lambda}_t \left[\sum_{i=1}^{n} q_i(\boldsymbol{p}_t)(p_{it} + V_{t-1}(\boldsymbol{x} - \boldsymbol{\varepsilon}_i)) + \right.\right. \\ &\qquad \left.\left. q_0(\boldsymbol{p}_t) V_{t-1}(\boldsymbol{x}) \right] + (1 - \boldsymbol{\lambda}_t) V_{t-1}(\boldsymbol{x}) \right\} \\ &= \max_{\boldsymbol{p}_t \in \Theta_{\boldsymbol{x}}} \left\{ \boldsymbol{\lambda}_t \left[\sum_{i=1}^{n} q_i(\boldsymbol{p}_t)(p_{it} + V_{t-1}(\boldsymbol{x} - \boldsymbol{\varepsilon}_i) - V_{t-1}(\boldsymbol{x})) \right] + V_{t-1}(\boldsymbol{x}) \right\} \end{aligned} \tag{7.1}$$

其中 $\boldsymbol{\varepsilon}_i$ 表示第 i 个分量为 1，其余分量均为 0 的 n 维向量；$V_0(\boldsymbol{x}) = 0$，$V_t(0) = 0$。

令

$$\Delta_{x_i} V_{t-1}(\boldsymbol{x}) = V_{t-1}(\boldsymbol{x}) - V_{t-1}(\boldsymbol{x} - \boldsymbol{\varepsilon}_i),\ t = 1, 2, \cdots, T,\ i = 1, 2, \cdots, n$$

则式（7.1）可表示为

$$V_t(\boldsymbol{x}) = \max_{\boldsymbol{p}_t \in \Theta_{\boldsymbol{x}}} \left\{ \boldsymbol{\lambda}_t \left[\sum_{i=1}^{n} q_i(\boldsymbol{p}_t)(p_{it} - \Delta_{x_i} V_{t-1}(\boldsymbol{x})) \right] + V_{t-1}(\boldsymbol{x}) \right\} \tag{7.2}$$

为了研究方便，定义

$$\varphi(\boldsymbol{x}, \boldsymbol{p}_t) = \lambda_t \left[\sum_{i=1}^{n} q_i(\boldsymbol{p}_t)(p_{it} - \Delta_{x_i} V_{t-1}(\boldsymbol{x})) \right] \tag{7.3}$$

7.3　期望收益及最优定价策略的性质

由于顾客在选择产品的过程中受到惰性因素的影响，所以企业需要在考虑顾客惰性深度和惰性宽度的基础上，选择最优的定价策略来最大化期

望收益。由于确定最优价格的目的是使得 $\varphi(\boldsymbol{x},\boldsymbol{p}_t)$ 最大化，因此，研究 $\varphi(\boldsymbol{x},\boldsymbol{p}_t)$ 的性质是找到式（7.2）最优解的关键，下面研究 $\varphi(\boldsymbol{x},\boldsymbol{p}_t)$ 的性质。

定理 7.1 $\varphi(\boldsymbol{x},\boldsymbol{p}_t)$ 为关于各产品价格 $\boldsymbol{p}_t$ 的单峰函数。

证明： $\varphi(\boldsymbol{x},\boldsymbol{p}_t)$ 的一阶条件为

$$\frac{\partial\varphi(\boldsymbol{x},\boldsymbol{p}_t)}{\partial p_{jt}} = \lambda_t\left[\sum_{k=1}^{n}\frac{\partial q_k(\boldsymbol{p}_t)}{\partial p_{jt}}(p_{kt}-\Delta_{x_k}V_{t-1}(\boldsymbol{x}))+q_j(\boldsymbol{p}_t)\right] = 0,\ j=1,2,\cdots,n \tag{7.4}$$

由此可得

$$\boldsymbol{p}_t = h(\boldsymbol{p}_t)+\Delta_{\boldsymbol{x}}V_{t-1}(\boldsymbol{x}) \tag{7.5}$$

其中，

$$h(\boldsymbol{p}_t) = -q(\boldsymbol{p}_t)\left(\frac{\partial q(\boldsymbol{p}_t)}{\partial \boldsymbol{p}_t}\right)^{-1},\ q(\boldsymbol{p}_t)=(q_1(\boldsymbol{p}_t),q_2(\boldsymbol{p}_t),\cdots,q_n(\boldsymbol{p}_t))$$

$\left(\frac{\partial q(\boldsymbol{p}_t)}{\partial \boldsymbol{p}_t}\right)$ 为 $q(\boldsymbol{p}_t)$ 的雅克比矩阵，$\frac{\partial q_i(\boldsymbol{p}_t)}{\partial p_{jt}}$ 为 $\left(\frac{\partial q(\boldsymbol{p}_t)}{\partial \boldsymbol{p}_t}\right)$ 的第 i 行第 j 列元素，$\left(\frac{\partial q(\boldsymbol{p}_t)}{\partial \boldsymbol{p}_t}\right)^{-1}$ 为 $\left(\frac{\partial q(\boldsymbol{p}_t)}{\partial \boldsymbol{p}_t}\right)$ 的逆矩阵，$\Delta_{\boldsymbol{x}}V_{t-1}(\boldsymbol{x})=(\Delta_{x_1}V_{t-1}(\boldsymbol{x}),\Delta_{x_2}V_{t-1}(\boldsymbol{x}),\cdots,\Delta_{x_n}V_{t-1}(\boldsymbol{x}))$。

由 $\frac{\partial q_i(\boldsymbol{p}_t)}{\partial p_{jt}}=\begin{cases}-q_i(\boldsymbol{p}_t)(1-q_i(\boldsymbol{p}_t)), & i=j\\ q_i(\boldsymbol{p}_t)q_j(\boldsymbol{p}_t), & i\neq j\end{cases}$ 可得

$$\left(\frac{\partial q(\boldsymbol{p}_t)}{\partial \boldsymbol{p}_t}\right)^{-1} = -\begin{pmatrix}
\frac{1+\beta e^{a_1-p_{1t}-\gamma}+(1-\beta)e^{a_1-p_{1t}}}{q_1(\boldsymbol{p}_t)} & \frac{1}{q_0(\boldsymbol{p}_t)} & \cdots & \frac{1}{q_0(\boldsymbol{p}_t)}\\
\frac{1}{q_0(\boldsymbol{p}_t)} & \frac{1+\beta e^{a_2-p_{2t}-\gamma}+(1-\beta)e^{a_2-p_{2t}}}{q_2(\boldsymbol{p}_t)} & \cdots & \frac{1}{q_0(\boldsymbol{p}_t)}\\
\cdots & \cdots & \cdots & \cdots\\
\frac{1}{q_0(\boldsymbol{p}_t)} & \frac{1}{q_0(\boldsymbol{p}_t)} & \cdots & \frac{1+\beta e^{a_n-p_{nt}-\gamma}+(1-\beta)e^{a_n-p_{nt}}}{q_n(\boldsymbol{p}_t)}
\end{pmatrix}$$

$$因此，h_j(\boldsymbol{p}_t)=(q_1(\boldsymbol{p}_t),\cdots,q_j(\boldsymbol{p}_t),\cdots,q_n(\boldsymbol{p}_t))\begin{pmatrix}\dfrac{1}{q_0(\boldsymbol{p}_t)}\\ \vdots\\ \dfrac{1+\beta e^{a_j-p_{jt}-\gamma}+(1-\beta)e^{a_j-p_{jt}}}{q_j(\boldsymbol{p}_t)}\\ \vdots\\ \dfrac{1}{q_0(\boldsymbol{p}_t)}\end{pmatrix}$$

$$=1+(\beta e^{-\gamma}+1-\beta)\sum_{k=1}^{n}e^{a_k-p_{kt}},\quad j=1,\ 2,\ \cdots,\ n$$

将上式代入式（7.5）可得

$$p_{jt}(\boldsymbol{x})=1+(\beta e^{-\gamma}+1-\beta)\sum_{k=1}^{n}e^{a_k-p_{kt}}+\Delta_{x_j}V_{t-1}(\boldsymbol{x})\tag{7.6}$$

式（7.6）保证了各产品的最优价格均为正值，下面证明最优价格的唯一性。

由式（7.6）可知，$e^{a_j-p_{jt}(\boldsymbol{x})}=e^{-[1+(\beta e^{-\gamma}+1-\beta)\sum_{k=1}^{n}e^{a_k-p_{kt}}]-[\Delta_{x_j}V_{t-1}(\boldsymbol{x})-a_j]}$，由此可得

$$e^{(\beta e^{-\gamma}+1-\beta)\sum_{k=1}^{n}e^{a_k-p_{kt}}}(\beta e^{-\gamma}+1-\beta)\sum_{k=1}^{n}e^{a_k-p_{kt}}=(\beta e^{-\gamma}+1-\beta)\sum_{k=1}^{n}e^{-1-\Delta_{x_k}V_{t-1}(\boldsymbol{x})+a_k}\tag{7.7}$$

令 $z=(\beta e^{-\gamma}+1-\beta)\sum_{k=1}^{n}e^{a_k-p_{kt}}$，则式（7.7）可写为

$$f(z)=ze^{z}=(\beta e^{-\gamma}+1-\beta)\sum_{k=1}^{n}e^{-1-\Delta_{x_k}}V_{t-1}(\boldsymbol{x})+a_k$$

显然，$(\beta e^{-\gamma}+1-\beta)\sum_{k=1}^{n}e^{-1-\Delta_{x_k}V_{t-1}(\boldsymbol{x})+a_k}$ 与 $\boldsymbol{p}_t(\boldsymbol{x})$ 和 z 均无关，只依赖于边际收益 $\Delta_{x_1}V_{t-1}(\boldsymbol{x})$，$\Delta_{x_2}V_{t-1}(\boldsymbol{x}),\cdots,\Delta_{x_n}V_{t-1}(\boldsymbol{x})$。将 Lambert 函数记为 W，通过 W 可以得到 $f(z)=ze^{z}$ 的反函数，即

$$z=(\beta e^{-\gamma}+1-\beta)\sum_{k=1}^{n}e^{a_k-p_{kt}}=W((\beta e^{-\gamma}+1-\beta)\sum_{k=1}^{n}e^{-1-\Delta_{x_k}V_{t-1}(\boldsymbol{x})+a_k})\tag{7.8}$$

注意到，当定义域为大于或等于 $-1/e$ 的实数时，$W(\cdot)$ 为关于自变量的

单值函数且为单射，所以由 $(\beta e^{-\gamma}+1-\beta)\sum_{k=1}^{n}e^{-1-\Delta_{x_k}V_{t-1}(\boldsymbol{x})+a_k}\geqslant 0$ 可得，$z=(\beta e^{-\gamma}+1-\beta)\sum_{k=1}^{n}e^{a_k-p_{kt}}$ 为式（7.7）的唯一解。

将式（7.8）代入式（7.6）可得

$$p_{jt}(\boldsymbol{x})=1+W((\beta e^{-\gamma}+1-\beta)\sum_{k=1}^{n}e^{-1-\Delta_{x_k}V_{t-1}(\boldsymbol{x})+a_k})+\Delta_{x_j}V_{t-1}(\boldsymbol{x})$$

所以 $\boldsymbol{p}_t(\boldsymbol{x})=(p_{1t}(\boldsymbol{x}),p_{2t}(\boldsymbol{x}),\cdots,p_{nt}(\boldsymbol{x}))$ 为一阶条件式（7.4）的唯一解。因此，$\varphi(\boldsymbol{x},\boldsymbol{p}_t)$ 为关于 $\boldsymbol{p}_t$ 的单峰函数。

推论 7.1 对任意 $\boldsymbol{x}>0$，则各产品的最优价格策略为

$$p_{kt}(\boldsymbol{x})=\eta(\boldsymbol{p}_t(\boldsymbol{x}))+\Delta_{x_k}V_{t-1}(\boldsymbol{x}),\ k=1,\ 2,\ \cdots,\ n$$

其中，$\eta(\boldsymbol{p}_t(\boldsymbol{x}))=\dfrac{1}{q_0(\boldsymbol{p}_t(\boldsymbol{x}))}$；且企业的期望收益为

$$V_t(\boldsymbol{x})=\sum_{t_1=1}^{t}\lambda_{t_1}[\eta(\boldsymbol{p}_{t_1}(\boldsymbol{x}))-1]\tag{7.9}$$

证明： 令 $\eta(\boldsymbol{p}_t(\boldsymbol{x}))=\dfrac{1}{q_0(\boldsymbol{p}_t(\boldsymbol{x}))}$，由式（7.6）可知

$$p_{kt}(\boldsymbol{x})=\eta(\boldsymbol{p}_t(\boldsymbol{x}))+\Delta_{x_k}V_{t-1}(\boldsymbol{x})\tag{7.10}$$

将式（7.10）代入式（7.2）可得

$$V_t(\boldsymbol{x})=\lambda_t\eta(\boldsymbol{p}_t(\boldsymbol{x}))[1-q_0(\boldsymbol{p}_t(\boldsymbol{x}))]+V_{t-1}(\boldsymbol{x})=\lambda_t[\eta(\boldsymbol{p}_t(\boldsymbol{x}))-1]+V_{t-1}(\boldsymbol{x})$$

由边界条件可得

$$V_t(\boldsymbol{x})=\sum_{t_1=1}^{t}\lambda_{t_1}[\eta(\boldsymbol{p}_{t_1}(\boldsymbol{x}))-1]$$

定理 7.1 给出了各产品的最优价格和最优期望收益的简化形式，产品 k 的最优价格可以表示为

$$p_{kt}(\boldsymbol{x})=\eta(\boldsymbol{p}_t(\boldsymbol{x}))+\Delta_{x_k}V_{t-1}(\boldsymbol{x}),\ k=1,\ 2,\ \cdots,\ n$$

其中，$\eta(\boldsymbol{p}_t(\boldsymbol{x}))$ 表示当期销售一件产品所获得的边际收益，$\Delta_{x_k}V_{t-1}(\boldsymbol{x})$ 表示在 $t-1$ 时期，一件未售出的产品 k 所带来的收益损失，也可以理解为一件产品 k 的未来收益。由式（7.9）、式（7.10）以及 $q_0(\boldsymbol{p}_t)$ 的表达式可得

$$[\eta(\boldsymbol{p}_t(\boldsymbol{x}))-1]e^{\eta(\boldsymbol{p}_t(\boldsymbol{x}))}=(\beta e^{-\gamma}+1-\beta)\sum_{k=1}^{n}e^{a_k-\Delta_{x_k}V_{t-1}(\boldsymbol{x})}$$

显然，$\eta(\boldsymbol{p}_t(\boldsymbol{x}))$ 的增大使得 $\Delta_{x_k}V_{t-1}(\boldsymbol{x})$ 减小，因此，企业在设定产品的价

格时需要在产品的当期收益和未来收益之间进行权衡。

由式（7.6）可知，产品 j 的最优价格为

$$p_{jt}(\boldsymbol{x}) = 1 + (\beta e^{-\gamma} + 1 - \beta)\sum_{k=1}^{n} e^{a_k - p_{kt}} + \Delta_{x_j} V_{t-1}(\boldsymbol{x}), j = 1, 2, \cdots, n$$

当产品 j 的库存过剩（$x_j \geqslant t$）时，一件剩余产品的未来收益为 0，即 $x_j \geqslant t$ 时，$\Delta_{x_j} V_{t-1}(\boldsymbol{x}) = 0$。因此，所有库存过剩的可替代易逝品的最优价格均相同。当产品 j 的库存短缺（$x_j < t$）时，一件剩余产品的未来收益大于 0，即 $x_j < t$ 时，$\Delta_{x_j} V_{t-1}(\boldsymbol{x}) > 0$。

因此，将所有库存短缺的产品设置为相同价格不是最优的，且库存短缺的产品最优价格大于库存过剩的产品最优价格，由此可得下面的结论。

定理 7.2　存在顾客惰性行为的情况下，可替代易逝品的最优价格具有以下性质：

①库存过剩的产品最优价格均相同，即对任意 $x_i \geqslant t$，$x_j \geqslant t$，有 $p_{it}(\boldsymbol{x}) = p_{jt}(\boldsymbol{x})$。

②库存短缺的产品最优价格大于库存过剩的产品最优价格，即对于任意 $x_i \geqslant t$，$x_j < t$，有 $p_{it}(\boldsymbol{x}) < p_{jt}(\boldsymbol{x})$。

定理 7.2 揭示了存在顾客惰性行为的情况下，各产品之间价格的差异与顾客惰性深度和宽度均无关，也不是由产品的服务质量、品牌形象、受欢迎程度等属性造成的，而是与库存是否过剩密切相关。当库存过剩时，产品的价格较低；反之，当库存短缺时，产品的价格较高。

7.4　数值算例

为了进一步研究本章的结论在实际中的应用，利用 Matlab2012 对上述结论进行模拟仿真，其结果清楚地显示了顾客的惰性因素对可替代易逝品最优价格的影响。

考虑某垄断企业在市场上销售两种可替代易逝品，顾客到达后在两个产品之间选择。假设顾客的到达率为 $\lambda_t = \lambda = 0.7$，$a_1 = 8$，$a_2 = 5$，顾客惰性深度 $\gamma = 6$，惰性宽度 $\beta = 0.6$，产品的销售期为 $T = 10$。首先考虑产品 1 和产品 2 的最优价格与剩余时间 t 的关系，将两产品的初始库存水平分别

取为 $x_1=3$，$x_2=5$，得到两产品的最优价格随剩余时间 t 的变化，如图 7.1 所示。

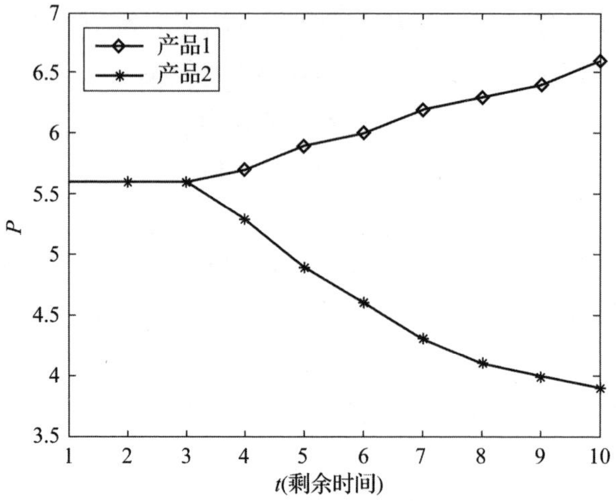

图 7.1　两产品的最优价格与剩余时间的关系

从图 7.1 可以看出：产品 1 的最优价格随剩余时间的增大而增大；产品 2 的最优价格随剩余时间的增大而减小。当剩余时间 $t\leqslant 3$ 时，两产品的库存均过剩，因此，在这段时间内，两产品的最优价格相等；当剩余时间 $3<t\leqslant 5$ 时，产品 1 的库存短缺，而产品 2 的库存过剩，因此，在这段时间内，产品 1 的最优价格高于产品 2 的最优价格；当剩余时间 $t>5$ 时，两产品的库存都短缺，由于产品 1 的初始库存水平小于产品 2 的初始库存水平，因此，产品 1 的最优价格仍高于产品 2 的最优价格。

为了进一步研究产品库存对最优价格的影响，将产品 1 的库存 x_1 从 1 增加到 10，其他参数值不变，得到 $t=10$ 时两产品的最优价格随 x_1 变化的曲线，如图 7.2 所示。

从图 7.2 可以看出，产品 1 的最优价格随自身库存水平的增加而减少，而产品 2 的最优价格随产品 1 的库存水平的增加而增加。

进一步，我们考察顾客惰性深度和惰性宽度对两产品最优价格的影响。首先，保持其他参数值不变，将顾客惰性深度从 1 一直增加到 10，得到剩余时间为 10 时两产品的最优价格曲线，如图 7.3 所示。

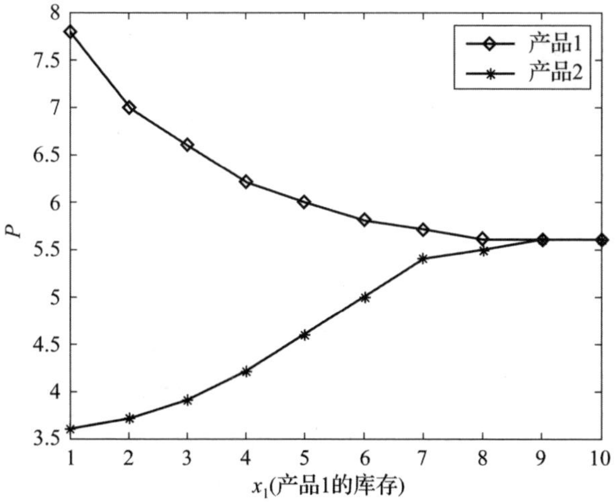

图 7.2　两产品的最优价格与产品 1 初始库存水平的关系

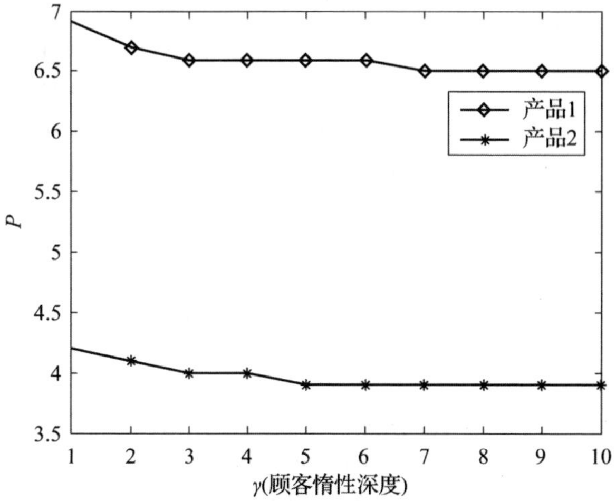

图 7.3　两产品的最优价格与顾客惰性深度的关系

从图 7.3 可以看出，两产品的最优价格随顾客惰性深度的增加而减小，由此可见，顾客惰性深度对各产品的最优价格产生负面影响。

接下来，考察顾客惰性宽度对两产品最优价格的影响。保持其他参数值不变，将顾客惰性宽度从 0.1 一直增加到 0.8，得到剩余时间为 10 时两产品的最优价格曲线，如图 7.4 所示。

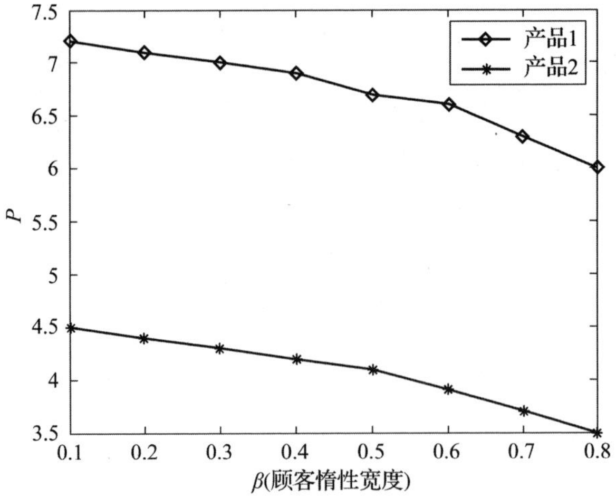

图 7.4　两产品的最优价格与顾客惰性宽度的关系

从图 7.4 可以看出，两产品的最优价格随顾客惰性宽度的增加而减小，由此可见，顾客惰性宽度也对最优价格产生负面影响。

通过数值实验我们可以看到，顾客惰性对可替代产品的最优价格产生负面影响，因此，有必要采取一定的营销策略来减轻顾客惰性。对于销售可替代易逝品的垄断企业而言，单产品情况下减轻顾客惰性的营销策略仍然适用，但是因为可替代产品最优价格的演化模式更为复杂，所以采取的营销策略也有所不同，销售企业需要综合考虑各产品的库存水平、顾客惰性深度和宽度，制定各销售时期的产品价格。数值实验的结果说明，随着销售时间和库存水平的变化，各产品的最优价格有升有降。因此，销售企业可以采取以下措施：①根据定价模型，直接对各产品实行提高价格和降低价格的营销策略；②给各产品制定相同的名义标价，但是对于需要采取降价措施的产品采用会员卡积分抵扣以及换购等促销策略。措施①简单易行，而措施二不仅能够增加顾客对产品的忠诚度，而且可以带动其他产品的销售。总的来说，在存在顾客惰性的情况下，销售可替代产品的企业需要掌握顾客对产品的偏好、惰性深度和宽度，根据销售时间以及各产品的库存水平动态地制定各产品的价格，从而对定价策略的设计提出更高的要求。

7.5　本章小结

本章基于收益管理的思想，以可替代易逝品的动态定价为切入点，综合考虑顾客惰性深度和惰性宽度，利用动态规划方法建立了基于顾客惰性的可替代易逝品动态定价的数学模型，讨论了风险中性企业的收益函数和最优价格的性质。数值实验表明，顾客惰性对可替代产品的最优价格产生负面影响；进一步，本章针对销售可替代易逝品的企业提出了减轻顾客惰性的营销策略。

由于顾客惰性是顾客非理性行为中常见的一种，因此，研究基于顾客惰性行为的可替代易逝品的动态定价问题、实现企业的收益最大化具有很大的理论意义和现实意义。本章只是针对该类问题进行了一些初步探讨，还有许多更为复杂的问题尚待解决：第一，本章针对一个垄断企业销售多种可替代易逝品的情况进行讨论，而在现实情况中，市场中往往存在多个企业之间的竞争，因此，可以在竞争的环境下考虑顾客惰性行为对可替代易逝品最优价格的影响。第二，在企业的日常运营中，管理决策者不仅要考虑可替代易逝品的动态定价问题，同时还要考虑产品的库存控制问题，因此，可以进一步考虑基于顾客惰性行为的可替代易逝品动态定价和库存控制联合策略。

第8章 结论

8.1 本书的主要研究成果

在互联网应用快速发展的今天，动态定价已经成为众多企业进行产品定价进而增加企业收益的一种重要手段。随着动态定价的实施以及多种购物渠道的出现，顾客的购买行为也呈现出多样化和个性化的趋势，因此，如何根据顾客的行为因素为产品制定合适的价格，将自身的产品在合适的时间销售给合适的顾客对企业来说尤为重要。基于此，本书利用随机过程、动态规划、博弈论以及马尔可夫决策过程等方法和理论，对基于顾客购买行为的易逝品动态定价策略进行系统、深入研究，从而使得企业的动态定价策略具有更强的实用性，避免由于不合理定价给企业的收益带来损失。本书所做的工作以及主要结论如下：

第一，运用动态规划方法建立了垄断环境下基于顾客选择行为的多等级易逝品动态定价模型，给出了最优价格策略的性质和求解算法。

在实践中，每个质量和价格等级的产品往往都会存在一定数量的顾客群，对某个质量和价格等级的顾客群来说，他们只选择该等级的产品，而不会考虑其他等级的产品。同时，市场上还有一部分顾客对于产品的质量和价格等级没有特殊的偏好，他们在购买产品时往往会以一定的概率在各质量和价格等级的产品之间进行选择。针对这种情况，将顾客分为两类：第一类顾客只购买某固定等级的产品，当这种产品已经售完时，他们会离开，而不购买其他等级的产品；另一类顾客则以一定的概率在不同等级的产品间进行选择。在此基础上，以风险中性企业的期望收益最大化为目标，利用动态规划方法建立了 n 个等级易逝品动态定价的数学模型，给出了收益函数和最优价格策略的性质。结论表明：第一类顾客的到达率越大，各等级产品的最优价格就越高；第二类顾客的到达率越大，各等级产品的最优价格越低。同时，各等级产品的最优价格随剩余时间单调不减，随产品自身的库存水平和其他产品的库存水平单调不增。

第二，利用博弈论、马尔可夫决策过程理论和动态规划方法，研究了竞争环境下风险厌恶企业的易逝品动态定价问题，证明了纳什均衡价格的存在性。

随着市场竞争的日益加剧和顾客购买行为的多样化，顾客需求的不确定性也在不断增大，从而给企业的收益带来一定的风险。在这种情况下，各企业对于收益风险的态度也各不相同，有些企业是风险中性的而另一些企业则是风险厌恶的。已有的研究中关于企业是风险中性的假设并不适用于风险厌恶的情况，基于此，在已有研究的基础上考虑了企业的风险厌恶态度，假设市场上有 n 种同类的易逝品可供销售，每种易逝品由不同的企业提供并且企业之间具有完全信息。在此假设条件下，利用马尔可夫决策过程理论和动态规划方法分别建立了可加效用和永久效用函数下风险厌恶的竞争企业的动态定价模型，证明了完全信息情况下均衡价格的存在性，并进一步讨论了信息不完全情况下风险厌恶的竞争企业的动态定价问题。研究表明：在竞争环境下，各风险厌恶企业的产品均衡价格随自身库存水平和风险厌恶系数的增加而下降，随其他竞争企业的库存水平和风险厌恶系数的增加而提高。

第三，从风险中性销售企业的角度，建立了基于顾客惰性的单易逝品动态定价模型，给出了最优价格的性质。

在分析完全理性顾客的购买决策的基础上，引入了顾客的惰性因素，给出了惰性顾客的购买决策，以顾客的效用最大化为原则，利用 MNL 模型得到了惰性顾客的购买概率。进一步，针对易逝品的特征，利用动态规划方法建立了顾客到达过程为时齐泊松过程情况下基于顾客惰性的单易逝品动态定价模型，分析了收益函数和最优价格策略的性质。研究表明，在存在顾客惰性的情况下，风险中性企业所制定的产品最优价格关于剩余时间单调递增，关于产品的库存水平单调递减；另外，顾客惰性对产品的最优价格有负面影响。

第四，区别于已有的基于顾客惰性的动态定价研究中销售企业是风险中性的假设，从风险厌恶销售企业的角度，建立了基于顾客惰性的单易逝品动态定价模型。

在分析惰性顾客购买决策和需求模型的基础上，以风险厌恶销售企业的期望效用最大化为原则，利用 MNL 模型、马尔可夫决策过程理论以及动态规划方法，分别建立了可加效用和永久效用函数下基于顾客惰性的单易逝品动态定价模型，分析了最优价格策略的性质。研究表明：存在顾客惰性的情况下，风险厌恶的企业所制定的产品价格随剩余时间的增加而增加，随产品库存水平的增加而降低，随销售企业风险厌恶系数的增加而降低，并且顾客的惰性对最优价格有负面影响。

第五，利用 MNL 模型和动态规划方法，研究了基于顾客惰性的可替代易逝品动态定价问题。

假设某个风险中性的企业出售 n 种可替代易逝品，利用 MNL 模型刻画了惰性顾客选择各产品所获得的效用，以顾客的效用最大化为原则得到了顾客对于各产品的选择概率。在此基础上，建立了基于顾客惰性的可替代易逝品动态定价模型，给出了收益函数和最优价格策略的表达式。研究表明：顾客惰性对各产品的最优价格有负面影响，但是各产品之间价格的差异与顾客惰性的深度和宽度均无关，也不是由产品的服务质量、品牌形象、受欢迎程度等属性造成的，而是与库存是否过剩密切相关。当库存过剩时，产品的价格较低；反之，当库存短缺时，产品的价格较高。

8.2 研究展望

本书从顾客的行为因素出发，研究了销售易逝品的企业的动态定价策略，得出了产品最优价格的一些性质，丰富了基于顾客行为的动态定价理论体系。然而，本书的研究也有一定的局限性，需要我们在以后的研究中进行更深入的研究。主要体现在以下几个方面。

第一，随着互联网销售市场的日益繁荣，顾客在购买产品之前通常会关注已购买该产品的顾客对产品的评价，然后根据这些顾客的使用体验决定应该购买哪种产品。因此，在以后的研究中，我们可以将网络效应加入到顾客对可替代易逝品的选择行为中，以企业的收益最大化为目标，建立网络效应下基于顾客选择行为的可替代易逝品动态定价模型，研究网络效应对可替代易逝品动态定价策略的影响。

第二，在企业的日常运营过程中，决策者不仅会面临产品的定价问题，而且还会面临产品的库存控制问题。因此，我们可以进一步考虑企业的动态定价与库存控制联合策略，研究基于顾客选择行为的可替代易逝品动态定价与库存控制联合策略。

第三，本书在第 7 章研究了基于顾客惰性的可替代易逝品动态定价问题，然而，随着市场经济的不断完善和发展，同行业企业之间的竞争已经成为不可忽视的因素。因此，在以后的研究中，我们可以研究竞争环境下基于顾客惰性的易逝品动态定价问题，建立竞争环境下基于顾客惰性的易逝品动态定价模型，证明纳什均衡价格的存在性，给出均衡价格的求解算法。

第四，本书是在不考虑顾客退货的情况下研究易逝品的动态定价问题，企业根据各销售时期的产品库存水平进行定价决策。顾客退货使得产品的未来库存变得不确定，从而影响了企业的未来定价决策，如果不能很好地处理退货后的库存和现实库存之间的关系，就不能使企业的定价策略达到最优，给企业的收益带来损失。因此，我们将在以后的研究中进一步考虑顾客的退货行为，在此基础上研究基于顾客选择行为和惰性行为的易逝品动态定价问题。

参 考 文 献

[1] Kincaid W M, Darling D A. An Inventory Pricing Problem [J]. Journal of Mathematical Analysis and Applications, 1963, 7 (2): 183 - 208.

[2] Elmaghraby W, Keskinocak P. Dynamic Pricing in the Presence of Inventory Considerations: Research Overview, Current Practices, and Future Directions [J]. Management Science, 2003, 49 (10): 1287 - 1309.

[3] Anthes G H. The Price Had Better Be Right [J]. Computer World, 1998, 32 (51): 65 - 66.

[4] Dana J J. New Directions in Revenue Management Research [J]. Production and Operations Management, 2008, 17 (4): 399 - 401.

[5] Solomon M R. Consumer Behavior: Buying, Having, and Being [M]. Engelwood Cliffs, NJ: Prentice Hall, 2014.

[6] 骆品亮. 定价策略 [M]. 上海: 上海财经大学出版社, 2013.

[7] Weatherford L R, Bodily S E. A Taxonomy and Research Overview of Perishable - asset Revenue Management: Yield Management, Overbooking, and Pricing [J]. Operation Research, 1992, 40 (5): 831 - 844.

[8] Pak K. Revenue Management: New Features and Models [D]. Rotterdam: Ph. D. Thesis, Erasmus Research Institute of Management, Erasmus University Rotterdam, 2005.

[9] 周晶, 杨慧. 收益管理方法与应用 [M]. 北京: 科学出版社, 2009.

[10] Littlewood K. Forecasting and Control of Passengers [C]. 12th AGIFORS Symposium Proceedings, 1972, 12: 95 - 128.

[11] Belobaba P P. Air Travel Demand and Airline Seat Inventory Management [D]. Cambridge: Ph. D. Thesis, Flight Transportation Laboratory,

Massachusetts Institute of Technology, 1987.

[12] Rothstein, M. An Airline Overbooking Model [J]. Transportation Science, 1971, 5: 180 - 192.

[13] 李根道. 模型不确定下的收益管理动态定价策略研究 [D]. 重庆: 重庆大学, 2009.

[14] Talluri K T, van Ryzin G J. The Theory and Practice of Revenue Management [M]. Boston: Kluwer Academic Publishers, 2004.

[15] Cachon G P, Kok A G. Implementation of the Newsvendor Model with Clearance Pricing: How to (and How Not to) Estimate a Salvage Value [J]. Manufacturing and Service Operations Management, 2007, 9 (3): 276 - 290.

[16] Runco M. Retail Pricing, Clearance Sales: The Multidimensional Case [J]. Economics Bulletin, 2012, 32 (1): 376 - 381.

[17] 熊中楷, 李根道, 唐彦昌, 李薇. 网络环境下动态定价的渠道协调问题研究 [J]. 管理工程学报, 2007, 21 (3): 49 - 55.

[18] Gallego G, van Ryzin G. Optimal Dynamic Pricing of Inventories with Stochastic Demand over Finite Horizons [J]. Management Science, 1994, 40 (8): 999 - 1020.

[19] Levin, Y, McGill J, Nediak M. Risk in Revenue Management and Dynamic Pricing [J]. Operations Research, 2008, 56 (2): 326 - 343.

[20] Feng Y, Xiao B. A Risk - Sensitive Model for Managing Perishable Products [J]. Operations Research, 2008, 56 (5): 305 - 1311.

[21] Feng Y, Xiao B. Maximizing Revenues of Perishable Assets with a Risk Factor [J]. Operations Research, 1999, 47 (2): 337 - 341.

[22] Gallego G, van Ryzin G. A Multi - product Dynamic Pricing Problem and Its Applications to Network Yield Management [J]. Operations Research, 1997, 45 (1): 24 - 41.

[23] You P S. Dynamic Pricing in Airline Seat Management for Flights with Multiple Flight Legs [J]. Transportation Science, 1999, 33 (2): 192 - 206.

[24] Maglaras C, Meissner J. Dynamic Pricing Strategies for Multiproduct

Revenue Management Problems [J]. Manufacturing and Service Operations Management, 2006, 8 (2): 136 - 148.

[25] Sood A. Competitive Multi - period Pricing for Perishable Products [D]. Cambridge: Operations Research Center, Massachusetts Institute of Technology, 2004.

[26] Biller S, Chan L M A, Simchi - Levi D, Swann J. Dynamic Pricing and the Direct - to - customer Model in the Automotive Industry [R]. Working Paper, Technical Report, Northwestern University, Evanston, IL, 2000.

[27] Bertsekas D P. Constrained Optimization and Lagrange Multiplier Methods [M]. Salt Lake City: Academic Press, 2014.

[28] Bertsekas D P. Nonlinear Programming [M]. Belmont: Athena Scientific, 1999.

[29] Swann J. Dynamic Pricing Models to Improve Supply Chain Performance [D]. Evanston: Ph. D. Thesis, Department of Industrial Engineering and Management Science, Northwestern University, 2001.

[30] Luce R. Individual Choice Behavior: a Theoretical Analysis [M]. New York: Wiley, 1959.

[31] Anderson S P, de Palma A. The Logit as a Model of Product Differentiation [J]. Oxford Economic Papers, 1992, 44 (1): 51 - 67.

[32] Anderson S P, de Palma A, Thisse J F. Discrete Choice Theory of Product Differentiation [M]. Cambridge: MIT Press, 1992.

[33] Zwerina K. Discrete Choice Experiments in Marketing: Use of Priors in Efficient Choice Designs and Their Application to Individual Preference Measurement [M]. Dordrecht: Springer Science & Business Media, 2013.

[34] Caplin A, Nalebuff B. Aggregation and Imperfect Competition: On the Existence of Equilibrium [J]. Econometrica: Journal of the Econometric Society, 1991: 25 - 59.

[35] Train K E. Discrete Choice Methods with Simulation [M]. Cambridge: Cambridge University Press, 2009.

[36] Hensher D A, Greene W H. The Mixed Logit Model: the State of Practice [J]. Transportation, 2003, 30 (2): 133 - 176.

[37] Akcay Y, Natarajan H P, Xu S H. Joint Dynamic Pricing of Multiple Perishable Products under Consumer Choice [J]. Management Science, 2010, 56 (8): 1345 - 1361.

[38] Suh M, Aydin G. Dynamic Pricing of Substitutable Products with Limited Inventories under Logit Demand [J]. IIE Transactions, 2011, 43 (5), 323 - 331.

[39] Bitran G, Caldentey R. An Overview of Pricing Models for Revenue Management [J]. Manufacturing & Service Operations Management, 2003, 5 (3): 203 - 229.

[40] Chiang W C, Chen J C H, Xu X. An Overview of Research on Revenue Management: Current Issues and Future Research [J]. International Journal of Revenue Management, 2007, 1 (1): 97 - 128.

[41] Narahari Y, Raju C V L, Ravikumar K, et al. Dynamic Pricing Models for Electronic Business [C]. Sadhana (Academy Proceedings in Engineering Sciences). Indian Academy of Sciences, 2005, 30 (2 - 3): 231 - 256.

[42] Chen M, Chen Z L. Recent Developments in Dynamic Dricing Research: Multiple Products, Competition, and Limited Demand Information [J]. Production and Operations Management, 2015, 24 (5): 704 - 731.

[43] Shen Z J M, Su X. Customer Behavior Modeling in Revenue Management and Auctions: a Review and New Research Opportunities [J]. Production and Operations Management, 2007, 16 (6): 713 - 728.

[44] Feng Y, Gallego G. Optimal Starting Times for End - of - season Sales and Optimal Starting Times for Promotional Fares [J]. Management Science, 1995, 41 (8): 1371 - 1391.

[45] Feng Y, Xiao B. A Continuous - time Yield Management Model with Multiple Prices and Reversible Price Changes [J]. Management Science, 2000a, 46 (5): 644 - 657.

[46] Feng Y, Xiao B. Optimal Policies of Yield Management with Multiple

Predetermined Prices [J]. Management Science, 2000b, 48 (2): 332 - 343.

[47] Chatwin R E. Optimal Dynamic Pricing of Perishable Products with Stochastic Demand and a Finite Set of Prices [J]. European Journal of Operational Research, 2000, 125: 149 - 174.

[48] Bitran G R, Mondschein S V. Periodic Pricing of Seasonal Products in Retailing [J]. Management Science, 1997, 43 (1): 64 - 79.

[49] Bitran G R., Caldentey R, Mondschein S. Coordinating Clearance Markdown Sales of Seasonal Products in the Retail Chains [J]. Operation Research, 1998, 46 (5): 609 - 624.

[50] Phillips R. Pricing and Revenue Optimization [M]. Stanford: Stanford University Press, 2005.

[51] de Boer S V, Freling R, Piersma N. Mathematical Programming for Network Revenue Management Revisited [J]. European Journal of Operational Research, 2002, 137 (1): 72 - 92.

[52] Klein R. Network Capacity Control Using Self - adjusting Bid - prices [J]. OR Spectrum, 2007, 29 (1): 39 - 60.

[53] Möller A, Römisch W, Weber K. Airline Network Revenue Management by Multistage Stochastic Programming [J]. Computational Management Science, 2008, 5 (4): 355 - 377.

[54] Jiang H, Pang Z. Network Capacity Management under Competition [J]. Computational Optimization and Applications, 2011, 50 (2): 287 - 326.

[55] Jiang H, Miglionico G. Airline Network Revenue Management with Buy - up [J]. Optimization, 2014, 63 (6): 849 - 865.

[56] Grauberger W, Kimms A. Computing Approximate Nash Equilibria in General Network Revenue Management Games [J]. European Journal of Operational Research, 2014, 237 (3): 1008 - 1020.

[57] Mou D, Wang X. Uncertain Programming for Network Revenue Management [J]. Mathematical Problems in Engineering, 2014.

[58] Huang K, Lu H. A Linear Programming - based Method for the Network

Revenue Management Problem of Air Cargo [J]. Transportation Research Part C: Emerging Technologies, 2015, 59: 248 – 259.

[59] Kleywegt A J. An Optimal Control Problem of Dynamic Pricing [R]. Working Paper, School of Industrial and Systems Engineering, Georgia Institute of Technology, 2001.

[60] Ceryan O, Sahin O, Duenyas I. Dynamic Pricing of Substitutable Products in the Presence of Capacity Flexibility [J]. Manufacturing & Service Operations Management, 2013, 15 (1): 86 – 101.

[61] Liu Q, Zhang D. Dynamic Pricing Competition with Strategic Customers under Vertical Product Differentiation [J]. Management Science, 2013, 59 (1): 84 – 101.

[62] Koenig M, Meissner J. List Pricing Versus Dynamic Pricing: Impact on the Revenue Risk [J]. European Journal of Operational Research, 2010, 204 (3): 505 – 512.

[63] Chen Y, Fang S, Wen U. Pricing Policies for Substitutable Products in a Supply Chain with Internet and Traditional Channels [J]. European Journal of Operational Research, 2013, 224: 542 – 551.

[64] Yan R, Bandyopadhyay S. The Profit Benefits of Bundle Pricing of Complementary Products [J]. Journal of Retailing and Consumer Services, 2011, 18: 355 – 361.

[65] Wei J, Zhao J, Li Y. Pricing Decisions for Complementary Products with Firms' Different Market Powers [J]. European Journal of Operational Research, 2013, 224: 507 – 519.

[66] Wang Z, Ye Y. Hidden – city Ticketing: The Cause and Impact [R]. Working Paper, Department of Industrial and Systems Engineering, University of Minnesota, 2013.

[67] Erdelyi A, Topaloglu H. Using Decomposition Methods to Solve Pricing Problems in Network Revenue Management [J]. Journal of Revenue & Pricing Management, 2011, 10 (4): 325 – 343.

[68] Caro F, Gallien J. Clearance Pricing Optimization for a Fast – fashion Retailer [J]. Operations Research, 2012, 60 (6): 1404 – 1422.

[69] Zhang D, Lu Z. Assessing the Value of Dynamic Pricing in Network Revenue Management [J]. INFORMS Journal on Computing, 2013, 25 (1): 102 - 115.

[70] Gallego G, Stefanescu C. Upgrades, Upsells and Pricing in Revenue Management [R]. Working Paper, Department of Industrial Engineering and Operations Research, Columbia University, 2012.

[71] Netessine S, Savin S, Xiao W. Revenue Management through Dynamic cross Selling in E - commerce Retailing [J]. Operations Research, 2006, 54 (5): 893 - 913.

[72] Aydin G, Ziya S. Pricing Promotional Products under Upselling [J]. Manufacturing & Service Operations Management, 2008, 10 (3): 360 - 376.

[73] Kuo C W, Huang K L. Dynamic Pricing of Limited Inventories for Multi - Generation Products [J]. European Journal of Operational Research, 2012, 217 (2): 394 - 403.

[74] Federgruen A, Heching A. Combined Pricing and Inventory Control under Uncertainty [J]. Operations Research, 1999, 47 (3): 454 - 475.

[75] Bertsimas D, de Boer S. Dynamic Pricing and Inventory Control for Multiple Products [J]. Journal of Revenue and Pricing Management. 2005, 3 (4): 303 - 319.

[76] Feng Y, Xiao B C. Integration of Pricing and Capacity Allocation for Perishable Products [J]. European Journal of Operational Research, 2006, 168: 17 - 34.

[77] Chew E P, Lee C, Liu R. Joint Inventory Allocation and Pricing Decisions for Perishable Products [J]. International Journal of Production Economics, 2009, 120 (1): 139 - 150.

[78] Roberts J H, Lilien G L. Explanatory and Predictive Models of Consumer Behavior [J]. Handbooks in Operations Research and Management Science, 1993, 5: 27 - 82.

[79] Liu Q, van Ryzin G. On the Choice - based Linear Programming Model for Network Revenue Management [J]. Manufacturing & Service Operations

Management, 2008, 10 (2): 288 -310.

[80] Zhang D, Cooper W L. Pricing Substitutable Flights in Airline Revenue Management [J]. European Journal of Operational Research, 2009, 197 (3): 848 -861.

[81] Kyle Y L, Lin, F. Optimal Dynamic Pricing for a Line of Substitutable Products [R]. Working Paper, Virginia Polytechnic Institute and State University, 2003.

[82] Li H, Graves S C. Pricing Decisions During Inter - Generational Product Transition [J]. Production and Operations Management, 2012, 21 (1): 14 -28.

[83] Li H, Huh W T. Pricing Multiple Products with the Multinomial Logit and Nested Logit Models: Concavity and Implications [J]. Manufacturing & Service Operations Management, 2011, 13 (4): 549 -563.

[84] Gallego G, Wang R. Multiproduct Price Optimization and Competition under the Nested Logit Model with Product - differentiated Price Sensitivities [J]. Operations Research, 2014, 62 (2): 450 -461.

[85] Bitran G R, Caldentey R, Vial R. Pricing Policies for Perishable Products with Demand Substitution [R]. Working Paper, Sloan School of Management, MIT, 2006.

[86] Zhang D, Cooper W L. Revenue Management for Parallel Flights with Customer - choice Behavior [J]. Operations Research, 2005, 53 (3): 415 -431.

[87] Song J S, Xue Z. Demand Management and Inventory Control for Substitutable Products [R]. Working Paper, Duke University, 2007.

[88] Dong L, Kouvelis P, Tian Z. Dynamic Pricing and Inventory Control of Substitute Products [J], Manufacturing & Service Operations Management, 2009, 11 (2): 317 -339.

[89] Besanko D, Winston W L. Optimal Price Skimming by a Monopolist Facing Rational Consumers [J]. Management Science, 1990, 36 (5): 555 -567.

[90] Krishnan V, Ramachandran K. Integrated Product Architecture and Pricing

for Managing Sequential Innovation [J]. Management Science, 2011, 57 (11): 2040 - 2053.

[91] Levin Y, Mcgill J, Nediak M. Dynamic Pricing in the Presence of Strategic Consumers and Oligopolistic Competition [J]. Management Science, 2009, 55 (1): 32 - 46.

[92] Levin Y, Mcgill J, Nediak M. Price Guarantees in Dynamic Pricing and Revenue Management [J]. Operations Research, 2007, 55 (7): 75 - 97.

[93] Levin Y, Mcgill J, Nediak M. Optimal Dynamic Pricing of Perishable Items by a Monopolist Facing Strategic Consumers [J]. Production and Operations Management, 2010, 19 (1): 40 - 60.

[94] Wang X, Ma P, Zhang Y. Pricing and Inventory Strategies under Quick Response with Strategic and Myopic Consumers [J]. International Transactions in Operational Research, 2020, 27 (3): 1729 - 1750.

[95] Chen Y, Farias V F. Robust Dynamic Pricing with Strategic Customers [J]. Mathematics of Operations Research, 2018, 43 (4): 1119 - 1142.

[96] Liu J, Zhai X, Chen L. Optimal Pricing Strategy under Trade - in Program in the Presence of Strategic Consumers [J]. Omega, 2019, 84: 1 - 17.

[97] Farshbaf - Geranmayeh A, Zaccour G. Pricing and Advertising in a Supply Chain in the Presence of Strategic Consumers [J]. Omega, 2021, 101: 102239.

[98] Su X. Intertemporal Pricing with Strategic Customer Behavior [J]. Management Science, 2007, 53 (5): 726 - 741.

[99] Zhang D, Cooper W L. Managing Clearance Sales in the Presence of Strategic Customers [J]. Production and Operations Management, 2008, 17 (4): 416 - 431.

[100] Anderson C K, Wilson J G. Wait or Buy? The Strategic Consumer: Pricing and Profit Implications [J]. Journal of the Operational Research Society, 2003, 54 (3): 299 - 306.

[101] Wilson J G, Anderson C K, Sang – Won K. Optimal Booking Limits in the Presence of Strategic Consumer Behavior [J]. International Transactions in Operational Research, 2006, 13 (2): 99 – 110.

[102] Lai G, Debo L G, Sycara K. Buy Now and Match Later: Impact of Posterior Price Matching on Profit with Strategic Consumers [J]. Manufacturing & Service Operations Management, 2010, 12 (1): 33 – 55.

[103] Cachon G P, Swinney R. The Value of Fast Fashion: Quick Response, Enhanced Design, and Strategic Consumer Behavior [J]. Management Science, 2011, 57 (4): 778 – 795.

[104] Parlaktiirk A. The Value of Product Variety when Selling to Strategic Consumers [J]. Manufacturing & Service Operations Management, 2012, 14 (3): 371 – 385.

[105] Rabin M. Psychology and Economics [J]. Journal of Economics Literature, 1998, 50 (5): 11 – 46.

[106] Teck H, Noah L, Colin F. Modeling the Psychology of Consumer and Firm Behavior with Behavioral Economics [J]. Journal of Market Research, 2006, 43 (8): 307 – 331.

[107] Su X. A Model of Consumer Inertia with Applications to Dynamic Pricing [J]. Production and Operations Management, 2009, 18 (4): 365 – 380.

[108] Kahneman D, Tversky A. Prospect Theory: an Analysis of Decision under Risk [J]. Econometrica, 1979, 47 (2): 263 – 291.

[109] Frederick F, Loewenstein G. Time Discounting and Time Preferences: a Critical Review [J]. Journal of Economics Literature, 2002, 40 (2): 351 – 401.

[110] Zhao L, Tian P, Li X. Dynamic Pricing in the Presence of Consumer Inertia [J]. Omega, 2012, 40 (2): 137 – 148.

[111] Rao V R. Handbook of Pricing Research in Marketing [M]. Northampton: Edward Elgar Publishing, 2009.

[112] Bateman I, Munro A, Rhodes B, Starmer C, Sugden R. A Test of the

Theory of Reference - dependent Preferences [J]. Quarterly Journal of Economics, 1997, 112 (2): 479 -506.

[113] Kahneman, D, Tversky A. Choices, Values and Frames [J]. American Psychologist, 1984, 39 (4): 341 -350.

[114] Tversky A, Kahneman D. Rational Choice and the Framing of Decisions [J]. Journal of Business, 1986, 59 (4): 5251 -5278.

[115] Tversky A, Slovic P, Kahneman D. The Causes of Preference Reversal [J]. The American Economic Review, 1990, 80: 204 -217.

[116] Tversky A, Kahneman D. Loss Aversion in Riskless Choice: a Reference - Dependence Model [J]. Quarterly Journal of Economics, 1991, 106 (4): 1039 - 1061.

[117] 贾建民. 行为经济学和决策制定: 2002 年度诺贝尔经济科学奖评论之一 [J]. 中外管理导报, 2002, 10: 5 -8.

[118] Kalyanaram G, Winer R S. Empirical Generalizations from Reference Price and Asymmetric Price Response Research [J]. Marketing Science, 1995, 14 (3): 161 -169.

[119] Briesch R A, Krishnamurthi L, Mazumdar T, et al. A Comparative Analysis of Reference Price Model [J]. Journal of Consumer Research, 1997, 24 (3): 202 -214.

[120] Wang Q, Zhao N, Wu J, et al. Optimal Pricing and Inventory Policies with Reference Price Effect and Loss - averse Customers [J]. Omega, 2021, 99: 102174.

[121] Popescu I, Wu Y. Dynamic Pricing Strategies with Reference Effects [J]. Operation Research, 2007, 55 (3): 413 -429.

[122] Fibich G, Gavious A, Lowengrart O. Explicit Solutions of Optimization Models and Differential Games with Nonsmooth (Asymmetric) Reference - Price Effect [J]. Operations Research, 2003, 51 (5): 721 -734.

[123] Nasiry J, Popescu I. Dynamic Pricing with Loss - averse Consumers and Peak - end Anchoring [J]. Operations Research, 2011, 59 (6): 1361 -1368.

[124] Baucells M, Weber M, Welfens F. Reference - point Formation and

Updating [J]. Management Science, 2011, 57 (3): 506 - 519.

[125] Taudes A, Rudloff C. Integrating Inventory Control and a Price Change in the Presence of Reference Price Effects: a Two - period Model [J]. Mathematical Methods of Operations Research, 2012, 75 (1): 29 - 65.

[126] Lim A E B, Shanthikumar J G. Relative Entropy, Exponential Utility, and Robust Dynamic Pricing [J]. Operations Research, 2007, 55 (2): 198 - 214.

[127] Cohen M, Lobel R, Perakis G. Dynamic Pricing through Data Sampling [R]. Working Paper, Sloan School of Management, MIT, 2012.

[128] Lim A E B, Shanthikumar J G, Watewai T. Robust Multi - product Pricing [R]. Working Paper, Department of Industrial Engineering and Operations Research, University of California, Berkeley, 2008.

[129] Chen M, Chen Z - L. Robust Dynamic Pricing with Two Substitutable Products [R]. Working Paper, Robert H. Smith School of Business, University of Maryland, College Park, 2014.

[130] Perakis G, Sood A. Competitive Multi - period Pricing for Perishable Products: a Robust Optimization Approach [J]. Mathematical Programming, 2006, 107 (2): 295 - 335.

[131] Araman V F, Caldentey R. Dynamic Pricing for Nonperishable Products with Demand Learning [J]. Operations Research, 2009, 57 (5): 1169 - 1188.

[132] Şen A, Zhang A X. Style Goods Pricing with Demand Learning [J]. European Journal of Operational Research, 2009, 196 (3): 1058 - 1075.

[133] Gallego G, Talebian M. Demand Learning and Dynamic Pricing for Multi - version Products [J]. Journal of Revenue & Pricing Management, 2012, 11 (3): 303 - 318.

[134] den Boer A V, Zwart B. Simultaneously Learning and Optimizing Using Controlled Variance Pricing [J]. Management Science, 2013, 60 (3): 770 - 783.

[135] Keskin N B, Zeevi A. Dynamic Pricing with an Unknown Demand Model:

Asymptotically Optimal Semi - myopic Policies [R]. Working Paper, University of Chicago, 2014.

[136] Wang Z, Deng S, Ye Y. Close the Gaps: A Learning - while - doing Algorithm for Single - product Revenue Management Problems [J]. Operations Research, 2014, 62 (2): 318 -331.

[137] 罗利，萧柏春. 收入管理理论的研究现状及发展前景 [J]. 管理科学学报，2004，7 (5): 75 -83.

[138] 杨慧，周晶. 收益管理竞争定价的决策机理分析 [J]. 南京理工大学学报（社会科学版），2008，21 (1): 50 -54.

[139] 李根道，熊中楷，李薇. 基于收益管理的动态定价研究综述 [J]. 管理评论，2010，22 (4): 97 -108.

[140] 李根道，熊中楷，聂佳佳. 库存和价格影响需求的易逝品动态定价 [J]. 系统管理学报，2009，18 (4): 402 -409.

[141] 冉伦，李金林，徐丽萍. 收益管理中单产品动态定价的稳健模型研究 [J]. 数理统计与管理，2009，28 (5): 934 -941.

[142] 申成霖，张新鑫. 混合型消费者的短生命周期产品动态定价 [J]. 工业工程，2011，14 (1): 38 -42.

[143] 杨清清，欧朝敏，郭滕达. 基于在线捆绑的服务产品动态定价模型求解算法分析 [J]. 数学的实践与认识，2015，45 (18): 105 -118.

[144] 秦进，倪玲霖，缪立新. 考虑采购数量的季节性商品动态定价问题 [J]. 系统工程理论与实践，2011，31 (7): 1257 -1263.

[145] 李力. 多种易逝品的库存控制模型及动态定价 [J]. 系统工程学报，2015，30 (3): 289 -296.

[146] 张名扬，郭健涛，于欣格. 电子商务模式下易腐农产品的定价与库存联合决策 [J]. 预测，2021，40 (4): 32 -37.

[147] 熊中楷，聂佳佳，李根道. 考虑广告影响下的新产品垄断动态定价研究 [J]. 管理学报，2008，5 (6): 849 -855.

[148] 段永瑞，徐建，霍佳震. 考虑参照效应的网络内容动态定价与广告版面决策 [J]. 系统管理学报，2020，29 (1): 140 -149.

[149] 刘金荣，徐琪，陈啟. 考虑网络退货和渠道成本时全渠道 BOPS 定价与服务决策 [J]. 中国管理科学，2019，27 (9): 56 -67.

[150] 李豪，熊中楷，彭志强．竞争环境下基于顾客策略行为的易逝品动态定价研究 [J]．中国管理科学，2011，19 (2)：88 – 98.

[151] 侯福均，翟玉冰，胡玉生．竞争环境下考虑顾客惰性行为的易逝品动态定价 [J]．运筹与管理，2020，29 (9)：179 – 185.

[152] 孙晓东，田澎，赵藜．消费者异质下基于质量——价格竞争的定价策略选择 [J]．系统管理学报，2013，22 (3)：349 – 357.

[153] 熊中楷，李豪，彭志强．竞争环境下季节性产品网上直销动态定价模型 [J]．系统工程理论与实践，2010，30 (2)：243 – 250.

[154] 陈敬贤．顾客退货影响的零售商定价和库存博弈模型 [J]．系统工程学报，2014，29 (1)：96 – 103.

[155] 任鸿美，吴清烈．基于竞争的网络零售定价和退货策略研究 [J]．工业工程，2014，17 (1)：126 – 130.

[156] 彭志强，熊中楷，李根道．考虑策略性顾客的动态定价和差价返还机制 [J]．管理工程学报，2010 (4)：53 – 57.

[157] 彭志强，熊中楷，李根道．考虑顾客策略行为的易逝品定价与再制造柔性补货机制研究 [J]．中国管理科学，2010，18 (2)：32 – 41.

[158] 李贺，张玉林，仲伟俊．考虑战略消费者行为风险的动态定价策略 [J]．管理科学学报，2012，15 (10)：11 – 25.

[159] 张川，肖敏，黄帅，成佳洁．考虑顾客策略行为的易逝品体验式营销最优定价 [J]．系统管理学报，2018，27 (4)：783 – 790.

[160] 李豪，彭庆，谭美容．乘客策略行为下考虑需求学习的航空客运动态定价策略研究 [J]．运筹与管理，2018，27 (4)：118 – 125.

[161] 马鹏，杜宛京，王海燕．顾客策略行为下差异产品两阶段定价模型研究 [J]．中国管理科学，2020，28 (2)：136 – 144.

[162] 张玲红，尤建新，陈震．考虑降价时点的易逝品动态定价机制设计 [J]．同济大学学报 (自然科学版)，2013，41 (3)：470 – 475.

[163] 曾贺奇，张玉林．短视型和策略型消费者并存下的替代性产品跨期定价 [J]．系统工程，2015，33 (5)：33 – 39.

[164] 官振中，任建标．存在策略消费者的动态定价策略 [J]．系统工程理论与实践，2014，34 (8)：2018 – 2024.

[165] 毕文杰，孙颖慧，田柳青．参考价格符合峰终定律的多产品动态定

价模型［J］. 系统工程学报，2015a，30（4）：476－484.
［166］段永瑞，阮小曼，代祥艳. 考虑参照价格的双渠道供应链动态定价策略［J］. 上海管理科学，2021，43（3）：46－51.
［167］Tirole J. The Theory of Industrial Organization［M］. Cambridge：MIT Press，1988.
［168］Mitra S. Revenue Management for Remanufactured Products［J］. Omega：The International Journal of Management Science，2007，35（5）：553－562.
［169］Lin K Y，Sibdari S Y. Dynamic Price Competition with Discrete Customer Choices［J］. European Journal of Operational Research，2009，197（3）：969－980.
［170］官振中，任建标. 价格和库存驱动替代的两产品动态定价策略［J］. 系统管理学报，2013，22（2）：177－184.
［171］Greg S，Zhang Z J. Pay to Switch or Pay to Stay：Preference－based Price Discrimination in Markets with Switching Costs［J］. Journal of Economics and Management Strategy，2000，9（3）：397－424.
［172］Chen Y X，Chakravarthi N，Zhang Z J. Individual Marketing with Imperfect Targetability［J］. Marketing Science，2001，20（1）：23－41.
［173］李豪，熊中楷，屈卫东. 基于乘客分类的航空客运座位控制和动态定价综合模型［J］. 系统工程理论与实践，2011，31（6）：1062－1070.
［174］Proussaloglou K，Koppelman F S. The Choice of Air Carrier，Flight and Fare Class［J］. Journal of Air Transport Management，1999，5：193－201.
［175］Steven B，Ariel P. The Pure Characteristics Demand Model［J］. International Economic Review，2007，48（4）：1193－1225.
［176］McGill J，van Ryzin G J. Revenue Management：Research Overview and Prospects［J］. Transportation Science，1999，33：233－256.
［177］Zhao W，Zheng Y. Optimal Dynamic Pricing for Perishable Assets with Nonhomogeneous Demand［J］. Management Science，2000，46

(3): 375 -388.

[178] 肖勇波，陈剑，刘晓玲．基于乘客选择行为的双航班机票联合动态定价模型［J］．系统工程理论与实践，2008，28（1）：46 -55.

[179] Belobaba P P, Wilson J L. Impacts of Yield Management in Competitive Airline Markets [J]. Journal of Air Transport Management, 1997, 3 (1): 3 -9.

[180] 李豪，彭庆．竞争环境下考虑需求学习的动态定价策略［J］．工业工程，2015，18（5）：87 -92.

[181] Martínez - de - Albéniz V, Talluri K. Dynamic Price Competition with Fixed Capacities [J]. Management Science, 2011, 57 (6): 1078 - 1093.

[182] Gan X, Sethi S P, Yan H. Channel Coordination with a Risk - neutral Supplier and a Downside - risk - averse Retailer [J]. Production and Operations Management, 2005, 14 (1): 80 -89.

[183] Barz C. Risk - averse Capacity Control in Revenue Management [M]. Berlin: Springer., 2007.

[184] Vives X. Oligopoly Pricing: Old Ideas and New Tools [M]. Cambridge: MIT press, 1999.

[185] van Hooft E A J, Born M P, Taris T W, et al. Bridging the Gap between Intentions and Behavior: Implementation Intentions, Action Control, and Procrastination [J]. Journal of Vocational Behavior, 2005, 66 (2): 238 -256.

[186] Wertenbroch K. Self - Rationing: Self - Control in Consumer Choice [R]. Working Paper, INSEAD, 2001.

[187] Cachon G, Swinney R. Purchasing, Pricing, and Quick Response in the Presence of Strategic Consumers [J]. Management Science, 2009, 55 (3), 497 -511.

[188] Dasu S, Tong C. Dynamic Pricing When Consumers are Strategic: Analysis of Posted and Contingent Pricing Schemes [J]. European Journal of Operational Research, 2010, 204 (3), 662 - 671.

[189] 陈晓红，谭运强．考虑策略型消费者双层因素的多零售商动态博弈

定价 [J]. 管理工程学报, 2015, 29 (4): 178 - 185.

[190] Du J, Zhang J, Hua G. Pricing and Inventory Management in the Presence of Strategic Customers with Risk Preference and Decreasing Value [J]. International Journal of Production Economics, 2015, 164: 160 - 166.

[191] Frederick F, Loewenstein G. Time Discounting and Time Preferences: a Critical Review [J]. Journal of Economics Literature, 2002, 40 (2), 351 - 401.

[192] 姜宏, 齐二石, 霍艳芳, 杨道箭. 基于顾客惰性行为的无理由退货策略研究 [J]. 管理学报, 2012, 9 (10): 1531 - 1535.

[193] Li M Z F, Zhuang W. Risk - sensitive Dynamic Pricing for a Single Perishable Product [J]. Operations Research Letters, 2009, 37 (5): 327 - 332.

[194] Wu M, Zhu S X, Teunter R H. A Risk - averse Competitive Newsvendor Problem under the CVaR Criterion [J]. International Journal of Production Economics, 2014, 156: 13 - 23.

[195] Schlosser R. A Stochastic Dynamic Pricing and Advertising Model under Risk Aversion [J]. Journal of Revenue & Pricing Management, 2015, 14 (6): 451 - 468.